ソーシャルデザインで社会的孤立を防ぐ

政策連動と公私連携

藤本健太郎
[編著]

ミネルヴァ書房

まえがき

「いざというとき，あなたには頼りにできる人がいますか」

普段は意識せずに生活していても，親を介護するとき，子どもを授かって育てるとき，あるいは自分自身が齢を重ねたり病気になったりして体が不自由になったとき，人は周囲の助けが必要になる。

しかし，現在の日本では近所づきあいは薄れ，家族は小さくなり続け，職場の人間関係も薄れ，いざというときに頼れる人のいない人が増えている。親の介護や育児を周囲の助けのない孤立した状態で行う人は増加し，生涯未婚率は上昇を続け，単身男性高齢者の社会的孤立の深刻化が懸念される。

このような社会的孤立の問題について，編者は2007年頃から研究テーマとして取り組んできた。2012年にはミネルヴァ書房から『孤立社会からつながる社会へ──ソーシャルインクルージョンに基づく社会保障改革』を上梓し，なぜ社会的孤立が広範に進行したのかを分析し，その対策として，ネットワーク型社会保障や家族政策の推進を提言した。しかし，社会的孤立は社会全体に関わる非常に大きな課題であり，社会保障政策だけで十分に対応できるとは言い難く，ワーク・ライフ・バランスの推進やまちづくりなど幅広い対策が必要であることにも言及せざるを得なかった。

本書は，このような問題意識に基づき，社会的孤立が生じにくい社会にするためにはどうすればよいか，言い換えれば社会をどのようにデザインしていくかをテーマとしている。社会をデザインするために，本書では従来の縦割りを越えた政策の連動や，市民も政策の担い手と位置づける公私の連携を打ち出している。このような大きなテーマは編者一人の手には余るため，本書では様々な分野の専門家に集まって頂いた。畏友である小林慶一郎慶應義

塾大学教授をはじめ充実した執筆陣を得たことは僥倖であったと感謝している。

　本書は多くの人のご協力を得て成立している。長年の友人である京都市副市長の小笠原憲一氏には，交通政策に関して貴重な助言を頂くとともに，執筆者の一人となって頂いた京都大学工学部の土井勉先生をご紹介頂いた。厚生労働省の先輩である年金シニアプラン総合研究機構専務理事の福山圭一氏には，年金積立金の資金運用について貴重なご示唆を頂いた。

　また，静岡県における居場所づくりの考察に関しては，情報をご提供頂くなど，静岡県庁地域福祉課の望月隆弘氏，静岡県社会福祉協議会の木村綾氏にお世話になった。静岡市社会福祉協議会の村松伸隆氏および小久江陽子氏には，地域福祉における公私連携の現場について，いろいろと教えて頂いた。

　編集者の音田潔氏には，本書の企画を一緒に考えて頂き，執筆者が集まって議論する場のアレンジをして頂き，さらに原稿を丁寧にチェックして頂くなど，本書の出版に関して，大変お世話になった。

　本書が，社会的孤立に関心を持つ人にとって参考になり，社会的孤立を防ぐための公私の活動が充実する契機に少しでもなることを願っている。

2014年9月

　　　　　　　　　　　　　　　　　　　　　　　　　　　　藤本健太郎

ソーシャルデザインで社会的孤立を防ぐ
―― 政策連動と公私連携 ――

目　次

まえがき

序　章　社会的孤立を防ぐための
　　　　　　　ソーシャルデザイン ……………………………藤本健太郎　1
　　　　　　　――政策連動・公私連携によって社会をよりよく変える
　　1　社会的孤立とソーシャルデザイン………………………………………1
　　2　社会的孤立の進行………………………………………………………2
　　　　（1）近所づきあい・友人づきあいの希薄化　2
　　　　（2）職場の人間関係の希薄化　3
　　　　（3）家庭の縮小・家族の変化　4
　　3　社会的孤立の影響が懸念される属性……………………………………5
　　　　（1）高　齢　者　6
　　　　（2）介護家庭　7
　　　　（3）育児家庭　8
　　4　日本では「普通の人」が社会的に孤立する……………………………9

―――――――――――――――――――――――――――――――――
　　　　　　　第Ⅰ部　社会的孤立防止のための政策連動
―――――――――――――――――――――――――――――――――

第1章　少子・高齢化社会における技術変化と
　　　　　　　世代間コミットメント問題………………… 小林慶一郎　14
　　1　経済と財政の視点から…………………………………………………14
　　2　社会保障と技術…………………………………………………………15
　　3　方向づけられた技術変化………………………………………………16
　　　　（1）実　　例　16
　　　　（2）少子・高齢化と「方向づけられた技術変化」　18

　　　　（3）高齢化社会における生産性の変化　22
　　　　（4）社会的デザインへのインプリケーション　24
　4　社会保障と財政の持続性──世代間投資の不可能性……………………25
　　　　（1）財政問題とコミットメント　26
　　　　（2）世代間コミットメント（Intergenerational Commmitment）の
　　　　　　　不可能性　27
　　　　（3）世代間コミットメントはこれまでなぜ問題に
　　　　　　　ならなかったのか　30
　5　新たな設計思想………………………………………………………………31
　　　　──「世代間コミットメントの不可能性」を制約条件とした社会設計を

第2章　地域医療・介護を支える地域包括ケアシステムの
　　　　展開……………………………………………東野定律　35
　1　地域包括ケアシステムを必要とした社会的背景……………………………35
　　　　（1）慢性疾患を抱えた高齢者の増加　35
　　　　（2）単身高齢者世帯の増加　36
　　　　（3）認知症高齢者の増加　38
　2　高齢者介護に関わる施策の推移と「地域包括ケアシステム」……39
　　　　（1）「地域包括ケア」という概念の登場　39
　　　　（2）診療報酬改定による「地域包括ケアシステム」構築の
　　　　　　　インセンティブ　41
　　　　（3）新しい介護予防・日常生活支援総合事業の推進と
　　　　　　　地域包括ケアシステムの展開　43
　3　期待される地域包括ケアシステムとは……………………………………46
　　　　（1）介護者にとっての地域包括ケアシステム　46
　　　　（2）認知症高齢者にとっての地域包括ケアシステム　48
　　　　（3）住民にとっての地域包括ケアシステム　49

| 4 | 地域包括ケアシステムの構築への取り組み……………………………55
――静岡市における取り組み例から
（1）城西・城東圏域　56
（2）大谷久能圏域　58
（3）蒲原由比圏域　60

第3章　社会保障としての住宅政策………………………白川泰之　64
　　　　――コンパクトシティを志向したハード・ソフトの整備

| 1 | 高齢者の地域居住に係る課題……………………………………………64
（1）「地域包括ケア」と「居住」　64
（2）高齢者の「施設」にみる課題　65
（3）高齢者の「住宅」に係る課題　68
（4）課題解決に向けた「政策ミックス」　73

| 2 | 社会保障政策と住宅政策………………………………………………73
（1）住宅政策の成立　73
（2）社会保障政策と住宅政策の分離と限界　74
（3）近年の「再」接近　78

| 3 | 世代を越えた「ハード＋ソフト」の居住支援へ……………………79
（1）居住確保に係る課題の普遍性　79
（2）同潤会の事業にみる「ハード＋ソフト」　83
（3）「住宅確保」と「支援」の一体的展開へ　84

| 4 | さらなる「政策パッケージ」への拡張…………………………………86

第4章　コンパクトシティを志向した都市政策…………土井　勉　91
　　　　――人々をつなぐ交通を重視したまちづくり

| 1 | 交通は人々をつなぐ………………………………………………………91

2　交通とライフスタイルと都市構造……………………………………92
　　　　（1）魅力あるまち？　92
　　　　（2）モータリゼーションの進展＝都市構造の変化　94
　　3　モータリゼーションの進展と交通の実態……………………………97
　　　　（1）モータリゼーションと交通行動　97
　　　　（2）公共交通の危機　99
　　4　交通行動の変化と，それからみえること……………………………101
　　　　（1）外出率の変化　101
　　　　（2）生成原単位の分析　103
　　　　（3）高齢世代と働き盛り世代で異なる交通目的や交通手段の構成　105
　　5　都市構造の再編――コンパクトシティへの試み……………………110
　　　　（1）富山市のコンパクトなまちづくり　111
　　　　（2）市内電車環状線化事業の整備効果　114
　　　　（3）コンパクトなまちづくりの可能性　122
　　6　交通行動と都市構造のミスマッチとコンパクトシティ……………123

第5章　社会的孤立とワーク・ライフ・バランス……藤本真理　127
　　　　――介護と仕事，人間関係とボランティア
　　1　孤立と労働の関係……………………………………………………127
　　　　（1）雇用労働と私的生活　127
　　　　（2）ワーク・ライフ・バランスの射程範囲と規範的根拠　129
　　2　正社員的働き方の限界………………………………………………131
　　　　（1）仕事と介護の両立を支える制度の現状　131
　　　　（2）就業規則と転勤・残業　134
　　　　（3）「多様な正社員」と労働法上の課題　141

- 3 多様な「ライフ」要素と企業の行動 …………………………… 145
    - (1) 育児・介護以外の「ライフ」の要求は贅沢か？ 145
    - (2) 企業の社会的責任 147
- 4 長期的なワーク・ライフ・バランス――職業訓練と就職支援 …… 148
- 5 労働法の役割と限界 ……………………………………………… 150

第6章 社会的孤立を防ぐポリシーミックス ………… 藤本健太郎 155
――政策連動をデザインする

- 1 縦割りを越えたポリシーミックス ……………………………… 155
- 2 社会的孤立と年金政策 …………………………………………… 155
    - (1) 非正規雇用者の年金 156
    - (2) 能動的年金政策 161
- 3 社会的孤立を防ぐポリシーミックス …………………………… 165
    - (1) ユニバーサルケア支援センター――在宅ケア政策の融合 166
    - (2) 家族政策の推進 168
    - (3) 住み慣れた場所で暮らすためのポリシーミックス 172
    - (4) 世代間のバランス 175
    - (5) 社会的に孤立しないようなライフスタイル 181
        ――ワーク・ライフ・バランスの推進

第Ⅱ部　公私の連携で社会的孤立を防ぐ

第7章 新しい政策の担い手 ……………………………… 藤本健太郎 192
――公私の役割分担を考える

- 1 市民が政策を担う ………………………………………………… 192

（1）公私の役割分担を巡る議論　192
　　　（2）自由かつ多彩な可能性を秘める市民活動　196
　　　　　　——縦割りを越え「ユニバーサルケア」へ
　　　（3）非政府の政策の担い手——社会福祉法人　202
　　　（4）非営利に限定されない市民による政策の担い方　204
　　　　　　——ソーシャルビジネスへの期待
　　2　市民が政策の担い手となる環境整備　………………………………　209
　　　（1）ボランティア休暇の導入と団塊の世代への期待　209
　　　（2）市民活動を行政機関等が支援するシステム　211
　　　（3）望まれるワーク・ライフ・バランスの推進　214

第8章　地域社会における居場所の必要性と役割……東野定律　218
　　1　居場所の必要性と居場所の分類　………………………………………　218
　　　（1）地域社会における居場所の役割　218
　　　（2）発生方法による分類　220
　　　（3）内容による分類　221
　　2　居場所がもたらす効果　…………………………………………………　224
　　　（1）誰もがいつでも利用できる気軽さ　224
　　　（2）周囲とのつながりの強まり　225
　　　（3）利用者の孤立感の解消，抑鬱状態の防止　226
　　3　地域包括ケアシステムにおける居場所の現状　………………………　229
　　　　　　——静岡市における事例から
　　　（1）「コミュニティカフェ　地域のお茶の間　カフェ蔵」　229
　　　（2）「活き生きサロン　寄ってっ亭」　232
　　　（3）「ふれあいの家　茶ろん梅が岡」　234
　　4　地域包括ケアシステムにおける居場所の役割　………………………　236

|5| 居場所づくりの今後……………………………………… 237

終　章　孤立社会からつながる社会へ……………………藤本健太郎　245

|1| 社会的孤立を防ぐために社会をデザインする……………………… 245

　　　（1）日常生活上の支援を必要とする人とその家族の

　　　　　社会的孤立を防ぐ　245

　　　（2）社会的孤立が生じにくい社会　248

|2| つながる社会へ………………………………………………………… 251

索　引

序　章	社会的孤立を防ぐためのソーシャルデザイン ——政策連動・公私連携によって社会を 　よりよく変える

藤本健太郎

1　社会的孤立とソーシャルデザイン

　普通に学校を出て，普通に働き，特別な幸運に巡りあうこともなければ，特別な問題を抱えているわけでもない。そのような人並みの生活を送っていたはずなのに，いざというときに頼れる人がおらず，病気や要介護状態になったり，あるいは親を介護したり子どもを育てたりするとき，周囲の助けを得られず，1人で問題を抱え込んでしまう。このような社会的孤立が日本では広範に進行していると考えられる。

　ソーシャルデザインという言葉は，市民が参加してまちづくりを考えるというコミュニティデザインから派生して使われることが多いが，本書では，社会的孤立に対応するために社会をデザインするという意味で用いる。

　本書で論じるソーシャルデザインの具体的な手段は，まず，従来の縦割りを越えた政策の連動である。行政機関の縦割りの弊害はかねてより指摘されており，内閣官房の機能強化など対策は講じられているものの中央省庁の縦割りは根強く残っており，分野を越えた連動は依然として容易ではない。また，行政機関のみならず政策研究においても，分野ごとに研究が行われることが多く，縦割りの状態となっている。こうした縦割りを越えて論じるため，複数の政策分野の研究者が集まっているのが本書の特徴である。

　本書の構成は，第Ⅰ部において社会的孤立を防ぐための政策連動をテーマとして，第1章から順に経済政策，医療・福祉政策，住宅政策，都市政策，労働政策，年金政策について論じている。また，第6章第2節では第1章か

ら第5章までの議論を踏まえ，社会的孤立を防ぐための政策連動についてまとめている。第Ⅱ部においては，政策の新しい担い手として市民を位置づける公私連携について論じている。社会的孤立を防ぐために，各地でコミュニティカフェなどの居場所づくりに市民が立ち上がっている。居場所づくりについては，地域によってニーズも異なり，どのような居場所をつくるかを行政機関が決めるのではうまくいかないのではないかと思われる。これからの政策の担い手は行政機関に限られず，市民の活躍が必要とされる機会は増えていくと考える。

　以下，本章では，社会的孤立の進行について概観する。なお，社会的孤立がどのように進行しているか，なぜ日本で社会的孤立が深刻化したのか等については，藤本（2012）で詳しく述べているので，ご関心があれば参照されたい。

2　社会的孤立の進行

　かつての日本では，濃密な人間関係があり，近所でも職場でも，プライバシーに関わることまで互いに知っていた。しかし，社会は大きく変化し，地域社会でも職場でも人間関係は希薄化し，家庭は小さくなり続けて家庭を持たない人も増えている。

（1）近所づきあい・友人づきあいの希薄化

　世代別にみると，高齢者の方が近所づきあいは保たれていると考えられるが[1]，その高齢者の近所づきあい，友人づきあいも薄れている。内閣府（2011a：59）によれば，「あなたは，病気のときや，一人ではできない日常生活に必要な作業（電球の交換や庭の手入れなど）が必要なとき，同居の家族以外に頼れる人がいますか」という問いに対して，各国の高齢者が「近所の人」と答えた比率は以下のとおりである。

ド　イ　ツ……38.2%
　スウェーデン……26.5%
　ア　メ　リ　カ……23.7%
　韓　　　　　国……23.1%
　日　　　　　本……18.5%

　また，同じ問いに「友人」と答えた比率は以下のとおりである。

　ア　メ　リ　カ……44.6%
　ド　イ　ツ……40.7%
　スウェーデン……34.9%
　韓　　　　　国……18.3%
　日　　　　　本……17.2%

　このように，国際比較調査の結果からは，欧米諸国の高齢者の方が日本の高齢者よりも近所づきあい，友人づきあいが深いことが分かる。日常生活に必要な作業を近所の人に頼ることができる人の比率も，友人に頼ることができる人の比率も，日本の高齢者は2割を下回っている。
　また，総務省（2012：23）によれば，交際・付き合い時間は全世代でおおむね減少傾向にあり，特に20～24歳については，2001（平成13）年には1日当たり52分であったところ，2011（平成23年）年には1日当たり36分へと大幅に減少している。

（2）職場の人間関係の希薄化

　かつての日本では社員の会社への帰属意識が非常に強く，上司や同僚との人間関係も緊密であった。高度経済成長期の都市部への人口流入などにより，地縁や血縁などに基づく地域の人間関係の希薄化は早くから進んでいたと考

えられるが，ある程度社縁が代替していたと考えられる。住居については結婚前は会社の独身寮に住み，結婚後は社宅に住む人は少なくなかった。結婚についても，社内結婚であったり，上司の紹介による見合いであったり，職場を通じて伴侶を見つけることは，よく聞かれる話であった。

　しかし，バブル崩壊後の失われた20年の間に職場の人間関係も希薄化してきている。

　業績の悪化した企業は大規模なリストラを繰り返し，終身雇用の維持が困難であることは明らかになり，社宅の売却など社員の福利厚生は縮小した。そして，労働規制の緩和もあって非正規社員が急速に増大した。「平成23年度労働力調査年報」によれば，2011（平成23）年の平均では雇用者は4,918万人（対前年度比23万人増）であるが，内訳をみると正規の職員・従業員は3,185万人（対前年度比25万人減）であり，非正規の職員・従業員は1,733万人（対前年度比48万人増）となっている。今や，雇われて働いている人の3人に1人以上が非正規雇用者である。こうした状況の変化により，社員の会社への帰属意識は薄れていき，それに伴い上司や同僚との人間関係も希薄化したと考えられる。

　内閣府（2007：133）によれば，職場に相談相手がいない人は14.6％おり，すなわち7人に1人は職場に相談相手がいない。また，職場に助け合う雰囲気を感じないと回答した人は18.3％にのぼる。そして，内閣府（2007：132）によれば，相談相手の多い属性として，女性，既婚者，正社員などが挙げられている。

（3）家庭の縮小・家族の変化

　家庭は社会の最小単位であり，何か困ったときには最初に助け合うことが想定されるのは家族である。しかし，家庭の規模は縮小を続け，家族の関係は変化している。かつての日本では祖父母，親，子どもからなる三世代同居が標準的な家庭であったが，周知のとおり核家族化が進み，さらには単独世

帯が急速に増加している。

　国立社会保障・人口問題研究所による「日本の世帯数の将来推計」(2013年1月推計)によれば、平均世帯人員は2.42人であり、2035年にはさらに減少して2.20人となることが見込まれる。また、単独世帯は2010（平成22）年には32.4％と3割を超えており、2035年には37.2％とさらに増加することが見込まれる。核家族化に伴い典型的な家庭の形と思われていた「夫婦と子」は2010（平成22）年には27.9％を占めるにとどまり、単独世帯よりも少なくなっている。さらに2035年には23.3％に減少することが見込まれており、「夫婦と子」はもはや典型的な家庭像とはいえない。

　このような家庭の縮小の背景には、非婚化の進行がある。男性の生涯未婚率[2]は1980（昭和55）年には2.60％に過ぎなかったが、2000（平成12）年には12.57％と1割を超え、2010（平成22）年には20.14％と2割を超え、男性の5人に1人は一生結婚しない社会となっている。女性の生涯未婚率は男性より遅れて上昇しているが、2010（平成22）年には10.61％と1割を超えている。一生結婚しない場合、途中まで親と同居していても、いずれは単独世帯となる。また、従来の単独世帯は配偶者との死別や離別が多く、離れて暮らす子どもがいる場合も少なくなかったが、非婚化の進行により、離れて暮らす家族のいない高齢者の単独世帯が増加することになる。

　また、家族間の人間関係も希薄化していると考えられ、内閣府（2007：16）によれば、同居している家族がいるにもかかわらず、相談相手として家族を挙げない人は男性では33.8％、女性では29.6％にのぼる。また、家族に相談する場合でも、最初に家族に相談するのは男性では40.8％、女性では36.7％と半分以下にとどまっている。

3　社会的孤立の影響が懸念される属性

　いざというときに頼れる人がいない社会的孤立の状態にあっても、コンビ

ニに置いてある1人用の惣菜も充実しているなど，日常生活では困らないかもしれない。しかし，高齢になって身体が不自由になったり，病気や怪我によって障害の状態になったり，あるいは親を介護する必要が生じたり，子どもを授かって育てるときなどには，周囲の助けが必要である。

以下，このような社会的孤立の影響が大きいと懸念される属性について，高齢者，介護家庭，育児家庭の順にみていくこととする。

（1）高齢者

誰でも高齢になれば，病気がちになり，要介護状態になるリスクは高まる。日常生活においても周囲の助けが必要になる場面が増え，社会的孤立の影響は若い世代よりも大きいと考えられる。また，急に体調を崩したときに助けが得られず，誰も気づいてくれなければ，最悪の結果として孤独死につながることも懸念される。まして，地域包括ケアが導入されるなど，社会保障政策において入所ケアから在宅ケアに重点が移り，住み慣れた場所で年老いることは国際的な潮流でもあり，今後，社会的孤立の影響は増大する可能性が高い。内閣府（2009a：43）によれば，孤独死を身近に感じる人は高齢者の42.9％にのぼり，孤独死は他人事ではないと考える人が増えている。前述したように，日本の高齢者は他国の高齢者よりも近所の人や友人に頼れない状態にあることが背景にあると考えられる。

また，高齢者の中でも，やはり一人暮らしの人の社会的孤立が懸念される。総務省（2012：34）によれば，高齢者全体についてみると，1日のうち家族と一緒にいた時間は6時間46分であり，1人でいた時間は6時間38分である。しかし，単身高齢者についてみると，1人でいた時間が12時間と，睡眠を除く生活時間の76.5％を占めており，1日の大半を1人で過ごしている。

さらに，同じ単身高齢者でも，女性よりも男性の社会的孤立が懸念される。内閣府（2011b：62）によれば，「あなたは普段どの程度，人（同居の家族を含む）と話しますか？」という問いに対し，2～3日に1回以下と答えたのは，

女性単身高齢者では27.8％であるのに対し，男性単身高齢者では41.9％である。また，内閣府（2007：60）によれば，近所づきあいについて，お互いに訪問しあう人がいるのは女性単身高齢者では38.8％であるのに対し，男性単身高齢者は14.8％にとどまる。一方，近所づきあいがないのは女性単身高齢者では7.1％と1割を切っているのに対し，男性単身高齢者では24.3％と，ほぼ4人に1人にのぼっている。

ところで，生涯未婚率は女性では約1割だが，男性では約2割であることを前述した。今後，男性単身高齢者が増大するのは確実であり，社会的孤立がさらに広まることが懸念される。

（2）介護家庭

高齢者本人の社会的孤立だけではなく，要介護状態になった高齢者の介護をする家族の社会的孤立も懸念される。かつては老親の介護をするのは主として女性であり，介護保険の創設目的の一つは女性の家族介護からの解放であった。しかし，男性の非婚化の進行や，一人っ子が男性であるケースの増加などに伴い，男性介護者が増加しつつある。

総務省（2012：35）によれば，15歳以上でふだん家族を介護している人は682万9,000人であり，女性が415万4,000人（60.8％）と多いが，男性も267万5,000人（39.2％）おり，家族介護者の約4割は男性である。

一般に男性の家事スキルは女性よりも低く，同居する親が要介護状態になった場合の負担感は大きいものと思われる。また，介護休業制度があるいっても90日間と育児休業よりも短く，介護と仕事の両立が困難なために仕事を辞める「介護離職」が増加している。いわゆる仕事人間である男性が離職した場合，収入がなくなるのみならず，人間関係の多くも失うことが懸念される。特に，親の介護を同居する息子1人が行っている場合，介護世帯として社会的孤立するリスクが高いと考えられる。そして，誰の助けもない状態で介護に疲れ果て，追い詰められた最悪の結果として高齢者虐待につなが

ることが懸念される。

厚生労働省（2010：11）によれば，被虐待高齢者からみた虐待者の続柄で最も多いのは「息子」（42.6％）であり，次に多い「夫」（16.9％）と比べても突出している。高齢者虐待が起きた世帯構成で最も多いのは「未婚の子と同一世帯」（37.3％）であり，非婚化と高齢者虐待増加の関連も浮かび上がる。

（3）育児家庭

社会的孤立の影響は若い世代にも及んでいる。子どもを授かることは家族が増えて，一見すると社会的孤立とは反対のベクトルのように思える。しかし，子どもは成長すれば親を助けてくれることもあるが，小さい子どもを育てることは容易なことではない。育児は24時間休みなく，365日続く。テレビのコマーシャルのように赤ちゃんは笑顔を見せてくれることばかりではなく，夜泣きもすれば，駄々もこねる。言葉が通じないため，なぜ子どもが泣いているか分からず，オムツを替えてもミルクをあげても泣き止まない子どもの前で途方に暮れることもある。個人的経験で恐縮だが，育児の大変さは，筆者も育児休業を取得して実感した。

育児を親一人でするのは大変であり，周囲に育児協力者がいることが望ましい。しかし，人間関係の希薄化は育児協力者を見つけることを困難にしている。近所づきあいが薄れて近所の育児経験の豊富な年長者に相談することは難しくなり，家庭の縮小に伴い，親は遠くに住んでいて頼りにくく，一人っ子であれば兄弟姉妹の支援も受けられない。職場の人間関係は薄れ，上司や上司の家族に育児の相談をすることも難しい。そして，日本の父親は育児をあまり分担できていない。厚生労働省（2012：20）によれば，2011（平成23）年度の育児休業取得率は女性では87.8％であるが，男性は2.63％という非常に低い数字となっている。また，内閣府（2009b：76）によれば，夫婦の家事・育児の分担割合は，妻が8割以上負担している夫婦が全体の8割を超える。

こうした中で，母親一人が育児をせざるを得ないケースが増えていると考えられる。母と子が社会的に孤立した状態で育児をすることは，どのような育児をしているか誰にも知られないことから育児の密室化と呼ばれることもある。一人きりで育児をする母親が心身ともに疲労して追い込まれ，誰も助けてくれず，誰も気づいてくれない結果，最悪のケースとして児童虐待に至ることがあると懸念される。厚生労働省によれば，全国の児童相談所における児童虐待相談対応件数は2012（平成24）年度には6万6,701件であったが，毎年増加傾向にあり，1999（平成11）年度の約5.7倍となっている。そして，虐待者別にみると最も多いのは実母の3万8,224件（57.3％）であり，次に多い実父の1万9,311件（29.0％）の約2倍である。

　以上，社会的孤立の影響が大きい属性として，高齢者，介護世帯，育児世帯を挙げたが，この他にも障害者や持病を抱えた人などへの影響も大きいと考えられる。

4　日本では「普通の人」が社会的に孤立する

　社会的孤立は日本だけの問題ではない。ヨーロッパでは社会的孤立と関わりの深い概念であるソーシャルエクスクルージョン（Social Exclusion）の対策としてのソーシャルインクルージョン（Social Inclusion）は，EUのリスボン戦略に盛り込まれるなど重要政策として位置づけられている。そして，2010年は「ヨーロッパにおいて貧困とソーシャルエクスクルージョンと戦う年（European Year 2010 for Combating Poverty and Social Exclusion）」とされているように，貧困とソーシャルエクスクルージョンは関連が深いと考えられている。

　しかし，日本では貧困層あるいはEUで社会から疎外されていることが問題となる移民などのマイノリティといった特定の人たちが社会的孤立しているのではないと考えられる。日本では，社会的孤立は貧困だけが原因では

ない，言い換えれば貧困を防ぐだけでは社会的孤立は防げないと考えられる。この点については，藤本（2012）の第3章で詳しく述べており，ここでは簡単に述べるだけにとどめたいが，たとえば，高齢者の貧困の問題というと，一般的に男性よりも女性の方が懸念される。仮に社会的孤立が貧困に伴って生じているのであれば，高齢女性の方が高齢男性よりも社会的孤立のリスクも高いはずである。しかし，前述したように，近所づきあいや友人づきあいは高齢男性の方が希薄である。

また，国際比較でみると日本の高齢者は経済的に困っていないが，いざというときに同居の家族以外に頼れる人がいない傾向にある。内閣府（2011a：32）によれば，「経済的な意味で日々の暮らしに困っていない」と答えた高齢者の比率は，以下のとおりである。

　　スウェーデン……58.4％
　　日　　　　本……55.5％
　　ド　イ　ツ……38.4％
　　ア　メ　リ　カ……31.2％
　　韓　　　　国……11.2％

逆に，「困っている」と「少し困っている」を合わせた割合は以下のとおりである。

　　韓　　　　国……52.5％
　　ア　メ　リ　カ……37.1％
　　ド　イ　ツ……23.5％
　　日　　　　本……17.2％
　　スウェーデン……11.1％

このように，日本の高齢者には暮らしに困っている人はいるものの，全体的には，スウェーデンと並んで経済的な状況は良いという結果になっている。しかし，前述のとおり，日本の高齢者の多くは，日常生活で困ったときに近所の人や友人に頼れない。国際比較調査の結果からは，日本の高齢者の社会的孤立の主たる原因が貧困にあるとは考えにくい。

　さらに，内閣府（2007：66）によれば，「近隣関係の行き来をする確率が低くなる要素」及び「近隣と深い付き合いをする確率が低くなる要素」の双方において，「大学・大学院卒であること」が挙げられている。一般に高学歴であることは所得が高い要素であるが，高学歴であることは，近隣関係を希薄にする要素となっている。

　このように，日本では社会的孤立の原因が主として貧困であるとは考えにくい。本章の冒頭で述べたように，普通に生活している人が社会的に孤立することが特徴であり，課題でもあると考える。

　このため，藤本（2012）では，地域の社会保障関係者がネットワークを構築して支援の必要な人の情報を共有し，医療や介護などの縦割りを越えて連携し，ワンストップサービスを提供することや，住民主体の地域ネットワークを構築してボランティアが中心となり，地域のニーズに応じた自由かつ柔軟な活動を展開するなどのネットワーク型社会保障を提唱した。また，従来の日本の社会保障は個人のニーズに着目してきたが，家族を支援する視点が重要であり，家族政策を充実すべきことも論じた。

　ここまで概観したように，日本における社会的孤立は，地域社会や職場，家庭の変化など大きな社会の変化に伴い，世代を超えて幅広く影響の及ぶ問題である。このため，有効な対策を講じるためには，縦割りを越えた政策の連動が必要であると考えられる。次章以降，様々な政策分野からこの問題にアプローチしていくこととしたい。

注
(1) たとえば内閣府（2007：66）では，近隣関係の行き来をする確率を高くなる要素の一つとして「年齢が高いこと」が挙げられている。
(2) 生涯未婚率は45～59歳の未婚率と50～54歳の未婚率の平均値を指している。

参考文献
厚生労働省（2010）「平成22年度　高齢者虐待の防止，高齢者の養護者に対する支援等に関する法律に基づく対応状況等に関する調査結果」。
厚生労働省（2012）「平成23年度雇用均等調査の概況」。
総務省（2012）「平成23年社会生活基本調査——生活時間に関する結果　要約」。
内閣府（2007）『平成19年版　国民生活白書』。
内閣府（2009a）『高齢者のライフスタイルに関する調査』。
内閣府（2009b）『平成21年度インターネット等による少子化施策の点検・評価のための利用者意向調査』。
内閣府（2011a）「第7回高齢者の生活と意識に関する国際比較調査」。
内閣府（2011b）『平成23年版　高齢社会白書』。
藤本健太郎（2012）『孤立社会からつながる社会へ——ソーシャルインクルージョンに基づく社会保障改革』ミネルヴァ書房。

第Ⅰ部　社会的孤立防止のための政策連動

　社会的孤立は地域，家庭，職場で進行する幅広い問題であり，地域の社会保障関係者や市民によるネットワーク型社会保障の構築，家族政策の充実など社会保障政策の推進は重要な対策であるが，根本的な対策を講じるには，社会保障政策のみならず様々な分野の政策を連動させて社会をデザインすることが必要であると考えられる。

　このため，第Ⅰ部では，経済政策，医療・福祉政策，住宅政策，都市政策，労働政策，年金政策の順に社会的孤立について論じ，第6章第2節では，これらの政策の連動による「社会的孤立を防ぐポリシーミックス」を提唱する。

第1章 少子・高齢化社会における技術変化と世代間コミットメント問題

小林慶一郎

１　経済と財政の視点から

　少子・高齢化の進展によって引き起こされる社会的孤立を防ぐという政策課題に関連し，技術変化の方向性や制度設計の限界を考察しておくことは有意義である。近年の経済成長理論の一分野である「方向づけられた技術変化（Directed Technological Change）」の理論（以下，DTC 理論）は，少子・高齢化と技術変化の関連についてたいへん興味深い示唆を与えてくれる。少子・高齢化という社会の変化に企業の技術開発が反応し，経済全体で技術変化が引き起こされて，高齢者ケアのコストが現在考えられているレベルよりも低減する，しかも，そのような変化が企業間の市場競争を通じて実現する。このような変化を促進する（あるいは阻害しない）ための制度設計を考察することは，社会的孤立を防ぐという課題から見ても有意義である。

　また，社会保障制度の持続性を保つためには財政の安定性が必要である。この点について，理論的にはある種の限界があることを示すことができる（これを「世代間コミットメントの不可能性」と呼ぶ）。本章では，DTC 理論を概説し，これに基づいて日本の少子・高齢化を展望し，政策的な含意を分析する。さらに，今後の日本において社会保障と財政の持続性を維持することについて，「世代間コミットメントの不可能性」という観点から理論的に考察する。

第 1 章　少子・高齢化社会における技術変化と世代間コミットメント問題

2　社会保障と技術

　社会的孤立などの社会保障に関連する政策課題を議論する際にしばしばおかれる前提は，社会保障分野の技術的な条件が現状と同じ（あるいは技術変化のトレンドは現在と同じまま推移する），という仮定である。
　しかし，そのような仮定から導き出される結論はミスリーディングである。
　たとえば，産業革命初期のイギリスでは，経済成長が続いて貨物や旅客の輸送量が増えると当時の主要な輸送手段だった馬車が増えすぎる，と心配が高まった。当時のイギリスでは，このままでは馬車が増えすぎて膨大な馬糞の処理ができなくなるという「馬糞問題」が将来の大きな政策課題になる，と考えられていたという。しかし，その後，鉄道や蒸気船や自動車による輸送が馬車にとってかわったため，そのような懸念は無意味になり，馬糞の処理が現実の政策問題となることはなかった。これは，大きな技術変化があると政策課題も大きく変化するので，必要な政策対応もまったく変わってしまうという好例である。社会保障や財政に関する政策論も，技術的変化によって現在とはまったく異なる様相を呈するようになる可能性はある。しかし，こうした技術変化の方向については，社会科学的あるいは経済学的に予想することはできない，というのがこれまでの通念であった。技術変化は自然科学上の発見や，工学的な発明によって起きるが，それらは社会経済情勢とは無関係に起きると考えられていたからである。
　だが MIT のダロン・アセモグルが提唱する「方向づけられた技術変化」の理論（DTC 理論）は，人口構成や社会構造が技術変化に与える影響をある程度の確度で予想できる，と主張する。この理論が正しければ，高齢化にともなう技術変化の方向を大まかにではあっても予見することができる。そのため，DTC 理論を使って少子・高齢化社会における技術進歩の方向性を予想することは意義がある。

③ 方向づけられた技術変化

　通常，技術進歩の方向性は，自然科学や工学によって決定され，経済や社会の状態とは独立に決まるものだ，と経済学では想定されている。アセモグルのDTC理論が斬新なのは，社会や市場経済の状態によって技術変化の方向が決まると考えたことである。この理論によれば，現在の技術トレンドは，「少子・高齢化」という社会の状態に反応して，いずれ方向が変わることになる。長期的には少子・高齢化の弊害そのものが軽減される方向に技術のトレンドが変化するはずなのである。

　アセモグルの理論のエッセンスは単純である。企業は利潤を最大化させるように研究開発を進めるので，その社会に豊富に存在する生産資源を使い，稀少な生産資源を節約するような技術を開発しようと努力する。なぜなら，豊富に存在する生産資源は相対的に安価であり，稀少な生産資源は高価であるからだ。

　利潤を最大化しようとする企業の研究開発の努力の結果，豊富な生産資源を重点的に使い，稀少な資源を節約するという方向に技術変化が進む。これが市場または社会における生産資源の多寡によって「方向づけられた技術変化」の理論である。

（1）実　例
　「方向づけられた技術変化」について，Acemoglu (2009) に従って，いくつかの具体例を挙げる。
1）スキルバイアスのある技術変化
　過去60年間のアメリカ経済では，高学歴でスキル（技能）の高い人材の供給が増加し続けていたが，同時に，賃金のスキルプレミアム（技能分の上乗せ）も上昇し続けていた。高スキル人材の供給が増えると，通常の需要と供

給のバランスであれば，スキルプレミアムは低下する。それが上昇したということは，スキルバイアスのある技術変化が発生したからだが，アセモグルは，スキルバイアスは「外生的」な要因で発生したのではない，と考える。むしろ，高スキル人材の供給が増えたために，高スキル人材を活用する技術を開発したいという欲求が企業側に高まり，その結果，スキルバイアスのある技術変化が「内生的」に加速した，とアセモグルは主張する。20世紀のアメリカでは，高等教育の普及によって大卒の労働者が短期間に激増したので，大卒人材はかつてに比べて相対的に安価になった。企業は安価になった大卒人材を活用する方向に，技術開発の方向性を変えたのである。

　高スキル人材の供給が増えたにもかかわらずスキルプレミアムが高まった点も，次のように説明できる。スキルバイアスのある技術変化が加速したために，高スキル人材への需要が供給を上回って加速し，結果的に高スキル人材の賃金が相対的に高まった，ということである。

2）産業革命期の技術変化

　20世紀の後半以降とは逆に，18世紀から19世紀にかけての技術変化は，熟練労働者の使用を減らし未熟練労働者の使用を増やすという意味で，アンスキルバイアス（unskill bias）のかかった技術変化だった。これも，この時期に，未熟練労働者の供給が増えたために，相対的に安価になった未熟練労働者を活用する方向に，技術変化が進んだ，という説明が可能である。つまり，産業革命期の技術変化は，未熟練労働者の大量供給によって「方向づけられた」技術変化であった，ということができる。

　18世紀以降，先進国の主要産業は農業から工業に変化し，19世紀には農村から大量の貧しい未熟練労働者が供給された。彼らの安価な労働力を活用するため，企業は大量生産方式などの技術を発展させた。この技術変化の結果，企業の未熟練労働に対する需要が増え，彼らの賃金が上昇し，中間層を形成するようになった。一方，それまでは高度な技能を伝承し，熟練労働を提供していた職人たちの工房は仕事が減少し，彼らの所得も減少した。結果的に，

未熟練労働者の所得水準が相対的に上がり（スキルプレミアムが低下し），19世紀末以降は，所得格差が縮小するようになった。産業革命の初期における所得格差の大幅な拡大と，19世紀末の格差縮小は，近代化にともなう1回限りの歴史的現象だとする説もあり，そのような格差の変化はクズネッツ・カーブ[1]として知られている。DTC理論による格差縮小の説明はクズネッツ・カーブについての一つの説明ともいえる。

3）ヨーロッパの高失業率と労働分配率の低下

1960年代から1970年代にかけて，ヨーロッパでは高い失業率が続く中で，労働分配率（国内総生産のうち，労働者に支払われる所得の割合）も高止まりしていた。これは，政治的に労働者の権利が強まった結果，労働者の平均賃金が高まったのと同時に，企業が新規の雇用を増やすことを嫌気したためだと思われる。

ところが，1980年代には，ヨーロッパの失業率は高止まりする一方，労働分配率は低下した。この事実も，「方向づけられた技術変化」の考え方で次のように説明できる。労働者の権利の向上は，企業にとって労働を高価な生産要素に変え，資本を相対的に安価な生産要素に変えた。利潤の最大化を目指す企業は，労働を節約し，資本をより大量に活用する方向に，技術開発を進め，資本集約的な方向に技術変化が進んだ。結果として，資本への需要が増えて，労働に対する需要が減った。そのため，労働者の権利保護が進んでいたにもかかわらず，賃金は低下し，失業率は高止まりし，労働分配率が低下した。このように，労働が企業にとって高価な生産要素となったことに技術変化の方向が内生的に反応したのだと考えると，ヨーロッパの高失業率と労働分配率の低下は自然に説明できる。

（2）少子・高齢化と「方向づけられた技術変化」

少子・高齢化する社会における技術変化についても，DTC理論から考えると重要な示唆が得られる。今後の人口動態はかなり高い確度で予測されて

いる。消費税の増税等による財政再建はあくまで数字の上の話であり，かりに財政運営や経済政策が大きく変わって女性1人当たりの出産数が大きく変わっても，これから数十年程度の時間幅では人口動態はあまり大きく変わることはない。つまり出生率がどうなっても65歳以上人口と現役世代人口の比率がほぼ1対1になる「肩車型」社会が今世紀半ばにはやってくる。高齢者ケアを担う若年労働力が稀少になる一方，機械設備が相対的に豊富になるトレンドが半世紀以上続く。もし高齢者ケア（医療や介護）の技術が現状と同じく労働集約的なままなら，高齢者の人口に比してケアサービスの供給が不足するため，価格の高騰が起きるので，年金給付額が現状のレベルに維持されても高齢者の生活水準はかなり悪化する。高齢者ケアの価格を厚生労働省の規制で抑え続けると仮定した場合でも，人手不足で物理的なサービス供給量が減るので，ケアを受けるための高齢者の待機時間が大幅に増えることになり，平均的には高齢者の生活水準は悪化する。

つまり，<u>もし技術変化が起きなければ，いかに制度面での手当（税制改正や社会保障制度改革）をしたとしても，高齢者ケアサービスの需要量に対して供給量が不足するという「物理的な制約」によって，日本の（特に高齢者の）生活水準の悪化は不可避なのである</u>。

しかし，アセモグルのDTC理論は，このような単線的な予想とは異なる展望を提供する。これからの日本では，若年労働力という投入要素が稀少になり，機械設備などの資本の投入要素が増える。そのため，DTC理論によれば，企業は利潤追求のために，稀少な労働投入を節約し，相対的に安価な資本投入を多く使用しようとするはずである。そうなるために，企業は高齢者ケアサービスの生産技術が資本集約的になるような方向に研究開発を進めるはずである。つまり，利潤動機に突き動かされた企業の技術開発によって，高齢者ケアの技術は現在よりも資本集約的なものになるはずである。

このような人口動態によって「方向づけられた技術変化」が起きれば，高齢者ケアサービスの生産性が全般的に上昇する。その結果，高齢者の生活水

準の向上，介護労働者の賃金上昇などが実現し，少子・高齢化をめぐる困難の多くが解消すると見込まれる。企業の利潤動機にもとづく技術開発が，技術体系の方向性を変え，最終的に高齢化の困難を緩和する。市場経済は単に価格調整によって非人格的に均衡を実現するだけではなく，技術変化の方向を変えることによって人々の厚生を高め得る。

このように DTC 理論にしたがって考えると，今後，日本で企業がもっとも追求すべき技術変化の方向性は，医療や介護等の高齢者ケアサービスを資本集約的な産業に変えるための技術開発（介護労働者用のロボットスーツや介護ベッドの機械化等）であると考えられる。高齢化に関連した工学技術一般を総称して，ジェロンテクノロジー（Gerontechnology）と呼ぶことがある。これは，老人学（Gerontology）と技術（Technology）を合成した新造語だが，ジェロンテクノロジーが進展するか否かが，これからの高齢化社会における生活水準を決めるといってよい。ジェロンテクノロジーの進歩として期待される方向性をまとめると次の 2 点となる。

労働集約型から資本集約型へ

DTC 理論からの直接的な結論は，高齢者ケアサービス（高齢者医療や介護）の生産技術が，現在のような労働集約型の技術から，将来的には資本集約的な技術に変化する，ということである。今後の傾向としては，高齢者ケアの生産要素として，労働力が不足し，機械設備が相対的に安価になる。DTC 理論が予測するように，高齢者ケアを供給する企業は利潤最大化のために労働力の使用を極力減らし，機械で代替できるものは代替する，という方向で技術開発を進めるはずである。その結果，高齢者ケアサービス全体が資本集約型の産業に近づいていく。

たとえば介助者を使わず，パワーアシストスーツによって自立支援を行うことも，資本集約化の典型例である。対話型・ペット型ロボットによる介護予防等も，需要を掘り起こしてケアを提供するという意味では，資本

集約型技術への技術変化の一環といえる。

　ただし、このような「方向づけられた技術変化」が進展する条件は、企業の利潤追求のために自由な活動をすることが許されていることである。高齢者ケアサービスは、医療と同じように、企業と需要者の間の情報の非対称性が大きいため、企業と需要者が対等の立場で自由に契約するという市場構造を作ることは適切ではない。情報の非対称性を是正するための厳しい規制は必要であることはいうまでもない。しかし、今後の高齢化がますます進展する中で、長期的に技術変化によって生活水準を高めていくためには、高齢者ケアに携わる企業の自由な研究開発が可能となる程度の利潤追求を認めなければならない。

　情報の非対称性を是正する規制と、技術発展のための自由な企業活動を両立させなければならない。高齢者ケアサービス企業の利潤追求行動を認めつつ、企業が需要者に不当な要求を押し付けることがないよう情報の非対称性を防止することが、規制の目的とならなければならない。バランスのよい規制体系を作ることが、長期的に日本の生活水準を向上させるために、死活的に必要となるのである。

若年労働者を節約し、高齢労働者を活用する技術へ

　今後の日本の経済社会の大きな変化は、若年労働者が減り、相対的に高齢労働者が増える、という変化である。DTC理論の考え方にしたがうと、高齢者ケアサービス等の一部の産業だけではなく、すべての産業で、若年労働者を節約し、相対的に安価な高齢労働者をもっと活用する生産技術が開発されるはずである。利潤最大化を狙う企業は、高価な若年労働力を節約し、安価な高齢労働力を使おうとするからだ。すると、労働現場の生産様式が変化するはずである。生産ラインの設計、オフィスのレイアウト、作業時間と休憩時間のタイミング等、生産現場の空間的時間的な環境が、高齢の労働者をスタンダードとするかたちに再設計されると思われる（これは高齢者ケアサービスだけではなく、すべての産業を含む日本経済全体の話なの

で，社会保障関連の規制がどうであっても，高齢労働者に合わせた生産技術の開発は進んでいくと思われる）。

　高齢労働者の生産性を最大限に引き出すための生産現場の変更は，広い意味での「方向づけられた技術変化」である。

　こうした技術変化が起きれば，日本経済全体として高齢労働者に対する企業側の需要が高まり，若年労働者への需要は相対的に低下する。すると，高齢労働者の賃金水準が上昇し，若年労働者の平均賃金は相対的に低下すると思われる。現在，高齢者の生活水準には大きな世代内格差が存在する。資産形成に成功した富裕な高齢者は高い生活水準を享受しているが，資産形成できていない多くの高齢者は，高齢労働者の賃金水準が低いため，低い生活水準に甘んじている。

　方向づけられた技術変化によって高齢労働者への需要が増えれば，単純労働や生産工場等の分野での高齢労働者の賃金水準が上がると思われるので，低所得層の高齢者の所得が上がり，彼らの生活水準が上昇すると考えられる[2]。

　つまり，方向づけられた技術変化は，高齢者の世代内格差（現役世代よりも生活水準の格差は大きい）を縮小させるはたらきもあると考えられる。

（3）高齢化社会における生産性の変化

　アセモグルのDTC理論は，高齢化の進展が労働力の「供給」の構造に影響を与え，ひいては技術変化の方向を変えることを示した。このメカニズムとは異なるが，高齢化によって「需要」の構成が変化し，その結果，生産性が影響を受ける，という理論も考えられる。Kobayashi (2012) では，若者向けの財と高齢者向けの財という，2つのセクターからなる経済を考え，それぞれの生産性が高齢化によって影響を受けることを理論的に検討した。本節ではKobayashi (2012) の理論モデルの概要を解説し，そのインプリケーションをまとめる。

この理論モデルは，若年労働者と高齢労働者の労働力の変化という問題は捨象する。そのため，モデル上では「高齢者は働くことはできない（労働力を供給できない）」と仮定する。また2つの財（若者向けの消費財と，高齢者向けのケアサービス）が存在する二財モデルを考える。若者向けの消費財を生産するためには，若者の労働力と消費財を生産要素として使用することが必要である。高齢者向けのケアサービスを生産するためにも，若者の労働力と消費財を生産要素として使用することが必要である[3]。

　企業の研究開発によって技術は進歩する。企業の研究開発の努力は各産業の利潤の大きさに比例する。さらに，各産業の利潤の大きさは，各財・サービスの需要の大きさに比例する。

　このような経済では，高齢化が進むと，高齢者向けのケアサービスへの需要が相対的に増加し，ケアサービスの生産技術の研究開発が活発になり，結果的に，ケアサービスの生産効率が相対的に高まる。Kobayashi（2012）のモデルからは，次のようなことが示される。

　① 高齢化が進むにつれて，高齢者ケアサービスの（消費財に対する）相対価格は低下する。
　② 高齢化が進むにつれて，高齢者ケアサービスの生産性は，消費財の生産性に比べて上昇する。
　③ 高齢化が進むにつれて，最適な経済成長率は低下する。

　つまり，高齢化が進展すると，技術開発が高齢化の関連分野で活発になって，生産性が上がるため，高齢者ケアサービスが相対的に安価になると予想される。若者向けの消費財の生産性は伸びが鈍化するため，高齢化にともなって経済全体の成長率は低下することになる。しかし，経済成長率の低下は最適な資源配分の結果なので必ずしも悪いことではない。企業の技術開発によって，高齢化社会においても生活水準の維持または向上させることが，

理論的には可能である，と示された。

（4）社会デザインへのインプリケーション

DTC 理論や前節のモデルからいえることをまとめると，次のようになる。

- 少子・高齢化が進展する中で，生活水準の低下を防ぐためには高齢化関連の技術が進歩することが必要である。
- そのような技術変化が起きるためには，供給者（企業）が利潤動機によって高い技術開発意欲を持てるような産業構造を実現することが望ましい。

「方向づけられた技術変化」を実現する原動力は，企業の研究開発の意欲である。企業の研究開発の意欲は，企業の利潤最大化の行動から発生する。したがって，なんらかの形で，社会保障の分野において企業の利潤最大化を目指した行動を促進する必要がある。一方で，社会保障の分野で無制限に利潤最大化を認めると，「情報の非対称性」等の問題によって，利用者（高齢者や社会的弱者）を搾取することが起きる。この情報の非対称性を防止する必要もある。これらの考察から得られる社会デザインへの要請は，次のようにまとめられる。

- 高齢者ケアサービスなどの社会保障分野で，企業の技術開発の意欲を高めるための制度設計を行うこと。具体的には，価格の自由化などを一定の範囲で認め，企業が利潤を追求する自由度を高めること[4]。
- 情報の非対称性を防止するため，提供されるサービス内容の実態にウソがないことを確認する規制や監視体制（人員の増員）や技術的システム（IT 技術やインターネットを活用した不正監視のシステム等）を構築すること。

様々な制度設計に加えて，技術の発展が社会保障の分野でもきわめて重要である。民間のアイデアや企業の研究開発が効率的に技術進歩につながるような産業構造を社会保障分野において確立することが，高齢者や社会的弱者の生活水準の向上や介護労働者の現場の改善のために決定的に重要である，という点を忘れてはならない。

4　社会保障と財政の持続性——世代間投資の不可能性

少子・高齢化が進む中で，社会保障関連の財政支出は年々増え続けている。社会保障制度を長期的に維持することは，財政の持続性を保つことと一体不可分である。財政の持続性については，深刻な懸念を抱く経済学者は多い。公的債務の対国内総生産比率は，2014（平成26）年現在で約230％であり，先進国中で最悪のレベルであり，記録されている戦時中の債務比率を既に上回っている。

たとえば，2013（平成25）年に開催されたコンファレンス[5]では，最終的にどこまでの増税や歳出カットが必要となるのか，という点に関して，3人の報告者（東京大学〔当時〕の伊藤隆敏氏，南カリフォルニア大学のセラハティン・イムロホログル氏，アトランタ連邦準備銀行のR. アントン・ブラウン氏）からそれぞれの見通しが示された。

伊藤隆敏氏の報告（Hoshi and Ito 2012）は，消費税を20％または25％にすれば十分に公的債務の持続性が保たれるとしているのに対し，イムロホログル氏（Hansen and Imrohoroglu 2013）は，消費税だけで公的債務の持続性を保つためには，2019年から2087年まで約60％の消費税率にし，その後47％に安定化させることが必要であるとした。ブラウン氏（Braun and Joines 2013）は，消費税率を徐々に高めて2070年頃には53％にする必要がある（その後，22世紀前半に徐々に減税し，消費税率を最終的に40％にする必要がある）とした。

伊藤氏の政策シナリオは，政治的に実行可能と思われる消費税率（25％）

で財政の安定が維持できるとしているのに対し，イムロホログル氏やブラウン氏によると必要な消費税率は極めて厳しい数字になっている。

（1）財政問題とコミットメント

現代の国家は，為政者個人のコミットメントで借り入れられる金額をはるかに超える資金を議会と政府組織のコミットメントで借り入れている。議会等は個人よりも永続性があるため，借り入れ可能な金額が大きくなるわけだが，日本をはじめとする現代国家では，借入金額が膨張しすぎて，議会や政府でさえコミットできない規模に達しつつある。

個人が債務を負う場合に比べて，組織としての政府（議会）ははるかに大きなコミットメント能力をもっているが，組織も生身の人間からなる構造物である以上，何世代も先の将来まで債務返済のコミットメントが持続する保証はない。前述したように，日本ではGDPの230％に達する政府債務が発行されているが，これは日本の政府・国会のコミットメントの能力を超えているのではないか，という当然の懸念がある。この懸念が財政問題の本質である。

財政についての課題は，現在の議会や政府ができるよりも，もっと長い時間軸での債務返済のコミットメントを実現することである。そのために，超長期的に議会や政府の意思決定を拘束する仕組みを作るという「政治制度のイノベーション」が求められているといえる。

世代を超えた超長期のコミットメントを確保する制度的なイノベーションとして検討されているのは，政治的に中立な機関が財政の持続性について超長期の見通しを公開することである。東京財団の亀井善太郎氏のグループが進める「独立推計機関構想」（東京財団 2013）や，小黒一正氏の「世代間公平委員会構想」（小黒 2010）等が具体的な制度設計のアイデアである。これらの構想では，現在世代の利害だけではなく，将来世代の利害を十分に考慮した組織（財政予測機関や世代間公平委員会）が，客観的なデータを収集して

学術的に信頼性の高い推計を行い，将来の財政の推移予想を公表することを提案している。さらに，国会や政府の意思決定が，これら中立的な機関の長期的な財政予測に「拘束」される仕組みを法律や政省令のレベルで規定することを主張する。ともすれば短期的視野での意思決定に陥りがちな国会や政府の意思決定を是正し，超長期的な財政の安定性を取り戻すことがこれらの構想の狙いである。

これらの構想は，「長期的な正しい情報を国民が知れば，子孫に重い財政負担を残さないように財政再建を進めるという正しい政治決断ができるようになる」という前提に支えられている。

しかし，そのような想定が残念ながら成立しない可能性もある。この可能性について，次項において詳しく検討する。

（2）世代間コミットメント（Intergenerational Commitment）の不可能性

本項では，理性的な設計によって超長期的なコミットメント・デバイスを構築しようとする最近の試みに対して，否定的な含意を持つ理論的考察を行う。

経済学において，多くのマクロ経済問題の分析に使用される世代重複モデルで考える。1つの世代は，2期間を生きるが，1番目の期間は若者として，2番目の期間は高齢者として生きる。ある世代が高齢者になった期間に，次の世代の若者が生まれる。前の世代が高齢者の時期に次の世代が若者として生きる，というように，世代が重複しながら，続いていくモデルである。

この世代重複モデルにおいて，次のような世代間投資（Intergenerational Investment）の問題を考える。これは基本的には，サミュエルソン（Samuelson 1958）が考えた世代間の所得移転と同種の問題である。ただし，後述するように，サミュエルソンのモデルでは，世代間投資が毎期，繰り返され，永久に続いていく。永久に繰り返すという性質をうまく使うと，市場メカニズムで世代間所得移転が実現できるとサミュエルソンは示した。

しかし，ここで考えたい問題は，「世代間投資が1回限りの事象だったら

どうなるか」という問題である。

　財政再建を例にとると「財政再建（つまり歳出削減と増税）」は一種の投資と考えることができる。つまり，現在世代が「財政再建」という投資をすると，将来世代は，「財政破綻の回避」という大きなリターンを得る。財政再建は定期的に繰り返されるとは想定されていないから，当然，1回限りの事業である。つまり，財政再建とは，現在世代がコスト（財政再建の政治的コストなど）を支払って，将来世代がリターン（財政破綻の回避）を得るという1回限りの世代間の投資事業といえる。

　世代重複モデルで，この1回限りの世代間投資という問題を考える。前の世代（親世代と呼ぶ）と後の世代（子世代と呼ぶ）の間で，

　　「親世代が若者の時期にコスト C の投資を行うと，子世代が高齢者の時期に大きなリターン R を得る（$C \ll R$）」

という投資事業があるとする。まず，親世代が若者の時期にコスト C をかけて投資を行うが，このとき，子世代はまだ生まれていない。その投資のリターン R は，子世代が高齢者になった時期に子世代に与えられるので，子世代がリターン R を得る時期には，親世代はすでに死亡している。

　投資のリターン R は，投資のコスト C よりも，はるかに大きいと仮定する。すなわち，$C \ll R$ である。したがって，うまくリターンを分配できれば，この世代間投資をする方が親世代と子世代の双方にとって得になる。

　さらに，親世代も子世代も，利己的であり，自分の世代の利益しか考えないとする。

　このときに次のような命題が成り立つことが分かる。

命題（世代間コミットメントの不可能性）：
親世代に世代間投資 C を実行させる制度設計（すなわち世代間の取引）

第 1 章　少子・高齢化社会における技術変化と世代間コミットメント問題

は存在しない。

（証明のアウトライン）

　各世代が利己的かつ合理的であるときには，コミットメントが不可能になる，という命題が次のように導き出される。利己的な親世代がコスト C を支払って投資するためには，子世代から C を上回る所得移転 T（>C）を得る，という約束がなければならない。子世代は，自分たちが若者の時期に親世代に T を支払い，自分が高齢者になったときに投資リターン R を得るので，差し引き R－T の利益を得る。R は C よりもはるかに大きいので，一見すると，このような世代間の取引は可能であるように思える。しかし，そうではない。

　「親世代が若者の時期に投資 C を実行したら，子世代が若者の時期（親世代が高齢者の時期）に T を親に支払う」という世代間の所得移転の制度が設計できる，と仮定しよう。そして親世代が若者の時期（このとき，まだ子世代は生まれていない）に投資 C を実行したと仮定する。

　このとき，次の時期（親が高齢者になり，子世代が若者になる時期）になると，利己的で合理的な子世代は T を親世代に支払うことを拒否する。なぜなら，親世代はすでに投資 C を実行しているので，そのリターンを自分たち子世代が得られることは，T を支払っても支払わなくても，変わりないからである。どのみち R を得られるならば，T を親世代に支払うことは子世代にとって無意味であり，子世代は T の支払いを拒否する。

　このように子世代が T を支払わないということを，事前に，親世代は合理的に予想する。この予想があるので，親世代は自分が若者の時期にコスト C の投資を実行しようとはしなくなる。親世代は，自分が C を支払っても，後で T を得られない，と分かっているからである。

　したがって，1 回限りの世代間投資（親世代が若者の時期に投資をすると子世代が老人の時期にリターンが得られるような超長期投資）は，各世代が

利己的かつ合理的である限り，実行することはできない。

(証明終わり)

要するに，超長期的な世代間にまたがる投資は，いかに収益が大きいものであっても「コミットメントの欠如」のために，実行できないのである。これを一言でいえば，「世代間コミットメントの不可能性」ということになる。

(3) 世代間コミットメントはこれまでなぜ問題にならなかったのか

世代間コミットメントの不可能性は，経済学的には目新しい発見ではなく，サミュエルソンが1958年に論じた世代間所得移転（若者が高齢者を扶養するという事象）を少し変形したものにすぎない（Samuelson 1958）。サミュエルソンの世代間所得移転が永久に繰り返されることであるのに対して，本章で論じた「世代間投資」は1回限りの事業であるという点が決定的に異なる。世代間所得移転が繰り返し事象である限り，「貨幣」という存在を導入することで，市場メカニズムによって，適切に世代間所得移転を実行させることができる。これが，サミュエルソンの示したことである。

また，繰り返し事象なら，貨幣によらなくても「慣習」または「道徳」によって世代間所得移転を実現するように社会制度を作ることもできる（慣習や道徳を人々に共有された「行動戦略」であると解釈すれば，このことは「繰り返しゲーム」の理論を使って示すことができる）。

前節で扱った世代間投資についても，もしもこれが繰り返し事象ならば，サミュエルソンの貨幣や繰り返しゲームの戦略を使って，各世代が適切に世代間投資を実行するように仕向けることができる。世代間投資が繰り返される社会は制度設計できるわけである。しかし，1回限りの世代間投資についてはそのような理論は使えない。つまり，いま知られている経済学の知識では，1回限りの世代間投資を実現するような社会の仕組みはつくれないのである。

第 1 章 少子・高齢化社会における技術変化と世代間コミットメント問題

1回限りの世代間投資について「世代間コミットメントの不可能性」命題は簡単に示される。しかし，このことがこれまでの経済学や政策の議論で問題になることはなかった。その理由は，「1回限りの世代間投資」という事象そのものが，ごく最近まで，人類社会に存在していなかったからだと思われる。サミュエルソンが論じた世代間の所得移転は，子が老親を扶養するという太古から人間社会で「繰り返し」行われる事象だった。これに対して，「1回限りの世代間投資」とは，最近になって初めて人類が直面するようになった政策課題である。

その典型が財政再建である。親世代が，いま政治的なコスト C を支払って増税や歳出削減を行えば，子世代が（親世代が死亡した後に）財政破綻を回避できるというリターン R を得る。この投資 C とリターン R の発生は 1 回限りのものである。つまり，財政再建とは，「世代間コミットメントの不可能性」命題が論じた構造を有する新しい政策課題なのである。

5 新たな設計思想
―― 「世代間コミットメントの不可能性」を制約条件とした社会設計を

財政の持続性の危機という未曽有の問題は，「世代間コミットメントの不可能性」という性質を有しているために，いまの政治構造のままでは，おそらく解決不可能である。この問題に直面した我々が進むべき方向は，ある社会保障制度をデザインするに際して，将来，「世代間コミットメント」の問題を発生させるかどうか，を科学的に見極めたうえで実用化の是非を判断すること，ではないだろうか。

今後の社会設計を考えると，そもそも「超長期の世代間投資が必要とされる状況」を回避することがもっとも望ましい。

たとえば，現在の財政膨張の原因となっている超長期の年金制度は，受給者の立場からは利益が大きいが，人口構成が大きく変化すると，制度を維持

するためには根本的な改正が必要となる。現在の年金制度は超長期の存続を前提にしているため、その制度改正は「世代間投資」の特徴を持つ。このため「世代間コミットメントの不可能性」の問題が惹起される。もしも、年金制度が、超長期の積み立てではなく、最初から単年度の予算内での再配分として設計されていれば、世代間コミットメントの不可能性に悩まされることはなかった。制度設計を適切に行えば、世代間投資が必要とされる状況は回避できていたはずであった。

したがって、新しい制度（たとえば社会保障や移民などに関する新しい制度）の導入や新しい科学技術の商業化や普及にあたっては、それらが「世代間投資」型の政策問題を引き起こすか否かを事前に社会科学的に精査し、<u>「世代間コミットメントの不可能性」問題を引き起こさない場合に限り、その新制度や新技術を普及させる</u>という社会規範を定着させる必要があるのではないか。

現在の社会保障制度は、「人口構成の変化に応じて、事後的に財源や支出額の調整を合理的に行うことができる」という想定の下で設計されてきた。しかし、社会保障制度の抜本改正は、典型的な「世代間コミットメント」問題である。すなわち、親世代が政治的コストを払って社会保障制度を改正すると、それは社会保障制度の破綻の回避というリターンを子世代にもたらす。「世代間コミットメントの不可能性」命題より、各世代が合理的ならば、社会保障制度の改正は、その本質的な部分はいつまでも先送りされ、いずれは必ず手遅れの状態に至ると予想される。

これからの社会デザインの大きな指針として、<u>「世代間コミットメントの不可能性」命題によって実現の可能性が否定されるような制度の普及は自制する</u>、という規範を定着させる必要がある。この社会規範は、決して社会保障制度の合理的な発展を力によって制限しようとするような前近代的な「非合理主義」ではない。社会保障制度をマネージする人間社会の能力を科学的に評価し、人間社会が持つ管理能力（その限界は「世代間コミットメントの不可

第1章　少子・高齢化社会における技術変化と世代間コミットメント問題

能性」命題で規定される）を超えてしまうような社会保障制度については，普及のレベルを管理可能な程度にキープしよう，というものである。

　つまり，ある社会保障制度を普及させるか否かを判断する際に，それらを運営する立場の人間社会の方が持つ管理能力の限界についての合理的かつ科学的な判断を加味したうえで，当の社会保障制度の採用可否の判断を行う，という「超合理主義」的な規範を確立することが求められているのである。

注
(1) 経済発展において，国民1人当たりの生産量が増えるにつれて，所得格差が拡大し，その後，縮小するというカーブ。近代化の過程で，農業社会が工業社会に変わるにつれ所得格差が広がるが，その後，人々の工業化への適応や社会保障政策が進展し，所得の不平等度が低下するという，経済学者サイモン・クズネッツの説を表現した用語。
(2) 高齢労働者が労働市場に留まる度合いによって，この結果は変化する。それは経済の構造パラメータの値に依存する。
(3) 消費財とケアサービスの技術的特性として，次のような違いがあると仮定している。消費財は，消費財生産の原材料にもケアサービスの原材料にもなるが，ケアサービスは，消費財の生産にもケアサービスの生産にも原材料として使えない。
(4) 最終的に，高齢者ケアを「社会保険」という公的財源に依存しない民間事業にしていくべきか否かという大きな論点があるが，この点は本書の範囲を超える。安全規制や不正行為を取り締まる厳しい規制を維持しつつ，企業間の利潤追求の競争によって効率性や高い技術開発のインセンティブを実現している産業としては，たとえば，鉄道，航空，金融，放送，通信等がある。これらの産業構造は，今後の高齢化ケアサービスという産業のあり方を検討するうえで参考にすべきかもしれない。
(5) 2013（平成25）年12月2日にキヤノングローバル戦略研究所主催の会議 CIGS Policy Conference Abenomics and sustainability of the public debt（アベノミクスと公的債務の持続可能性）が開催された。そこでは，3つの異なる経済モデルにもとづいた日本の財政の将来シナリオが示されたが，いずれのケースでも，「2015年10月に10％まで消費税を増税するだけでは財政の持続性が保たれない」という結論は共通していた。財政健全化のために，さらなる増税や，社会保障費

を含めた歳出のカットが必要であるという点は出席者のコンセンサスであった。

参考文献

小黒一正（2010）『2020年，日本が破綻する日』日本経済新聞出版社。

東京財団（2013）『政策提言　独立推計機関を国会に』。

Acemoglu, Daron (2009) *Introduction to Modern Economic Growth*, Princeton : Princeton University Press.

Braun, R. Anton, and Douglas Joines (2013) "The Implications of a Greying Japan for Public Policy." Mimeo.

Hansen, Gary, and Selahattin Imrohoroglu (2013) "Fiscal Reform and Government Debt in Japan : A Neoclassical Perspective." NBER Working Paper No. 19431.

Hoshi, Takeo, and Takatoshi Ito (2012) "Defying Gravity : How Long Will Japanese Government Bond Prices Remain High?" NBER Working Paper No. 18287.

Kobayashi, Keiichiro (2012) "Demographic Change and Directed Technological Change." RIETI Discussion Paper 12-E-053.

Samuelson, Paul A. (1958) "An Exact Consumption-Loan Model of Interest with or without the Social Contrivance of Money." *Journal of Political Economy*, Vol. 66, No.6, pp. 467-482.

第2章　地域医療・介護を支える地域包括ケアシステムの展開

東野定律

1　地域包括ケアシステムを必要とした社会的背景

(1) 慢性疾患を抱えた高齢者の増加

　医療技術の進歩や人の健康志向の向上により，高齢者の平均寿命が延び，内閣府（2013）の予測数値によると，2015年には高齢化率26.8％，2060年には約40％にまで及ぶと考えられている（図2-1）。日本は2005（平成17）年には最も高い水準となり，世界のどの国もこれまで経験したことのない高齢社会を迎えている。

　また，高齢化の速度についても世界に例をみない速度で進行しており，これまでの人口構成の変化から高齢化率は，今後も増加し続けることが予測できる。高齢化率の上昇とともに，65歳以上の高齢者数は今後，「団塊の世代」が65歳以上となる2015年には3,395万人となり，「団塊の世代」が75歳以上となる2025年には3,657万人に達すると見込まれ，平均寿命の面からみても，男性の平均寿命は79.94年，女性の平均寿命は86.41年と男女とも年々伸びている（厚生労働省 2013a）。

　一方，平均寿命の延びを死因別に分析すると，悪性新生物，心疾患，脳血管疾患及び肺炎などが多いものの，高齢社会では，慢性疾患による治療が長期間続く，複数の疾病を抱える等の特徴を持つ患者が増加することが見込まれている（厚生労働省 2013b）。こうした超高齢化への進行とともに，慢性疾患，足腰の衰えや交通手段の制限等のため，通院困難な患者が増加し，病院中心の医療から在宅医療へ医療のニーズが増加・多様化することが望まれて

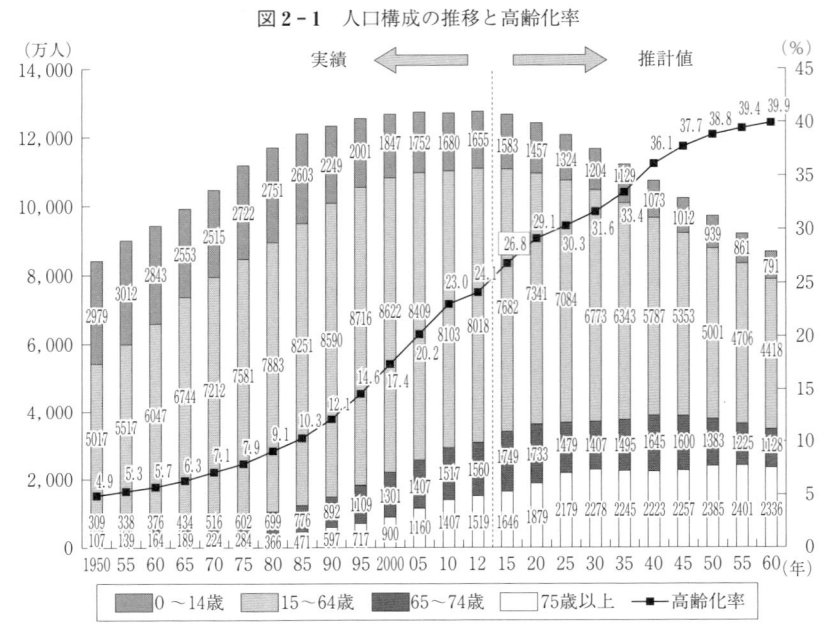

第Ⅰ部　社会的孤立防止のための政策連動

図2-1　人口構成の推移と高齢化率

出所：内閣府『平成24年版 高齢者白書』より筆者作成。

いる。

（2）単身高齢者世帯の増加

　超高齢社会を迎えた日本では，高齢者数の増加により，家族の形態も急激に変化している。国立社会保障・人口問題研究所が発表した「日本の世帯数の将来推計」（2013年1月推計）によれば，世帯総数は2010（平成22）年の5,184万世帯から増加し，2019年の5,307万世帯でピークを迎えるといわれている。

　しかし，平均世帯人員は，2010（平成22）年の2.42人から減少を続け，2035年には2.20人となり，その内訳をみてみると，2010～2035年の間に「単独」世帯が32.4％から37.2％，「夫婦のみ」が19.8％から21.2％，「ひとり親

と子」が8.7％から11.4％と割合が高くなること予測され，急激な「単独」「夫婦のみ」「ひとり親と子」の世帯数の増加が見込まれている。

　また，世帯構成からは，2010〜2035年の間に世帯主が65歳以上である世帯は1,620万世帯から2,021万世帯に増加し，75歳以上である世帯は731万世帯から1,174万世帯に増加するといわれている。このことから，全世帯主に占める65歳以上世帯主の割合は31.2％から40.8％，65歳以上世帯主に占める75歳以上世帯主の割合も45.1％から58.1％と増加すると予想されている。特に世帯主が65歳以上の高齢者世帯のうち，2010〜2035年の間に最も増加率が高い類型は「単独」であり，世帯の1.53倍（498万〜762万世帯），世帯主が75歳以上の高齢者世帯では1.73倍（269万〜466万世帯）となると考えられている。

　こうした高齢者を囲む家族形態の変容から，近年では高齢者の社会的孤立が懸念されている（藤本 2012）。2010（平成22）年に内閣府が全国の60歳以上の男女5,000人に実施した高齢者の地域におけるライフスタイルに関する調査によると，単身世帯の約3分の2である64.7％が誰にも看取られることなく，亡くなったあとに発見される孤独死を身近に感じており，「健康状態が良い」と回答した高齢者のうち「孤独死を身近に感じる」は36.9％に対し，「健康状態が良くない」と回答したのは52.0％であった。このように健康状態が良くない人ほど「孤独死」を身近に感じる割合が高いことが示されており，単身高齢者世帯の増加による新たな社会問題が表面化しつつあるといえる。

　一方，厚生労働省（2010）が実施した調査によると，日常生活を送るうえで介護が必要になった場合，最も多かったのは「家族に依存せずに生活できるような介護サービスがあれば自宅で介護を受けたい」で46％，2位は「自宅で家族の介護と外部の介護サービスを組み合わせて介護を受けたい」で24％と高齢者が介護を受けたい場所として，自宅を希望する高齢者が7割に達することが明らかになっている。

　また高齢者を支える家族も，両親が介護が必要になった場合の対応につい

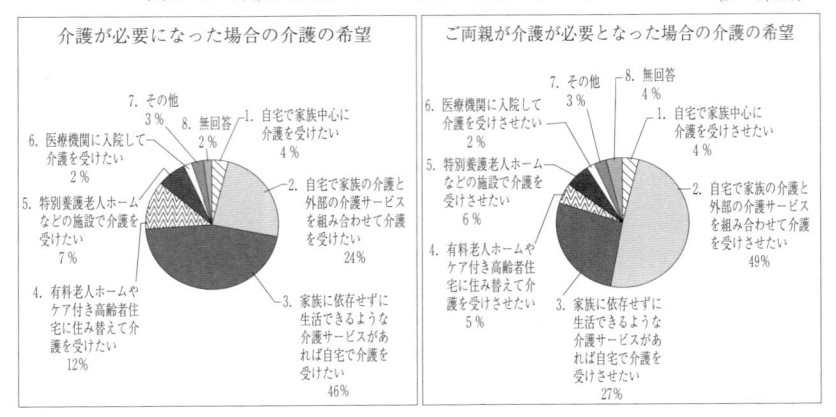

第Ⅰ部　社会的孤立防止のための政策連動

図2-2　介護が必要になった場合の介護の希望（本人と家族）（N＝4,465）

介護が必要になった場合の介護の希望
- 1. 自宅で家族中心に介護を受けたい　4％
- 2. 自宅で家族の介護と外部の介護サービスを組み合わせて介護を受けたい　24％
- 3. 家族に依存せずに生活できるような介護サービスがあれば自宅で介護を受けたい　46％
- 4. 有料老人ホームやケア付き高齢者住宅に住み替えて介護を受けたい　12％
- 5. 特別養護老人ホームなどの施設で介護を受けたい　7％
- 6. 医療機関に入院して介護を受けたい　2％
- 7. その他　3％
- 8. 無回答　2％

ご両親が介護が必要となった場合の介護の希望
- 1. 自宅で家族中心に介護を受けさせたい　4％
- 2. 自宅で家族の介護と外部の介護サービスを組み合わせて介護を受けさせたい　49％
- 3. 家族に依存せずに生活できるような介護サービスがあれば自宅で介護を受けさせたい　27％
- 4. 有料老人ホームやケア付き高齢者住宅に住み替えて介護を受けさせたい　5％
- 5. 特別養護老人ホームなどの施設で介護を受けさせたい　6％
- 6. 医療機関に入院して介護を受けさせたい　2％
- 7. その他　3％
- 8. 無回答　4％

出所：厚生労働省老健局「介護保険制度に関する国民の皆さまからのご意見募集」（2010年5月）

て，最も多かったのは「自宅で家族の介護と外部の介護サービスを組み合わせて介護を受けさせたい」で49％，2位は「家族に依存せずに生活できるような介護サービスがあれば自宅で介護を受けさせたい」で27％となっており，在宅での介護を希望する家族の介護者が8割を超え，いまだ家族のニーズとしても，在宅介護の提供を望んでいる傾向がうかがえる。

このように，高齢者の意識としては，孤独死への不安はあるものの介護は家族に依存せずに自宅で受け続けたいというのが，現在の高齢者の心情といえるようである（図2-2）。

（3）認知症高齢者の増加

2013（平成25）年6月に厚生労働省老健局（2013）が発表した「認知症有病率等調査」によると，65歳以上の認知症の有病率は15％であり，全国における認知症高齢者の数は約462万人と推計されている。また，予備軍である認知症になる可能性がある軽度認知障害（MIC）を持った高齢者も約380万人いるといわれている。さらに，要介護認定を受けた者のうち認知症日常生活自立度Ⅱ以上の認知症高齢者で，要介護認定者全体の約6割となっており，

今後も認知症高齢者数はさらに増加することが予測されている。

　認知症になると記憶力や理解力をはじめ，判断力が低下し社会生活に支障が出る。認知症による徘徊行為や介護者に対する攻撃的な行動でトラブルを起こす場合も少なくない。こうしたことからも本人だけではなく，在宅で支える家族に対する精神的，身体的な負担も大きいことが知られている（筒井 2007）。

　2013（平成25）年に実施された認知症グループホームにおける利用者の重度化の実態に関する調査（日本認知症グループホーム協会 2013）によると，認知症の重度化の傾向としては，①老化にともなう心身の虚弱化，②認知症の中核及び周辺症状の進行，③医療ニーズの高まり等によって，重度化が進行し，最終的にはターミナル期の対応が求められると報告されており，認知症を有する高齢者が在宅生活を継続するにあたり医療や介護の連携を伴う支援体制は絶対条件となる。

　今後，「団塊の世代」が75歳以上となる2025年には，要介護者や認知症高齢者がともに現在の1.5倍に増加すると推計されているが，地域で認知症高齢者やその家族が安心して暮らせる環境整備はいまだ十分とはいえない。

2　高齢者介護に関わる施策の推移と「地域包括ケアシステム」

（1）「地域包括ケア」という概念の登場

　2012（平成24）年度の介護総費用額は約8兆8,000億円となった。これは，介護保険制度がスタートした2000（平成12）年度の3兆6,000億円と比べると約10年で2倍以上の額を超える状況で増加してきている。また，2014（平成26）年度の当初予算で10兆円を計上する等増加傾向が進み，2025年には21兆円程度までの給付の増加が見込まれている。これをサービスの受給者の推移としてみると，2000（平成12）年4月では，149万人であったものが，2013（平成25）年には471万人と，その数は，約3.2倍となった。内訳を見ると居宅

サービスは97万人から約3.6倍の348万人，施設サービスは52万人から89万人と約1.7倍に増加している（厚生労働省老健局 2014a）。

このため，介護サービス利用の急激な増加を背景とし，国は介護保険法を2006（平成18）年に改正し，介護認定区分を6段階から7段階に細かく規定し直すとともに，介護サービスから介護予防サービスを切り離し，新たに「介護予防給付」を新設した。さらに，地域福祉の拠点となる「地域包括支援センター」の設置が各自治体に義務づけられた。

このセンターの役割は，①総合相談・支援，②虐待防止・早期発見，③包括的・継続的ケアマネジメントの支援，④介護予防マネジメントである。特に③の包括的・継続的ケアマネジメントは，利用者，地域住民，介護サービス提供者，医療関係者，各種関係団体，民生委員，NPO等との人的ネットワークの構築が求められ，これを実行する職種として，社会福祉士，保健師および主任介護支援専門員の3職種の保健福祉の専門職が配置され，これらの職種を越えたチームアプローチによる地域課題の解決が目指された。また，在宅介護の観点では，高齢者数の増加を受け地域包括支援センターを中心に地域全体で高齢者の支援を行う「地域包括ケア」の概念が改めて示された。

この概念には，医療・介護等の各種サービスを複合的に組み合わせ，利用者に最適なサービスを継続的に提供することを前提とし，そのために，専門職種間の連携をはじめとする制度横断的な改革の必要性を示し，地域包括支援センターを地域包括ケアの中核とするという意図があったが，多くの人々にその本質は理解はされなかった。

これは，地域包括ケアという用語そのものの問題もあったと考えられる。地域包括ケアというケアが存在するのではなく，地域包括ケアシステムという枠組みの中で提供されるケアというのが正解なのだが，多くの人は，これを誤解し，地域包括ケアがあるのだと，なければ創られなければならないと思い込んだ。

（2）診療報酬改定による「地域包括ケアシステム」構築のインセンティブ

　2000（平成12）年4月から介護保険制度が施行されたことにより，従来国民医療費の対象となっていた費用の一部が介護保険の費用に移行したことから，一時的に高齢者医療費は減少したものの，その後の高齢化の進展，入院の長期化等で，高齢者医療費は再び増え続け，さらに団塊の世代が高齢期に入り，今後，医療だけでなく，介護サービスの需要はさらに大きく増大することが見込まれる。

　医療領域においては医療費の伸びがこれ以上過大とならないよう，平均在院日数の短縮を図るために疾患の状態や時期に応じた適切な医療を受けることができる医療機能の分化・連携，在宅療養の推進が求められているが，急性期治療を経過した患者を受け入れる入院機能や住み慣れた地域や自宅で生活し続けたいというニーズに応える在宅医療や在宅介護の体制はいまだ十分とはいえない。

　こうした中，医療サービスの機能面では，一般病床の機能分化をはじめとする地域包括ケア体制整備に関する内容が制度改正に盛り込まれてきた。2012（平成24）年の診療報酬改定でも，在宅医療を強化する内容が盛り込まれ，病院の入院日数が短編される中，端後の受け皿となる在宅療養支援診療所等の機能が強化され，緊急時や夜間の往診の報酬，訪問看護，医療の必要性が高い患者への往診の報酬が上げられた。

　こういった医療制度の改正と歩調を合わせ，2012（平成24）年にも介護保険制度は改正され，「地域包括ケアシステム」の基盤強化の内容として，「医療との連携強化」「介護サービスの充実強化」「予防の推進」「見守り，配食，買い物等，多様な生活支援サービスの確保」や「権利擁護」「高齢期になっても住み続けることのできる高齢者住まいの整備」といった視点による取り組みが，より一層進められることになった。その一つとして，要介護度が高い独居や認知症の高齢者の在宅生活を支えるため，訪問介護と訪問看護が密接に連携しながら，定期的に巡回し，24時間対応で電話を受け付け，相談援

助や随時訪問を行い，食事介護や服薬確認，床ずれの対処や血圧一体温の
チェックといったケアを24時間体制で提供する「24時間対応の定期巡回一随
時対応サービス」が創設された。これは刻々と変化する利用者像に対応すべ
く，医療と介護の垣根を越えた新たな公的サービスとして地域で展開され，
今後期待されている。

　さらに平成26年度診療報酬改定では，新たに「高度急性期」が設置された
ほか，亜急性期を①「急性期治療終了後の受皿機能」，②「在宅患者の後方
支援機能」に区分し，「亜急性期入院管理料2」を設ける等，急性期・亜急
性期の機能分化が進みつつあり，「一般病床」の再編が模索されている状況
にある。

　これには急性期から亜急性期，回復期等まで，患者が状態に見合った病床
でその状態にふさわしい医療を受けることができるよう，急性期医療を中心
に人的・物的資源を集中投入し，入院期間を減らして早期の家庭復帰や社会
復帰を実現するとともに，受け皿となる地域の病床や在宅医療・在宅介護を
充実させ地域包括ケアシステムを構築していくという意図がある（図2-3）。

　これらの医療制度側からの地域包括ケアシステムへのアプローチは，85歳
以上のサービス利用者が急激に増加する一方で，65歳以上の認知症高齢者の
推計が，2012（平成24）年時点で約460万人にのぼるという現実的問題への対
応とも説明できる。

　認知症高齢者は，日常生活動作機能，認知機能，摂食・嚥下機能の低下が
著しいという特徴をもっているが，これらに対応できる一般病床は存在して
いない。このような高齢者が増加することは，かつて病院や施設で完結して
いた医療や介護を，在宅や介護保険施設における看取り，緩和ケアのための
医療の提供，在宅介護が適切に行える訪問看護・訪問リハビリテーションの
サービスの充実等によって，住み慣れた地域や住まいで行うという地域完結
型へ，制度政策の変化せざるを得ない状況となったのだと説明できる。

第 2 章　地域医療・介護を支える地域包括ケアシステムの展開

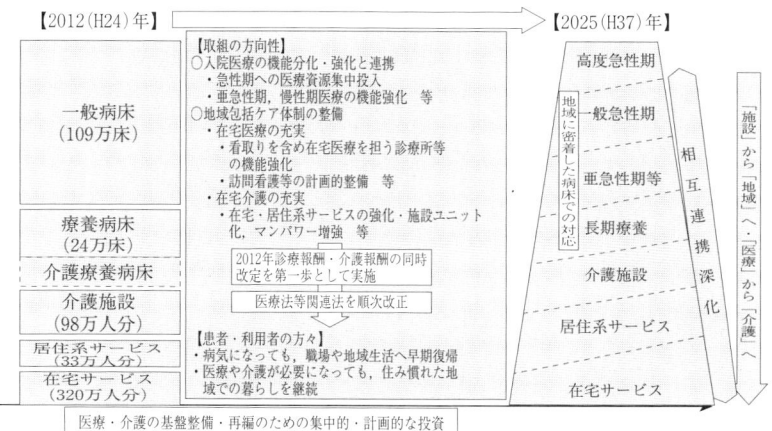

図 2-3　医療・介護機能の再編

出所：「厚生労働省社会保障審議会介護保険給付部会（第46回）資料」2013年8月。

（3）新しい介護予防・日常生活支援総合事業の推進と地域包括ケアシステムの展開

2015年の介護保険制度改定に向けて，社会保障審議会・介護保険部会で議論されてきた内容としては，第6期介護保険事業計画以降の計画を2025年を見据えた「地域包括ケア計画」とみなし，在宅医療・介護の連携を推進することが基本方針となっている。

その中で，介護予防事業の対象となっている要支援者が現在約150万人いるとされているが，この要支援者への支援については，「要支援者に対する介護予防給付について，市町村が地域の実情に応じ，住民主体の取組等を積極的に活用しながら柔軟かつ効率的にサービスを提供できるよう，受け皿を確保しながら新たな地域包括推進事業（仮称）に段階的に移行させていくべきである」と記載された（社会保障制度改革国民会議 2013）。

この介護予防給付の地域支援事業への移行は，財源構成は変えずに，予防給付と地域支援事業を新しい介護予防・日常生活支援総合事業（総合事業）として統合し，事業内容や人員基準などを市町村の裁量とする一方で，要支

第Ⅰ部　社会的孤立防止のための政策連動

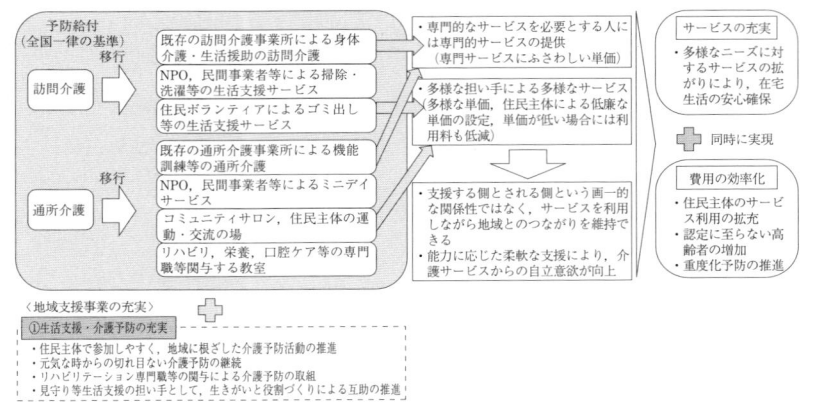

図2-4　予防給付の見直しと地域支援事業の充実

予防給付 (全国一律の基準)		訪問介護	→	既存の訪問介護事業所による身体介護・生活援助の訪問介護	→	・専門的なサービスを必要とする人には専門サービスの提供 （専門サービスにふさわしい単価）	サービスの充実

（表構成のため簡略化）

- 予防給付（全国一律の基準）
  - 訪問介護　→　移行
    - 既存の訪問介護事業所による身体介護・生活援助の訪問介護
    - NPO，民間事業者等による掃除・洗濯等の生活支援サービス
    - 住民ボランティアによるゴミ出し等の生活支援サービス
  - 通所介護　→　移行
    - 既存の通所介護事業所による機能訓練等の通所介護
    - NPO，民間事業者等によるミニデイサービス
    - コミュニティサロン，住民主体の運動・交流の場
    - リハビリ，栄養，口腔ケア等の専門職等関与する教室

- ・専門的なサービスを必要とする人には専門サービスの提供（専門サービスにふさわしい単価）
- ・多様な担い手による多様なサービス 多様な単価，住民主体による低廉な単価の設定，単価が低い場合には利用料も低減
- ・支援する側とされる側という画一的な関係性ではなく，サービスを利用しながら地域とのつながりを維持できる
- ・能力に応じた柔軟な支援により，介護サービスからの自立意欲が向上

サービスの充実
- 多様なニーズに対するサービスの拡がりにより，在宅生活の安心確保

＋同時に実現

費用の効率化
- 住民主体のサービス利用の拡充
- 認定に至らない高齢者の増加
- 重度化予防の推進

〈地域支援事業の充実〉
① 生活支援・介護予防の充実
- 住民主体で参加しやすく，地域に根ざした介護予防活動の推進
- 元気な時からの切れ目ない介護予防の継続
- リハビリテーション専門職等の関与による介護予防の取組
- 見守り等生活支援の担い手として，生きがいと役割づくりによる互助の推進

出所：厚生労働省老健局全国介護保険・高齢者保健福祉担当課長会議資料「介護保険制度の改正案について」2014年2月。

援者は介護保険給付の対象外となり，市町村の事業の中で支援を行っていくことが方針として示された。つまり，要支援者について介護予防給付の対象となるサービスから訪問介護と通所介護を外し，対応するサービスについて地域支援事業を再編成する中で，市町村が独自にその提供体制を考えなくてはならない内容が含まれることとなった。

　この制度は地域包括ケアシステムが各自治体で構築されると想定されている2015年度から実施されるが，全国一律のサービス内容であった訪問介護や通所介護は，新しい総合事業に移行することにより，介護事業所による既存のサービスに加えて，民間事業者，NPO，住民ボランティア等の様々な主体による多様なサービスが提供されることとなる（厚生労働省老健局 2014b）（図2-4）。この改正により，利用者の選択の幅が広がるというメリットもあるが，介護保険制度下では全国ほぼ一律の基準で提供されてきたサービス内容が市町村事業となることで，市町村の財政や地域資源の状況によってサービス内容や単価に差が生じる恐れがあることや，地域によって，当然ながら「地域包括ケアシステム」のあり方も異なることを意味している。

さて，新しい社会保障のあり方をめぐる議論については，2008（平成20）年頃から本格的に開始され，2012（平成24）年8月に「社会保障・税一体改革大綱」が閣議決定，その内容を実現するための一体改革関連法案が成立することとなったが，この議論の中で，社会保障制度改革の基本的な考え方については，「自助，共助及び公助が最も適切に組み合わされるよう留意しつつ，国民が自立した生活を営むことができるよう，家族相互及び国民相互の助け合いの仕組みを通じてその実現を支援していくこと」（社会保障制度改革推進法，平成24年8月22日法律第64号）とされている。

すなわち，労働による生活基盤の確立，および健康維持に関しては，個々の自助を基本にし，高齢や疾病・介護をはじめとする生活上のリスクについては，こうしたリスクを分散する「共助」が自助を支え，自助や共助では対応できない状況については，必要な生活保障を行う公的扶助や社会福祉等の「公助」が補完する仕組みを確立していくというものである。

つまり，「利用者本位」を理念に介護を社会全体で支える仕組みとして創設された介護保険制度に加え，フォーマル・インフォーマル，自助・互助・公助のあらゆるシステムをこれまで以上に適切に組み合わせながら，健康づくりや介護予防に取り組むことにより，介護を必要としない，あるいは，介護を必要とする期間をできるだけ短くし，地域社会づくり，すなわち，「地域包括ケアシステム」を推進することを求めている。これは，こうした自助・共助・公助の位置づけを前提としたうえで，日本の社会経済の情勢の変化を踏まえて，その最適なバランスをどのように図るのかについてなされてきた議論の中で決定されたものである。

生産年齢人口が少なくなっていく一方で，核家族化の進行や高齢世帯の増加，さらには夫婦共働きの増加により，家族や親族の支え合いの希薄化，地域の支え合いの機能も低下していくことが免れない中，高齢者が住み慣れた地域で人生の最後まで自分らしい暮らしを続けるためには，地域に存在する既存の医療機関や施設の持っている機能を確保することと同時に，医療サー

ビスや介護サービスだけなく，住まいや移動，食事，見守り等の生活全般にわたる支援を併せて考える必要がある。

しかし，日本のケア資源は限られており，従来，自助・互助というシステムで供給されてきたすべてのケアを，共助・公助システムによるサービスで代替することは不可能である。そこで議論の結果として示されたのが地域包括ケアシステムの構築である（太田編 2011；三菱 UFJ リサーチ＆コンサルティング 2009；2010）。この「地域包括ケアシステム」の推進は，本人の力や家族の助け合いなどの自助努力を基本とするわけだが，保健・医療・福祉に関連する専門職，専門機関相互の連携，ボランティア等の住民活動等のインフォーマルな活動を含めた，地域の様々な社会資源の統合がなされることが期待されているものの，そのあり方は多様である，したがって，前述したように，地域によって，創られる「地域包括ケアシステム」が異なるということになる。

3 期待される地域包括ケアシステムとは

（1）介護者にとっての地域包括ケアシステム

介護保険制度が「家族による介護を社会による介護へ」というスローガンの下で実施されたことによって，家族が全面的に責任を負っていた介護という行為を外部化する環境が整備された。介護サービスが簡易な手続きで安価なサービスとして提供されたため，それまで家族介護の主たる担い手となっていた中高年女性にとって，外で働く自由や社会的な活動をするという希望を実現する契機となった。これにより伝統的な家族介護は縮小し，市場による介護サービスの提供という家族機能の外部化は急速にすすんだ。

だが，依然として介護を行っている家族も多く，すべてが外部化しているわけではない。

実際，同居または別居する家族の主な介護者の性別をみると女性が 7 割を

占め，やはり介護の担い手の中心は現在においても女性となっているが，その割合は年々減少しており，同時に介護を担う男性の比率も年々上昇していることから，介護の担い手が男性へシフトする傾向がみられる。また，年齢別では男女ともに50～60代が全体の5～6割を占めており，仕事を持っている中高年介護者が増えているが，その結果，介護を理由とする離職者も増加している（厚生労働省 2013c）。このようなことから，日本の在宅における高齢者介護の特徴は，家族に依存した介護形態にあるが（出雲ほか 1996；冷水ほか 1996），このため介護にかかる社会的費用の多くは家族が負っているともいわれている（厚生省高齢者介護対策本部事務局 1995）。

このように介護問題は，現在の高齢者だけでなく，いずれ高齢期を迎える現役世代にとっても重要な課題である。今後の家族形態の変化に伴い，老後生活は一人暮らしや夫婦のみの世帯が一般的となると予想できる。そうした中で，多くの国民は，将来介護が必要となった時にどのような形で生活を続けられるか，確固たる見通しが立てられない状況にある。今後，さらに高齢者の平均寿命が延びる可能性は高く，介護期間は長期化することから，家族はまさに「介護疲れ」の状態が何年間も続くこととなり，介護の限界という問題を常に内包しつつ毎日の介護にあたることになる。

こうした中，これまでも家族介護者の支援については，重要視されてきた（筒井 2001；日本訪問看護振興財団 2012）。介護保険制度改革の変遷をみても，本来，利用者自身の自立支援の基本理念としている介護保険制度ではあるが，そのたび重なる改定の内容については，介護者への支援に関する内容がところどころに盛り込まれ，制度を持続させるために利用者のニーズだけにはとどまらず，家族介護者のニーズを取り入れることが重要であると考えられてきたのである。

たとえば，2006（平成18）年の介護保険制度改定においては，介護保険制度の外で補助事業として各市町村で実施されていた「介護予防・地域支え合い事業」が「地域支援事業」として正式に介護保険制度の中に取り込まれ，

その事業費には一部介護保険料も充てられることになった。

この地域支援事業の創設によって，家族介護に関する支援事業が介護保険制度の中に規定され，家族介護の置かれた状況を改善する一歩になったが，三菱総合研究所（2013）が行った地域支援事業の実施状況等に関する調査研究報告書によると，都道府県ごとの保険者の実施割合については，大きな差がみられ，あくまで市町村における任意事業である限り，すべての保険者において定着しているとは言い難いとされた。

また，2015年度の改定においては，この任意事業は継続されるが，介護予防給付と今までの地域支援事業がまとめられ新しい地域支援事業になり，上限はなくなる一方で，介護予防給付で費用がかさむことにより，この任意事業が実施できる保険者とそうでない保険者が出る可能性は大いにありうることから，地域包括ケアシステムの構築に際しては，家族介護者に対する総合的な支援のあり方が自治体内で十分に議論される必要があるだろう。

（2）認知症高齢者にとっての地域包括ケアシステム

地域包括ケアシステムの対象となる高齢者は，以下の社会保障制度改革国民会議の提言中で「今後，認知症高齢者の数が増大するとともに，高齢の単身世帯や夫婦のみ世帯が増加していくことも踏まえれば，地域で暮らしていくために必要な様々な生活支援サービスや住まいが，その人の意向と生活実態に合わせて切れ目なく継続的に提供されることも必要であり，地域ごとの医療・介護・予防・生活支援・住まいの継続的で包括的なネットワーク，すなわち地域包括ケアシステムづくりを推進していく必要がある」と示されているように，認知症高齢者が安心して生活できる仕組みを創れるかどうかが，その鍵となるだろう。

すでに厚生生労働省認知症施策検討プロジェクトチームは，今後の認知症施策の方向性について，2012（平成24）年6月に2013（平成25）年度概算要求とあわせて「認知症施策推進5か年計画（オレンジプラン）」として公表して

いる。この中で，認知症政策の方向性については，これまでの「自宅」から「グループホーム」や「施設」あるいは「一般病院・精神科病院」というようなケアの流れを変え，むしろ，その逆の流れを標準とする認知症ケアパスを構築することを基本目標とすると示した（厚生労働省老健局 2012）。

すなわち，ここでは，①標準的な認知症ケアパスの作成・普及，②早期診断・早期対応，③地域での生活を支える医療サービスの構築，④地域での生活を支える介護サービスの構築，⑤地域での日常生活・家族の支援の強化，⑥若年性認知症施策の強化，⑦医療・介護サービスを担う人材の育成の7つの視点を具体的な方針として掲げている。地域包括支援センター等に配置される「認知症初期集中支援チーム」や「認知症地域支援推進員」といった内容が組み込まれている。ここで重要な点は，いずれの内容も自治体，さらには，その中の地域圏域単位で認知症対策が展開されることが前提とされていることであろう。

たとえば，認知症高齢者を支援するには，いかに早期発見を行うかが重要（栗田 2012）となるが，そのためには，かかりつけ医と介護支援専門員，住民など，地域の各種資源の連携が不可欠であり（東野ほか 2003；2010），介護や医療保険サービスといった公的サービスでは，早期発見はあまり期待できない。

地域包括ケアシステムで掲げられた住民自治の中での見守り等の様々な生活支援や成年後見等の権利擁護，住居の保障，低所得者への支援等の様々な支援が切れ目なく提供されることが前提となるのである。

（3）住民にとっての地域包括ケアシステム

日本は戦後の高度成長政策によって，生活構造の分業化，都市の過疎・過密化，人口構成の高齢化等，多くの社会的事象が発生してきた。その時々に高まったニーズに応じ，貧困者対策から始まって，次第に高齢者福祉施策，身体障害者や知的障害者福祉施策等，その分野ごとに整備されてきた。

特に，1990年代以降，高齢者や障害者福祉サービス基盤の計画的な整備が進められ，介護保険法に基づく介護サービスや障害者自立支援法に基づく障害福祉サービス等の分野では，公的な福祉サービスは，質な側面でも量的な側面でも飛躍的に充実してきたといえる。こうした結果，地域社会に代わって，行政が福祉サービスとして高齢者や障害者，児童や子育て世帯に対する支援を行うようになり，行政が担う領域は次第に広がってきた（森本 2013）。

すなわち，かつて多様な生活課題に対し，家族や地域共同体による助け合いによって対処してきたが，工業化，都市化といった社会の変化，核家族化等の家族の変容の中で，これらの助け合いの機能の多くが，市場から購入するサービスや行政が提供する公的な福祉サービスとして，次第に外部化されてきたのである（筒井 2009）。

その反面，地域の連帯感が希薄化し，これまでのような地域の活力を期待することも難しくなってきた。都市部では，高齢化が進み地域で助け合うのは当然という生活文化を持たない若年世代等が地域の世帯構成の中心となりつつあることや，生活様式の多様性などから個人主義的傾向も強まる中で，住民の連帯感の希薄化が起こり，伝統的に地域における公共サービスを総合的に担ってきた町内会や自治会など組織の加入率の低下や担い手不足，活動の停滞等の問題が生じている。

一方，過疎地においては若者世代が都会へ流出し，取り残された多くが高齢者となるためさらに高齢化が進み，地域社会の維持さえ難しく，地域に住む人たちが支えあって地域課題に取り組めるような支援体制を構築することが急務となっている。特に医療・介護の分野においては，公的サービスは飛躍的な発展をとげてきたが，これまで地域システムの基盤として機能してきた，自助にあたる家族の助け合いや互助にあたる近隣住民，近隣企業の支援についても，核家族化や単身世帯の増加，終身雇用慣行の変化や非正規雇用の増加，若年層の雇用情勢の悪化，企業の経費削減等が進む中で，これまでのような地域支援活動は期待できなくなってきている。

なお，地域においては，公的サービスだけでは対応できない生活課題や，住民の多様なニーズから公的サービスでの総合的な対応が不十分であること等から生まれる問題，社会的排除から生まれる問題等が多数，存在している（長谷川 2007）。

　また，物理的資源の不足や連携体制の未整備から，専門的な対応を必要とする問題が近隣住民によって発見されても，それが行政や専門機関につなげられず，結果として対応が遅れてしまっているといったような問題もある。昨今，高齢者の社会的孤立が深刻化しているが，高齢者が生きがいをもって，いきいきと過ごすことができる地域社会をつくるためには，高齢者が自ら進んで出かけることのできる「居場所」をつくることや，高齢者の「社会的な活動」への参加を促進することにより，高齢者の地域からの孤立を防ぐ必要がある。

　一方，地域社会の変容や住民意識の変化が進む一方で，終戦後のベビーブームに生まれたいわゆる「団塊の世代」が退職年齢に達し，職域を生活の中心としていた多くの人々が新たに地域社会の一員として入ってくる。2012（平成24）年に内閣府（2013）が実施した「団塊の世代の意識に関する調査」によると，社会参加の意識について，今後の社会活動への参加意向を調査した結果をみると，その内容については31.8％と最も高い割合を示した「趣味，スポーツ活動」に次いで「一人暮らしなど見守りが必要な高齢者の支援をする活動」18.2％，「地域行事（地域の催し物の運営，祭りの世話役など）」15.1％という内容が挙げられ，団塊の世代については，地域で社会を支える活動への参加意識が高いことが伺えた（図2-5）。

　こうした団塊の世代の人々をはじめとして，住民が地域での活動を通じて自己実現をしたいというニーズは高まってきている。人が生活を送っていく上で，生きがいを感じられることは大切である。

　また，内閣府が2008（平成20）年に全国の60歳以上の男女5,000人を対象に「高齢者の地域社会への参加に関する意識調査」の結果から，生きがいをど

第Ⅰ部　社会的孤立防止のための政策連動

図2-5　今後の社会活動への参加意向

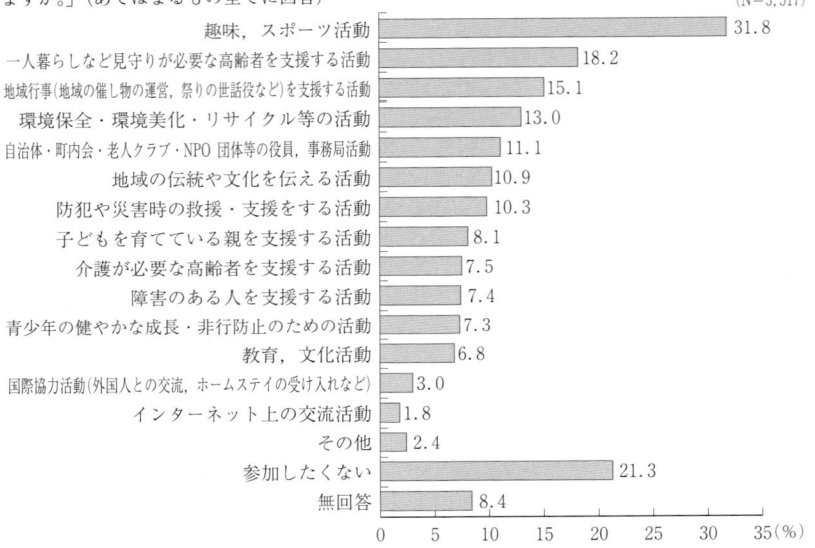

「あなたは今後，どんな社会活動（地域活動，ボランティア活動など）に参加したいと考えていますか。」（あてはまるもの全てに回答）　　　　　　　　　　　　　　　　　　　　(N=3,517)

項目	%
趣味，スポーツ活動	31.8
一人暮らしなど見守りが必要な高齢者を支援する活動	18.2
地域行事(地域の催し物の運営，祭りの世話役など)を支援する活動	15.1
環境保全・環境美化・リサイクル等の活動	13.0
自治体・町内会・老人クラブ・NPO 団体等の役員，事務局活動	11.1
地域の伝統や文化を伝える活動	10.9
防犯や災害時の救援・支援をする活動	10.3
子どもを育てている親を支援する活動	8.1
介護が必要な高齢者を支援する活動	7.5
障害のある人を支援する活動	7.4
青少年の健やかな成長・非行防止のための活動	7.3
教育，文化活動	6.8
国際協力活動(外国人との交流，ホームステイの受け入れなど)	3.0
インターネット上の交流活動	1.8
その他	2.4
参加したくない	21.3
無回答	8.4

出所：内閣府　平成24年度「団塊の世代の意識に関する調査結果」（概要版）13頁。

のようなときに感じているのかという点については，近所との付き合いがあり，深いほど地域の活動に参加していることや地域の活動に参加したことがある人ほど，生きがいを感じていること，そして，人との関わり，親睦度が深いほど生きがいを感じている人が多いとの調査結果が示されている（図2-6）。

今後，住み慣れた地域で高齢者が安心して生活を続けていくには，隣人たちとの社会的な関係の中で，住み慣れた地域で自分らしい生き方を最後まで全うできるかが問われることになるが，そのために地域住民自身が問題意識をもって地域の生活課題に取り組むことは，取り組む側にとって自己実現につながるだけでなく，支援される者にとっても地域で自己を実現し，尊厳ある生活を可能とするものである。

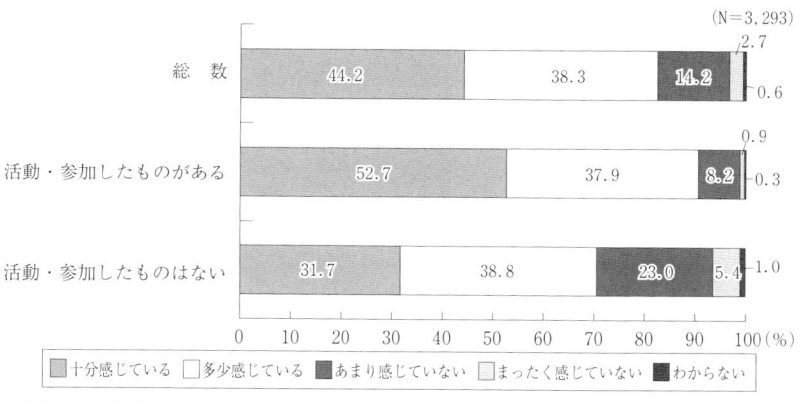

第2章　地域医療・介護を支える地域包括ケアシステムの展開

図2-6　地域の活動によってどの程度生きがいを感じているか

(N=3,293)

	十分感じている	多少感じている	あまり感じていない	まったく感じていない	わからない
総数	44.2	38.3	14.2	2.7	0.6
活動・参加したものがある	52.7	37.9	8.2	0.9	0.3
活動・参加したものはない	31.7	38.8	23.0	5.4	1.0

出所：内閣府（2011）「高齢者の地域社会への参加に関する意識調査」より筆者作成。

　このような社会経済情勢や社会構造の変化，個々のライフスタイルにおける価値観の変化に伴い，住民が地域の公共サービスに求める住民ニーズは多様化・高度化しており，地域における住民ニーズに応えるのは行政のみではないということが今後より一層重要な視点となると考えられる。

　そうした中，近年，少子高齢化社会，地域間及び世代間所得格差，地方分権化等の様々な社会問題を解決する重要な概念として，「ソーシャル・キャピタル」が取り上げられている。「ソーシャル・キャピタル」とは，「人々の協調行動を促すことにより社会の効率性を高める働きをする信頼，規範，ネットワークといった社会組織の特徴」（Putnam 1993）であり，影響を及ぼす分野として，①企業を中心とした経済活動，②地域社会の安定，③国民の福祉・健康，④教育，⑤政府の効率などがあるといわれている。経済や地域社会の活性化を図るため，地域の特性・資源を活かした地域再生に関する様々な取り組みが進められているが，地域ごとの差の要因として，このソーシャル・キャピタルが影響しているともいわれている（稲葉 2011；内閣府・経済社会総合研究所 2005）。

　2005（平成17）年4月，地域再生法に基づく，地域再生基本方針（首相官邸

「地域再生基本方針」〔2005年4月22日〕閣議決定 www.kantei.go.jp/jp/singi/tiikisaisei/housin.pdf）が閣議決定され，「地域再生のためのひとづくり・人材ネットワークづくりの促進」の中で，地域固有のソーシャル・キャピタルを活性化することが明記された。

　この背景としては，近年の少子高齢化の進展などを背景として，地域住民がお互いの立場を超えて，地域社会で助け合いやつきあいを積極的に持つことが難しくなりつつあることや，住民が生きがいを持って安心して充実した日常生活を過ごしていくためには，地域社会における人と人とのつながりの再生・強化が必要であり，そして，このための方策として，ソーシャル・キャピタルの向上と多様な政策課題の解決・改善を両輪で進めていかなければならないという認識があったものと考えられる。

　一方，ほぼ同時期である2006（平成18）年に厚生労働省では，介護保険法の改正を伴う制度見直しが実施され，住み慣れた地域での生活の継続をベースに地域支援事業や地域包括支援センターを創設し，地域の特性に応じて多様で柔軟なサービス提供が可能となるよう「地域密着型サービス」といった新たなサービス体系を確立し地域生活の実現を可能とする政策がすすめられた。これらの制度見直しの際にも，後に示される「地域包括ケアシステム」の構築の際にも，ソーシャル・キャピタルの向上や蓄積についての検討内容が組み込まれたものと推察される。

　地域包括ケアシステムの構築については，地域性の尊重と地域の持つ自助・互助・共助・公助の役割分担と強化が指摘されている（高橋 2012：筒井 2014）が，単に地域における社会資源を増やし，関係機関との協働を進め，その中でネットワークや信頼関係を構築するだけではなく，このソーシャル・キャピタルをうまく活用しながら住み慣れた地域で安心して暮らすための地域づくりやまちづくりの施策を地域住民に対する公共の医療や介護，福祉サービスと結びつけ，地域における医療・介護サービスの提供方法やその効率性を担保するシステムを構築することが本来の目的であるといえる。

第2章 地域医療・介護を支える地域包括ケアシステムの展開

　現在，地域包括ケアシステムの構築に向けて，既に各自治体で様々な取り組みがなされているが，具体的な取り組みに対して，どのように進めていくべきか，地域包括ケアシステムの内容についての認識がいまだ浸透しているとは言い難く，2025年までに構築することが求められているが，苦慮している自治体は少なくない。こうしたことから，2013（平成25）年3月の「全国介護保険・高齢者保健福祉担当課長会議」において，厚生労働省より，各都道府県・指定都市・中核市に対して，地域包括ケアシステムの構築に向けた好事例の提出の依頼がなされた。

　今後の検討材料として収集された47都道府県408地域（市区町村・広域連合・都道府県）の事例を概観してみると，既存の資源をうまく組み立て動かしていく仕組みづくりと市民活動団体，NPO，社会福祉協議会，学校・大学，企業，行政等の地域の様々な主体による協働を念頭においた住民活動の支援がうまくなされている市町村の例が多く，こうした取り組みも地域包括ケアシステムの構築に向けて必要であるといえる。

4　地域包括ケアシステムの構築への取り組み
——静岡市における取り組み例から

　ここで地域包括ケアシステムの構築への具体的な取り組みについて静岡市における地域包括ケアシステムの事例を踏まえ紹介する。静岡市は，静岡県のほぼ中央に位置し，南は駿河湾に接し，北は山岳部に接しており，全国で5番目に面積が広い市で，都道府県庁所在地の市としては日本最大である。広域的に見ると首都圏と中京圏とのほぼ中間に位置し，交通利便性を活かした物資や文化の交流拠点となっている。2014（平成26）年4月1日における静岡市の総人口は総数で71万8,774人，世帯数では30万4,630世帯，65歳以上の高齢者は17万6,033人で，高齢化率は24.6％となっており，市内に24の日常生活圏域（葵区9圏域，駿河区6圏域，清水区9圏域）を設定し，各圏域に地

域包括支援センターを設置している。

　地域包括ケアシステムの構築については、静岡市の人口の多さと圏域の広さから、圏域ごとに地域課題を抽出し、多職種連携による高齢者支援の活動の実施や、地域住民自身による見守り体制づくりなどの、圏域の課題に即した取り組みを実施している。また、連携先の関係機関も、病院・診療所・医師会等の専門職や、企業・商店等、圏域に合わせた地域資源の活用を図っている。

　ここでは、2014（平成26）年に厚生労働省が実施した度老人保健健康増進等事業「地域包括ケアシステム事例分析に関する調査研究事業」（日本総合研究所 2014）で取り上げられた全国の自治体から収集した先駆的な事例に紹介された静岡市における①城西・城東圏域，②大谷久能圏域，③蒲原由比圏域の3つの取り組みを紹介する。

（1）城西・城東圏域

　城西圏域は市中心部にありながら、人口の流出入が少ないため、29.9％と高い高齢化率を示す。認知症認定率も高く今後さらに増加していくことが予測され、高齢者のみ、高齢者世帯が多く、経済問題・虐待等の複合的な問題を抱える世帯が多い。公的サービスだけでは救えない世帯が多く、医療・介護・福祉の連携、地域のインフォーマルサービスが求められている。しかし、地域の見守りの組織化入の取り組みは、いまだ一部の地域に留まっている地域である。同じく、城東圏域は、圏域人口自体は減少したが高齢者人口は増え、高齢化率が高くなっている。認知症高齢者数・要支援者数が多くサービス給付は共に右肩上がりである。文教地区と商業地区が含まれるが、近所付き合いがある住宅地と付き合いがなく孤立しやすいマンション等が隣接している地域であり、一人暮らしや高齢者世帯が増加しているなか、地域の発見の眼やつながりが益々求められている。病院やサービス事業所が多く恵まれた地域であるか、各関係機関の一層の連携が課題となっている。

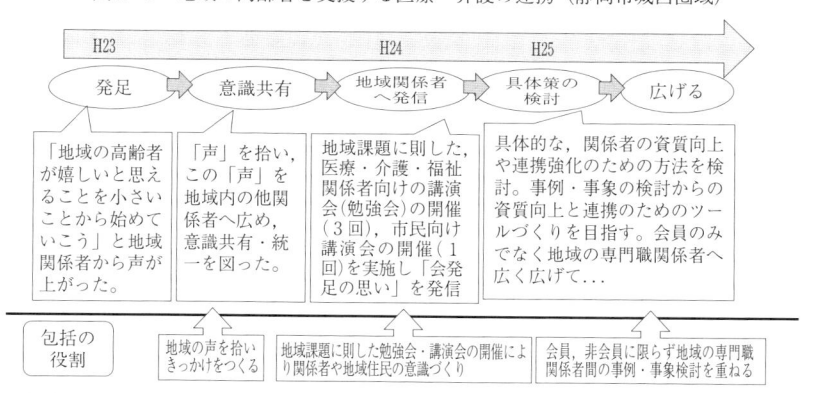

第2章 地域医療・介護を支える地域包括ケアシステムの展開

図2-7 地域の高齢者を支援する医療・介護の連携（静岡市城西圏域）

H23 発足 → 意識共有　H24 地域関係者へ発信 → 具体策の検討　H25 広げる

- 発足：「地域の高齢者が嬉しいと思えることを小さいことから始めていこう」と地域関係者から声が上がった。
- 意識共有：「声」を拾い、この「声」を地域内の他関係者へ広め、意識共有・統一を図った。
- 地域関係者へ発信：地域課題に則した、医療・介護・福祉関係者向けの講演会(勉強会)の開催(3回)、市民向け講演会の開催(1回)を実施し「会発足の思い」を発信
- 具体策の検討：具体的な、関係者の資質向上や連携強化のための方法を検討。事例・事象の検討の資質向上と連携のためのツールづくりを目指す。会員のみでなく地域の専門職関係者へ広く広げて…

包括の役割：
- 地域の声を拾いきっかけをつくる
- 地域課題に則した勉強会・講演会の開催により関係者や地域住民の意識づくり
- 会員、非会員に限らず地域の専門職関係者間の事例・事象検討を重ねる

出所：平成25年度老人保健事業推進費等補助金老人保健健康増進等事業「事例を通じて，我がまちの地域包括ケアを考えよう「地域包括ケアシステム」事例集成――できること探しの素材集」186頁を筆者修正。

　こうした中，地域の医師らの声かけで，地域包括支援センターが核となり，地域の医師（開業医），介護支援専門員，訪問看護師，介護福祉士が実施主体となり，「城西：地域の高齢者を支える会」(2012〔平成24〕年2月)，「城東：地域の高齢者に虹をつなげ隊」(2012〔平成24〕年11月)が立ち上がった。

　これらの会は，地域課題を抽出し，さらにそこから波及する課題も含め共有し，課題解決に至るように検討（システムづくり等）を重ね，最終的に地域の高齢者へ還元していくことを目指し，医療・介護・福祉の視点から，地域の高齢者が安心して地域で生活できるよう支援と活動を行うことを目的としている。

　関係機関としては，静岡県医師会，静岡市医師会，静岡県立総合病院，静岡赤十字病院，静岡厚生病院，行政があり，医療・介護・福祉の関係者の顔の見える関係づくりと資質向上と会の周知のために勉強会（講演会）を広く地域の保健医療福祉関係者や市民を対象に開催している。また，多職種連携の視点から，地域で活動する専門職同士の意見交換会および勉強会の開催し，その中であがる地域の声や実情を把握することにより，地域包括ケアシステ

ム構築における市（行政）の役割，また市の施策への反映ができないかともに考えている。また，最終的には地域に住む地域関係者にも参加を促し，地域の高齢者を支える仕組みづくりに地域の声が反映するように進められている（図2-7）。

（2）大谷久能圏域

　大谷久能圏域は，畑に出て働く高齢者が多く家族との同居率も高い農業地域と，急激な高齢者世帯の増加が予測される住宅団地に大きく二分される。前者では家族や近隣による互助もみられるが，それゆえにサービス利用のタイミングが遅れやすい傾向にあり，後者は近隣宅の生活状況が分からない中で相談へつながりにくい傾向にある。交通の便が悪く坂道も多い地理的条件によって外出や各種教室への参加の支障となっており，移動手段の確保や身近な地域での参加の機会が少ないことも課題の一つとなっている。

　2008（平成20）年に徘徊する認知症高齢者に苦慮し，地域包括支援センター・民生委員・ケアマネジャーと事例検討，捜索の体制づくりの必要性を共通の課題としてケア会議を重ねた。翌年には，「徘徊のある認知症高齢者の見守り体制の構築」に向けて具体的な連携方法と，情報の整理と分析を行うためのツールとして「情報シート」を作成し，そのシステム化を図ることで，各機関との連携構築を行ってきた。

　2010（平成22）年には，地域包括支援センターの役割が地域に浸透する中，地域包括支援センターが関わりをもった地域住民がセンターからの情報を伝達，あるいは相談者の発掘等，センターと地域の高齢者をつなぐ「アンテナ」の役割を務めるようになる。その翌年には，自治会連合会の協力を得て民生児童委員協議会と大谷久能地域包括支援センターが共同し，ステッカーを活用した「みまもりたい」活動を発足。現在では協力員として250名以上の個人，商店，企業等が賛同している。また，「みまもりたい」活動の好事例を，広報紙「みまもりニュース」で紹介し，活動の効果を地域で共有して

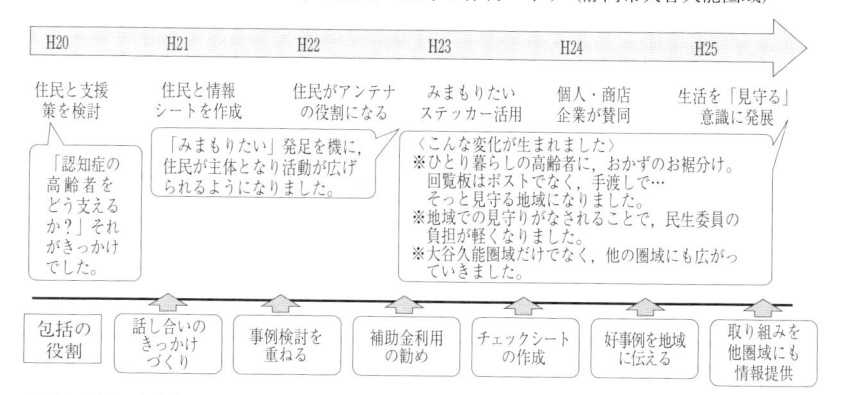

第２章　地域医療・介護を支える地域包括ケアシステムの展開

図2-8　地域住民が行う，高齢者の見守り体制づくり（静岡市大谷久能圏域）

H20	H21	H22	H23	H24	H25
住民と支援策を検討	住民と情報シートを作成	住民がアンテナの役割になる	みまもりたいステッカー活用	個人・商店企業が賛同	生活を「見守る」意識に発展

「認知症の高齢者をどう支えるか？」それがきっかけでした。

「みまもりたい」発足を機に，住民が主体となり活動が広げられるようになりました。

〈こんな変化が生まれました〉
※ひとり暮らしの高齢者に，おかずのお裾分け。回覧板はポストでなく，手渡しで…そっと見守る地域になりました。
※地域での見守りがなされることで，民生委員の負担が軽くなりました。
※大谷久能圏域だけでなく，他の圏域にも広がっていきました。

| 包括の役割 | 話し合いのきっかけづくり | 事例検討を重ねる | 補助金利用の勧め | チェックシートの作成 | 好事例を地域に伝える | 取り組みを他圏域にも情報提供 |

出所：平成25年度老人保健事業推進費等補助金老人保健健康増進等事業「事例を通じて，我がまちの地域包括ケアを考えよう「地域包括ケアシステム」事例集成──できること探しの素材集」187頁を筆者修正。

いる。

「みまもりたい」活動の特徴としては，その実施主体が圏域の住民・企業・商店であり，静岡市大谷久能地域民生・児童委員協議会静岡市駿河区大谷久能地域包括支援センターが主導，大谷地区，久能地区各連合自治会が協力する体制をとっており，あくまで住民独自の参加が前提となって，システム化されていることである。

また，見守りに賛同する地域住民・企業・商店は，「大谷久能　高齢者のくらし『みまもりたい』」となり，外から見えるところにステッカーを張ることで「みまもりたい」の高齢者の見守り意識高揚・悪徳商法の防止を図り，「やらなくてはならない」「見張り」や「監視」ではなく，「できる人ができることを」「普段の生活の中で行うもの」という考え方のもと，「かんたんチェックシート」を用いることによって，いつもと違う高齢者に気づいた際には，地域包括支援センターに連絡するという誰もが参加できるモニタリングシステムが構築されている（図2-8）。

（3）蒲原由比圏域

　蒲原・由比地区共に，比較的住民の移動の少ない地域で，支えあおうとする昔からの横のつながりが強く，地域から孤立していなければ周囲の見守りや支援を受けて生活をしやすい状況にある。しかし，高齢化率が29.4％を越える中で支えあう者同士も高齢で力が弱くなり，老人会の高齢化による後継者不足や活動の衰退が見え始めている。生活様式の変化（若年者は外部就労，高齢者も介護サービス利用）により，地域全体で良好な関係性が薄れてきている。また，子世代が遠方に住み，近隣や民生委員の見守りによって一人暮らしや高齢者世帯で生活しくいることも多く，子世代が親たちの生活実態を把握しきれず，近隣や民生委員だけでなく，移動販売や小売店を利用している高齢者が多いことから移動販売員等から心配して相談されることも多い。

　そこで，2011（平成23）年に高齢者の見守りネットワークの一つとして小売店への働きかけの必要を感じていた地域包括支援センターが地区の商工会に高齢者の見守りについて協力依頼，相談をしたことから始まり，各小売店へ，個別訪問し関係性を深めることとなった。翌年には，地域包括支援センターが小売店へ個別訪問し，パンフレットとポスターの配布，初期の認知症高齢者の症状の周知伝達等の相談につなげる仕組みづくりを行った。

　こうした取り組みから，清水区蒲原由比圏域の住民・小売店が主体となって，静岡市清水区蒲原由比地域包括支援センターを中心に，民生委員，市福祉事務所，地区商工会（地域の商店）が関連機関となり，商店が把握した心配な高齢者の情報を民生委員や地域包括支援センターへ報告，相談する対応の中で，見守りなどの協力を依頼するもしくは，地域包括支援センターが商店の特徴を情報収集し，地域資源として活用していくというシステムが構築されている（図2-9）。

　移動販売店や小売店が，買物難民となる高齢者に対し，小銭の支払いを手伝う，何度も同じものを買いに来る高齢者にアドバイスする，買い物に出てこない高齢者を気にかけ対応するなど，きめ細かな対応を行うことから，個

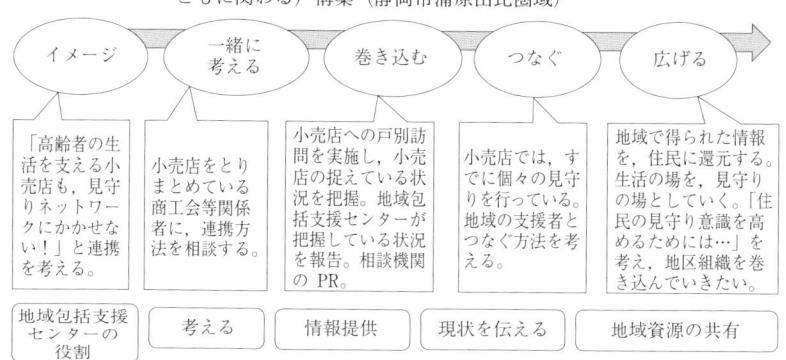

第2章 地域医療・介護を支える地域包括ケアシステムの展開

図 2-9 地域の商店との見守りネットワーク（気づく・連絡する・ともに関わる）構築（静岡市蒲原由比圏域）

イメージ	一緒に考える	巻き込む	つなぐ	広げる
「高齢者の生活を支える小売店も，見守りネットワークにかかせない！」と連携を考える。	小売店をとりまとめている商工会等関係者に，連携方法を相談する。	小売店への戸別訪問を実施し，小売店の捉えている状況を把握。地域包括支援センターが把握している状況を報告。相談機関のPR。	小売店では，すでに個々の見守りを行っている。地域の支援者とつなぐ方法を考える。	地域で得られた情報を，住民に還元する。生活の場を，見守りの場としていく。「住民の見守り意識を高めるためには…」を考え，地区組織を巻き込んでいきたい。
地域包括支援センターの役割	考える	情報提供	現状を伝える	地域資源の共有

出所：平成25年度老人保健事業推進費等補助金老人保健健康増進等事業「事例を通じて，我がまちの地域包括ケアを考えよう「地域包括ケアシステム」事例集成――できること探しの素材集」187頁。

別ケースの相談が増え始めている。

こうした取り組みの現状からみられるように，地域で起こる様々な地域課題を解決していくために，地域包括支援センター等で把握された有効な支援方法を普遍化し，保健・医療・福祉等の専門職や住民組織，民間企業等によるネットワークを連結させて，地域ニーズに見合ったサービス資源の開発を行うとともに，行政だけでなく住民を含めた地域固有の状況に応じた専門職の支援ネットワークや地域の互助組織のシステム化への工夫等が地域包括ケアシステムを構築する上で必要であると考えられる。

参考文献

稲葉陽二（2011）『ソーシャル・キャピタル入門』中公新書。

出雲祐二・岡本多喜子・和気純子・吉田圭子（1996）「家族介護の事例分析」東京都老人総合研究所社会福祉部門編『高齢者の家族介護と介護サービスニーズ』光生館，44-72頁。

太田貞司編（2011）『地域包括ケアシステム――その考え方と課題』光生館。

粟田主一（2012）「地域包括ケアシステムを利用した認知症の早期診断システムの

推進」『保健医療科学』Vol. 61, No. 2, 125-129頁。
厚生労働省（2010）「介護保険制度に関する国民の皆さまからのご意見募集の結果について」。
厚生労働省（2013a）「平成24年簡易生命表」。
厚生労働省（2013b）「平成24年人口動態統計月報年計」。
厚生労働省（2013c）「平成24年版 働く女性の実情」。
厚生省高齢者介護対策本部事務局（1995）「新たな高齢者介護システムの構築を目指して――高齢者介護・自立支援システム研究会報告書」ぎょうせい。
厚生労働省老健局（2012）「第45回社会保障審議会介護給付部会資料」（資料4-2「認知症施策推進5か年計画（オレンジプラン）」）。
厚生労働省老健局（2013）「第45回社会保障審議会介護保険部会資料」（資料6　認知症有病率等調査について）。
厚生労働省老健局（2014a）「第46回社会保障審議会介護給付費分科会資料」（資料2　介護保険制度を取り巻く状況等）。
厚生労働省老健局（2014b）「全国介護保険・高齢者保健福祉担当課長会議資料」。
国立社会保障・人口問題研究所（2013）「日本の世帯数の将来推計」。
冷水豊・中野いく子（1996）「高齢者介護サービスが対象とする『問題の分析』」東京都老人総合研究所社会福祉部門編『高齢者の家族介護と介護サービスニーズ』光生館，187-236頁。
社会保障制度改革国民会議（2013）「社会保障制度改革国民会議 報告書（概要）――確かな社会保障を将来世代に伝えるための道筋」。
首相官邸「地域再生基本方針」〔平成17年4月22日〕閣議決定（www.kantei.go.jp/jp/singi/tiikisaisei/housin.pdf）。
髙橋紘士（2012）『地域包括ケアシステム』オーム社。
筒井孝子（2001）『介護サービス論――ケアの基準化と家族介護のゆくえ』有斐閣。
筒井孝子（2007）「介護保険制度下の要介護高齢者における認知症の特徴」『厚生の指標　2007』54（11），23-30頁。
筒井孝子（2009）「地域包括ケアシステムの未来――社会的介護から，地域による介護へ」『保健医療科学』58（2），84-89頁。
筒井孝子（2014）『地域包括ケアシステム構築のためのマネジメント戦略――integrated care の理論とその応用』中央法規出版。
内閣府（2010）「平成21年度 高齢者の地域におけるライフスタイルに関する調査結果」。

内閣府（2011）「平成20年度 高齢社会の地域社会への参加に関する意識調査結果」。
内閣府（2013）「平成24年度 団塊の世代の意識に関する調査結果（概要版）」。
内閣府（2013）『平成25年版 高齢社会白書』。
内閣府・経済社会総合研究所（2005）「コミュニティ機能再生とソーシャルキャピタルに関する研究」。
日本総合研究所（2014）「地域包括ケアシステム事例分析に関する調査研究事業報告書」平成25年度老人保健健康増進等事業。
日本認知症グループホーム協会（2013）「平成24年度老人保健健康増進等事業　認知症グループホームにおける利用者の重度化の実態に関する調査研究報告書」。
日本訪問看護振興財団（2012）「医療的ケアを要する要介護高齢者の介護を担う家族介護者の実態と支援方策に関する調査研究事業報告書」（平成23年度老人保健事業推進費等補助金〔老人保健健康増進等事業〕）。
長谷川喜代美（2007）「介護保険制度で対応困難な在宅療養者の問題構造──行政保健師が関与した事例分析から」『千葉看会誌』13（1），17-24頁。
東野定律・筒井孝子（2003）「介護保険制度実施後の痴呆性高齢者に対する在宅の家族介護実態」『東京保健科学学会誌』5（4），244-257頁。
東野定律・筒井孝子・大多賀政昭（2010）「認知症対応型グループホーム入所高齢者の BPSD 等の状態と提供されるケア内容の関連に関する研究」『介護経営』5（1），15-25頁。
藤本健太郎（2012）『孤立社会からつながる社会へ──ソーシャルインクルージョンに基づく社会保障改革』ミネルヴァ書房。
三菱総合研究所（2013）「地域支援事業の実施状況等に関する調査研究報告書」（平成24年度 老人保健事業推進費等補助金〔老人保健健康増進等事業〕）。
三菱 UFJ リサーチ＆コンサルティング（2009）「平成20年度老人保健健康増進等事業　平成20年度地域包括ケア研究会報告書──今後の検討のための論点整理」。
三菱 UFJ リサーチ＆コンサルティング（2010）「平成21年度老人保健健康増進等事業　平成21年度地域包括ケア研究会報告書」。
森本佳樹（2013）「地域福祉の基盤整備と情報化」牧里毎治・杉岡直人・森本佳樹編『ビギナーズ地域福祉』有斐閣アルマ。
Putnam, Robert D: (with Robert Leonardi and Raffaella Y. Nanetti), (1993), *Making Democracy Work: Civic Traditions in Modern Italy*, Princeton, NJ: Princeton University Press.（＝2001，河田潤一訳『哲学する民主主義──伝統と改革の市民的構造』NTT 出版）

第3章 社会保障としての住宅政策
―― コンパクトシティを志向したハード・ソフトの整備

白川泰之

1 高齢者の地域居住に係る課題

(1)「地域包括ケア」と「居住」

 いわゆる「地域包括ケア」を導入することを目的として，2012（平成24）年4月に改正介護保険法が施行された。「地域包括ケア」とは，「ニーズに応じた住宅が提供されることを基本とした上で，生活上の安全・安心・健康を確保するために，医療や介護のみならず，福祉サービスを含めた様々な生活支援サービスが日常生活の場（日常生活圏域）で適切に提供できるような地域での体制」であり，その地域包括ケア圏域については，「おおむね30分以内に駆けつけられる圏域」を理想的な圏域として設定している（地域包括ケア研究会 2009：6）。

 地域包括ケアにおいては，医療・介護サービスやその他公的な給付によらない支援を含めたトータルな支援体制の構築を図ることとされているが，その前提になるのは，「ニーズに応じた住宅が提供されること」である。地域での「生活」を形成する基盤としての「居住」をどのように確保していくのかが，地域包括ケアの成否を左右する1つの大きなファクターであるということができる。そこで，本章では，地域包括ケアを足掛かりとして，高齢者の居住の問題，社会保障政策と住宅政策の関係性について考察した上で，世代横断的な「居住の確保」について，「住宅」というハード面及びそこでの「生活」というソフト面の両面から捉えた取り組みの方向性を示すことにする。

（2）高齢者の「施設」にみる課題
1）所得と施設類型

「居住」のうちのハード面を考える場合，特別養護老人ホーム等の「施設」と呼ばれる類型と，持家や借家といった「住宅」の2つに大別することができる。地域包括ケアは，在宅での生活や介護の文脈にある概念であるため，後者の「住宅」を志向するものであるが，まずは，施設と住宅の両面から，現行の政策について，主に所得との関係から概観してみたい。

まず，高齢者を対象とした「施設」については，特別養護老人ホーム，老人保健施設，療養型医療施設[1]といった介護保険施設がある。このほか，制度上必ずしも介護サービスを伴うものではない有料老人ホーム，軽費老人ホーム，養護老人ホームがあり，本章では便宜上，これらの施設を「居住施設」と呼ぶことにする。なお，居住施設についても，介護保険法に基づく特定施設入居者生活介護の指定を受ければ，同法に基づく介護サービスの提供・導入が可能である。

介護保険施設については，サービスに係る費用の1割と居住費や食費等を負担することになっているが，所得段階別の負担上限額を設定し，実質的にそれを超える負担を要しないこととする「高額介護サービス費」等の給付がある。このため，すべての所得階層の高齢者が応分の負担によって入所が可能であり，入所者の所得に対して中立的であるといえる。

一方の居住施設についてみると，元々，生活保護法の保護施設からスタートした養護老人ホームは，所得の面からは，生活保護を含む低所得の者を主な対象としている。一方の有料老人ホームについては，大規模なものから既存住宅を活用したような小規模なものまで幅広く，制度上は所得について特段の要件を設定していない。ただし，実態として多額の一時金や利用料を要する場合もあり，必ずしも広く低所得者が利用しやすいものとは言い難い[2]。こうした養護老人ホームと有料老人ホームの中間にある所得階層の高齢者を対象として，「無料又は低額な料金」で利用できるよう制度化されたのが軽

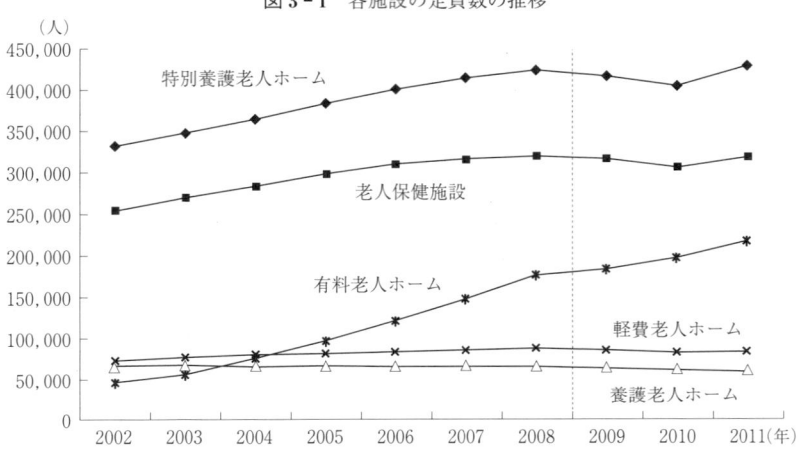

図 3-1　各施設の定員数の推移

出所：厚生労働省「介護サービス施設・事業所調査」「社会福祉施設等調査」各年版を基に筆者作成。

費老人ホームである。低所得者の利用を考えた場合，養護老人ホームと軽費老人ホームは有力な選択肢であるものの，現実には，近年，定員は頭打ちの状況にある。高齢化の進展とこれに伴う要介護者の増加を背景に，介護保険施設の整備は急ピッチで進められてきたが，居住施設の整備は，有料老人ホームを除き低調である（図3-1）[3]。

以上のことから，現状で介護が必要ではない低所得高齢者に対する居住確保が，ハード面から見て比較的手薄になっているとみることができる。

2）生活の継続性

施設の課題は，前述のように，ハード面に限られたものばかりではない。生活の継続性については，多分にソフト面の課題である。多くの法において，施設に関する規定は，現在では，対象者を「入所させ」て，その施設類型の役割とされるサービスを提供するという構成になっている[4]。この「入所させ」という文言は，従前は「収容し」と表現されていた。老人福祉法を例にとると，地方公共団体の執行機関が国の機関として行う事務の整理及び合理化に関する法律（昭和61年法律第109号）による改正の中で，規定中の「収容

（し）」が「入所（させ）」に置き換えられている。「収容」とは「特定の場所に対象者を入れる（集める）こと」であるが，この場合の「特定の場所」は，用地取得の容易性から，一般に郊外に設置されることになり，結果，それまで構築・維持してきた家族や親族，友人，近隣住民等とのソーシャル・キャピタルの断絶を伴うことになる。

また，生活環境の変化は，高齢者の心身の状態に深刻な影響を与えることがある。特に，認知症の高齢者の場合，生活環境の変化に弱く，症状の顕在化や悪化につながることもある。こうした生活環境変化に対する脆弱性が特に顕著に現れたのが，東日本大震災である。避難所，在宅を問わず，認知症の症状の悪化だけでなく，自宅では普通に生活できていた高齢者に認知症の症状が出現したという相談も多かったとされる（東京都健康長寿医療センター 2012：13-15）。

施設入所によって生活の継続性が損なわれることを防止する観点から，街中に小規模なサテライト施設を設置し，入所者を郊外の施設から地域に戻そうという取り組みを実践している例もある。元々居住していた地域に戻ることによって，生活の継続性を回復させようとするものであるが，現状では，「先進的」取り組みに留まるのが実情である（厚生労働省 2011：314-315）。また，2006（平成18）年には，施設に継続的に入所するのではなく，在宅生活の継続を前提に計画的に施設入所を行う「在宅・入所相互利用加算」が介護報酬上創設された。施設への継続的な入所によってよって生じる生活の断絶を防ぎ，家族の介護負担を軽減しつつ在宅生活の継続を可能にすることが期待されるが，実際には，同加算を実施中又は実施予定有とする施設は，わずか5.4％に留まるとする調査結果もある（医療経済研究・社会保険福祉協会 2013：10）。このように，施設入所と生活の継続性の両立は，困難な現状にある。

(3) 高齢者の「住宅」に係る課題

1) 賃借の困難さ

　施設における「生活の継続性」という課題を考えた場合，心身の状態が悪化し，最終的に施設への入所が必要になるとしても，それまでの間，できるだけ長く地域居住を継続できることが望ましい。その場合，当然に，物理的に「住む」場所が必要になってくる。

　2008（平成20）年現在，日本の持家住宅率は61.1％であり，60歳以上は，80.2％と，他の世代によりも高い水準にある（国土交通省 2013：48）。一方，持家がない場合には，借家に頼らざるを得ない。ここで，空き家の状況をみてみると[5]，賃貸住宅だけをみても，2008（平成20）年時点で413万戸と相当数の空き家があり，その他の住宅を合わせると，空き家総数は757万戸に上る。この空き家総数のうち，「腐朽・破損」がなく，現状で活用可能と考えられる空き家は576万戸である。なお，空き家の総戸数は，1963（昭和38）年の52万戸から一貫して増加している。数字だけ見れば，「借り手市場」のように思えるが，実際には，高齢者にとっては，住宅の賃借は容易ではない。家主や不動産管理会社等にとって，高齢者は様々な事故のリスクを抱えることから，敬遠される傾向にあるためである。高齢者に物件を貸さない，又は賃貸人が貸さないと判断している「入居制限」を行っている物件は類型によって幅があるが，管理会社が最も高く47.0％，個人賃貸人（自己資金）が11.4％で最も低くなっている（図3-2）。

　事故リスクとして懸念されている事項としては，「死亡事故に伴う原状回復や残置物処分等の費用への不安」「自己所有物件の居室内での死亡事故発生そのものへの漠然とした不安」「死亡事故後に空室期間が続くことに伴う家賃収入の減少への不安」の3つが主なものとして挙げられる（図3-3）。

　特に，一人暮らしでなおかつ家族・親族等との関係が薄い高齢者の場合，死亡したときに発見が遅れ，その遅れた分，原状回復にはより費用がかかる

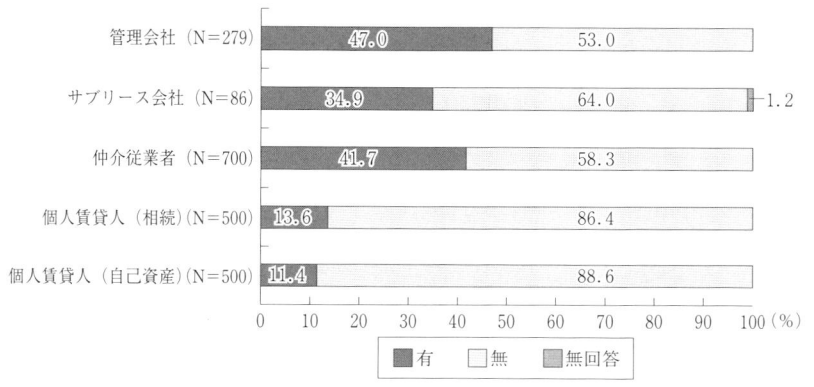

第 3 章　社会保障としての住宅政策

図 3-2　高齢者の入居制限をしている物件の有無

	有	無	無回答
管理会社 (N=279)	47.0	53.0	
サブリース会社 (N=86)	34.9	64.0	1.2
仲介従業者 (N=700)	41.7	58.3	
個人賃貸人（相続）(N=500)	13.6	86.4	
個人賃貸人（自己資産）(N=500)	11.4	88.6	

出所：三菱総合研究所 (2013)。

ことになる。また，原状回復費や残置物の処分についても，負担する家族・親族がいなければ，最悪の場合，貸主が負担を強いられることになる。さらに，死亡事故が起きれば，事故物件として賃借申込者に告知する必要があり，かつ，事実上，家賃を下げざるを得なくなるが，それでも賃借人が見つかるかという問題がある。このほか，死亡事故が起きた居室だけでなく，場合によっては，他の居室の入居者が，心理的な理由から退去するという連鎖も懸念される。このように，前述の3つの主な不安要因は，いずれも経済的な損失につながるものであるが，その根底にあるのが，死亡事故の発生やそのおそれであることに注意する必要がある。

このように，単独世帯の増加等に伴う孤独死の社会問題化が，高齢者の住宅の賃借を難しくしている。死亡事故に対する家主の不安は，不動産経営上，真っ当なものであるといえ，その軽減，解消を図ることができなければ，高齢者は賃貸市場において不利な立場に立たされたままとなる。

2）住宅における事故

仮に，物理的に「住む」場所が確保されたとしても，そこでの「暮らし」の質をどう確保するかは重要な問題である。特に，安全面は，高齢者自身の

第Ⅰ部　社会的孤立防止のための政策連動

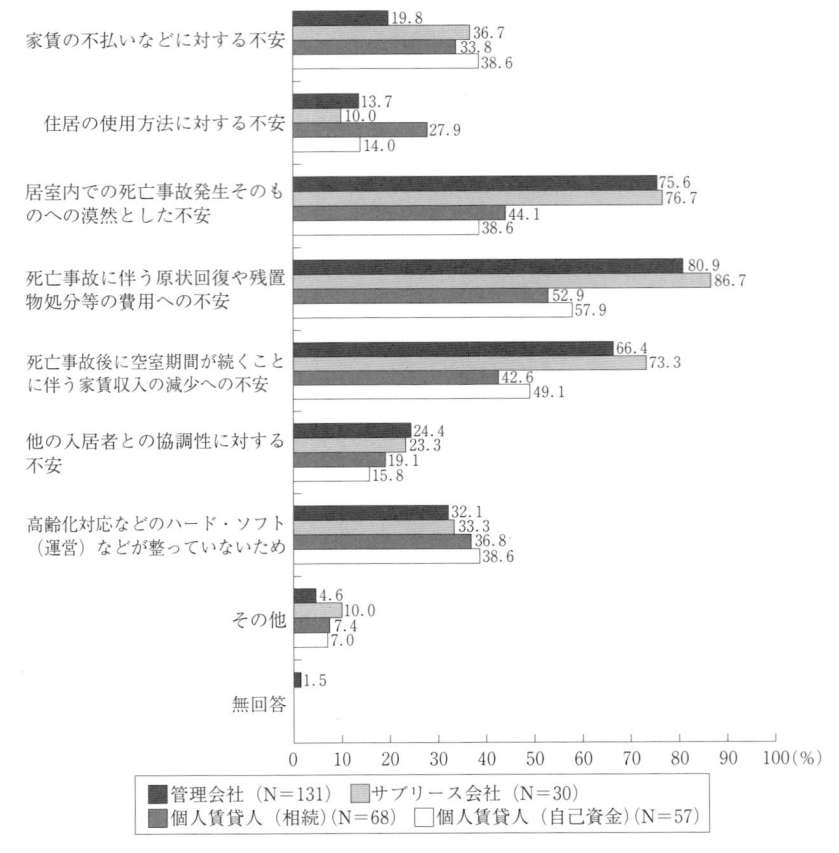

図3-3　高齢者に物件を貸さない理由

理由	管理会社(N=131)	サブリース会社(N=30)	個人賃貸人(相続)(N=68)	個人賃貸人(自己資金)(N=57)
家賃の不払いなどに対する不安	19.8	36.7	33.8	38.6
住居の使用方法に対する不安	13.7	10.0	27.9	14.0
居室内での死亡事故発生そのものへの漠然とした不安	75.6	76.7	44.1	38.6
死亡事故に伴う原状回復や残置物処分等の費用への不安	80.9	86.7	52.9	57.9
死亡事故後に空室期間が続くことに伴う家賃収入の減少への不安	66.4	73.3	42.6	49.1
他の入居者との協調性に対する不安	24.4	23.3	19.1	15.8
高齢化対応などのハード・ソフト（運営）などが整っていないため	32.1	33.3	36.8	38.6
その他	4.6	10.0	7.4	7.0
無回答				1.5

出所：図3-2と同じ。

生命，健康にかかわる重大な問題であり，前述のとおり，借家の場合は家主にとって重大なリスクである。

ここで，転倒・転落や浴槽に関連する溺死等といった主な家庭内の不慮の事故による死亡数をみてみたい（図3-4）。年齢階層別に比較すると，「45～64歳」と「65～79歳」を境に死亡数が顕著に増加しており，高齢化による身体の衰えが事故に大きく影響していることがうかがわれる。また，転

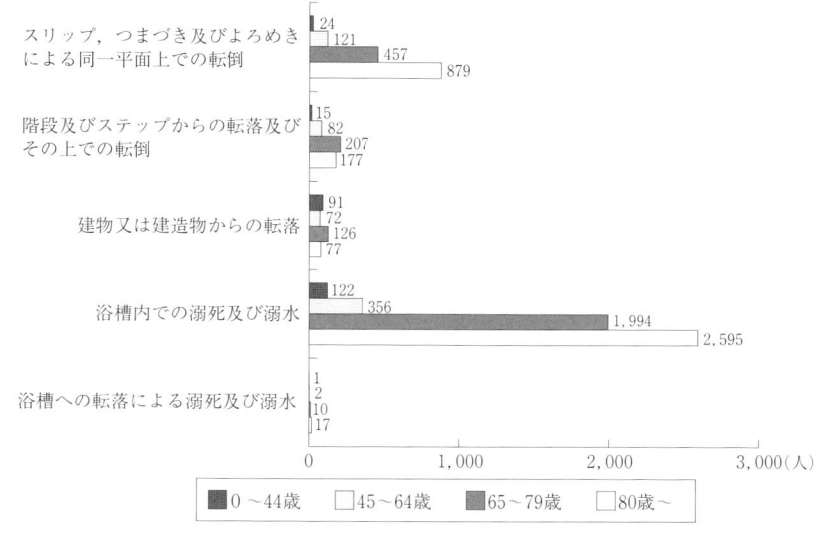

第３章　社会保障としての住宅政策

図３-４　家庭内の主な不慮の事故の種類別死亡数

種類	0～44歳	45～64歳	65～79歳	80歳～
スリップ，つまづき及びよろめきによる同一平面上での転倒	24	121	457	879
階段及びステップからの転落及びその上での転倒	15	82	207	177
建物又は建造物からの転落	91	72	126	77
浴槽内での溺死及び溺水	122	356	1,994	2,595
浴槽への転落による溺死及び溺水	1	2	10	17

出所：厚生労働省「平成24年人口動態調査」。

落・転倒による死亡数と浴槽内又は浴槽への転落による溺死等を比較すると，後者が圧倒的に多数を占める。

　こうした家庭内の事故の背景には，バリアフリー対応ができていない等の設備上の問題があると考えられる。しかし，果たして，そうしたハード面における住環境の整備だけに注目すれば良いのであろうか。そうではなく，実際には，ソフト面の課題についても考える必要がある。すなわち，緊急時の対応や見守り・安否確認といった生活支援が導入されていれば，発見が遅れずに，場合によっては死に至ることがなかったケースも一定数存在したのではないかと推察されるのである。比較的築年数の浅い物件であれば，バリアフリー対応はある程度行われているだろうし，そうでない場合も，介護保険が利用できれば，「居宅介護住宅改修費」または「介護予防住宅改修費」が支給され，段差の解消や手すりの取り付け等が可能である。しかし，一旦整備すれば維持できるハードと異なり，生活支援は日常的に行動を要するもの

図3-5　自宅で十分な介護サービスを受けられても施設を選択する理由

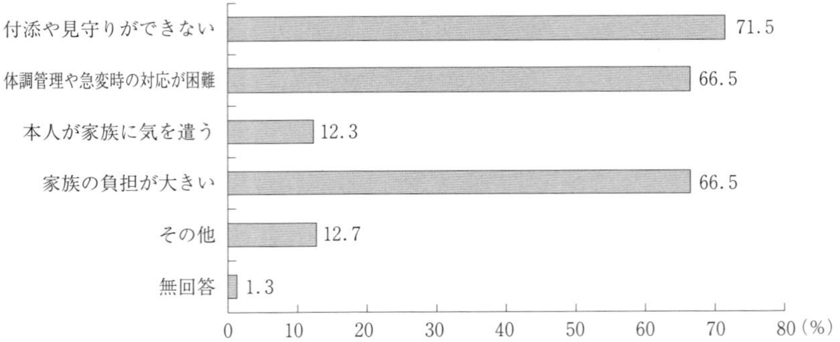

項目	割合(%)
付添や見守りができない	71.5
体調管理や急変時の対応が困難	66.5
本人が家族に気を遣う	12.3
家族の負担が大きい	66.5
その他	12.7
無回答	1.3

出所：医療経済研究・社会保険福祉協会（2012）「特別養護老人ホームにおける待機者の実態に関する調査研究事業——待機者のニーズと入所決定のあり方等に関する研究報告書」。——

であり，なおかつ，介護保険の保険給付には含まれない。ハード面よりも，むしろ生活支援をどのように確保していくかが今後の大きな課題といえる。

3）施設ニーズの背景

　前述の生活支援の必要性について，別の角度からみてみたい。特別養護老人ホームへ入所申込をしている者の家族に対するアンケート調査によると，申込者の家族は，「仮に自宅で十分な介護サービスを受けられるなら，自宅で生活するのが良いか，施設で生活するのが良いか」という質問に対し，約7割の家族が，施設での生活を選択している。施設での生活が望ましい理由については，「自宅では常に付き添いや見守りができないから」が最も多くなっている（図3-5）。

　こうした事情は，施設入所者の実態にも一部表れている。特別養護老人ホーム，老人保健施設，介護療養型医療施設の入所者の要介護度をみると，要介護1が5.4％，要介護2が11.7％となっており，比較的軽度の入所者が一定程度存在することが分かる[6]。こうした比較的軽度な入所者の中には，現状でも生活支援によって在宅での生活が可能な者もいると考えられる。また，今後，厚生労働省は，施設入所者を中・重度者に重点化する方針である

が[7]，そうなれば，生活支援を充実させた形での地域包括ケアが推進されない限り，生活支援の弱さを理由とする施設入所のニーズを緩和することは難しくなるといえる。

（4）課題解決に向けた「政策ミックス」

ここまで，施設と住宅について，ハード・ソフトの両面から課題の整理を行ってきた。詰まる所，物理的に「住む」場所の確保の必要性，そこでの「生活」を安定させるための支援の必要性，特に低所得者にとって厳しい状況といったことに課題が集約される。そうであれば，ハードを中心とした住宅政策とソフトを中心とした社会保障政策の「政策ミックス」によって，両面から課題の解決に当たる必要性がみえてくる。

日本においては，住宅政策と社会保障政策は，基本的に，国土交通省（建設省）と厚生労働省（厚生省）がそれぞれ所管しているが，このように両者を切り分ける発想は，世界的にみれば，必ずしも一般的ではない。むしろ，ヨーロッパにおいては「福祉は住宅に始まり住宅に終わる」という言葉があるとおり，両者は一体のものとして受け止められている。日本はある意味「ガラパゴス」なのである。日本においても，地域における居住の課題を解決していくためには，両者の垣根を低くし，必要に応じて強力な連携を図ることが求められる。そこで，次節においては，住宅政策と社会保障政策の関係性について，これまでの経緯を概観してみたい。

2 社会保障政策と住宅政策

（1）住宅政策の成立

日本の住宅政策の成立をいつと見るかは諸説あるが，本間は，戦後住宅政策の骨格を成す政策の萌芽が出現した時期をもって成立時期とし，具体的には，内務大臣の諮問機関である救済事業調査会[8]による答申「小住宅改良要

綱」に基づき，公益住宅建設の勧奨が行われた1919（大正8）年から同潤会が設立された1924（大正13）年の5年間としている（本間 1988：3-9）。当時は，内務省社会局と土木局が住宅政策を所管しており，その後，社会局内に住宅課が設置されている。ちなみに，内務省社会局は，厚生省の母体の一つである。

住宅政策の起点となった「小住宅改良要綱」についてみておきたい。これは，内務大臣が，1918（大正7）年9月に住宅対策を含む救済事業策について行った諮問に対し，同年11月に行われた答申である。「小住宅改良要綱」は12項からなり，これに3項の希望条項が加えられている。その内容は多岐にわたるが，その後の内務省の住宅政策と関連からみると，公益住宅の建設勧奨，住宅組合法の制定，不良住宅地区改良事業につながる内容が示されている。また，諮問の時点では，住宅対策について「細民住宅改良の件」として，低所得者層を対象としたものを意識していたが，答申では，これに限らず，住宅組合法のように中間所得者層も包含する内容であった。本間は，「『小住宅改良要綱』が救済事業調査会により答申された1918（大正7）年は，わが国の住宅政策元年と言っていいだろう」と評価している（本間 1988：51）。

以上のとおり，この当時は，現在でいう住宅政策と社会保障政策を内務省で一体的に所管しており，実際の事業の遂行に当たった後述する同潤会も住宅経営と福祉事業の双方に取り組んでおり，両者は「未分化」であったといえる[9]。

（2）社会保障政策と住宅政策の分離と限界

労働問題や社会保険といった事業の広がりや，国防の観点からの国民の健康増進などを背景に，1938（昭和13）年に厚生省が創設された。創設当時は，体力局，衛生局，予防局，社会局，労働局と外局である保険院が設置された。住宅政策は厚生省が所管していたが，1945（昭和20）年に「戦災復興院」が

第5章 社会保障としての住宅政策

創設され，1948（昭和23）年1月に内務省土木局と統合されて「建設院」，そして，同年7月には「建設省」へと改組される。この建設省によって住宅政策は一元的に所管されることとなった。これについて，本間は，「戦前の住宅政策が内務省――厚生省による社会行政の一環として進められてきたのが，ここにおいて（その後，カタチの上で住宅法制度が「福祉国家」を具体化するうえで重要な位置づけがなされるとしても），とりあえずは経済政策の一環としての建設行政として進められることになったことを意味する」という評価を行っている（本間 2004：42）。

社会保障政策と住宅政策の分離を象徴するのが，公営住宅法と厚生省が立案していた厚生住宅法案の対立である。厚生住宅法案は，生活保護の対象者などの低所得者層をターゲットにして，国庫補助住宅の建設・供給を図るとともに，生活の維持向上のための指導というケースワークを一体化したものであった。この両案は，住宅の供給という面では目的を同じくする部分があり，対立するものであった。細かい経緯は，大本（1991：301-324）が当時の関係者から詳しい証言を取っているが，「所管」を巡って，相当生々しい駆け引きがあったようである。結果的に公営住宅法が制定され，低所得者向け住宅については，「第2種」公営住宅という類型を設けることで決着した。いわば，公営住宅が厚生住宅法案を一部代替するような形になったのである[10]。

戦後の社会保障政策と住宅政策の分離によって，それぞれの政策は異なる道を歩むことになる。社会保障政策における「住まい」は，何らかの福祉ニーズを有する者を対象にし，居住と福祉サービスをパッケージ化した「施設」の体系を発展させていく。戦後に制定された生活保護法を基盤として，そこから，高齢者，障害者等の対象者の特性に応じた法体系を展開していくことになる。そして，それぞれの法体系の中で各種の施設体系を発展させていった。たとえば，養護老人ホームは，生活保護法の保護施設の一つであった「養老院」が，1962（昭和37）年の老人福祉法制定に伴い，同法に根拠規

定を移し，養護老人ホームとなったものである。こうした施設の課題については，前述のとおりであるが，「できるだけ住み慣れた地域で暮らしたい」という思いに応えにくい点が最大の課題であろう。日本においては，虚弱化したときの居住形態として，「現在のまま，自宅に留まりたい」が46.2％，「改築の上，自宅に留まりたい」が20.2％で，多くの高齢者が自宅での生活を望んでいるのである[11]。しかし，「施設」は「住宅」ではなく，身近な場所にある施設で生活することは一般的ではなく，こうした希望に応え得る有効なツールを社会保障政策は十分には用意できていない。

　一方の住宅政策は，戦後，公庫融資，公営住宅，公団住宅という「3本柱」によって推進されてきた。公庫融資は，中高所得者層を対象にした住宅取得を促進し，公団住宅は，中所得者向けの賃貸と分譲を行ってきた。これらは，「持ち家政策」を担ってきたといえる。特に，公庫融資は，オイルショック以降の景気刺激策の一翼を担い，住宅ローン減税と相まって，住宅政策の「経済政策」としての性格を強めていくことになる。持ち家政策の下では，住宅の確保は，いわば個人の「甲斐性」の問題として理解され，公的支援の要請は限定的なものとなる。しかし，昨今の雇用経済情勢を踏まえると，高度成長期を引きずった持ち家政策は限界であろう。年齢階級別持ち家率の推移をみると，全体としては大きな変動はないものの，若年層の持ち家率の低下が顕著であることが分かる（図3-6）。晩婚化・非婚化や非正規労働者の増加等の様々な要因が考えられるが，これまでのように，正社員として就職，結婚，子どもの誕生，継続的な賃金の上昇，住宅の購入というライフサイクルを前提とすることは難しくなってきている。

　また，公営住宅は，段階的にその対象者を狭めていき，1996（平成8）年の改正では，ついに第1種と第2種の区分を廃止している。そして，公営住宅の戸数も最近では減少傾向にあり，それと呼応するかのように，応募倍率も高率になってきている。やや古い数字になるが，2009（平成21）年の時点で，公営住宅の応募倍率は，全国で8.8倍，大阪府で14.0倍，東京都で30.5

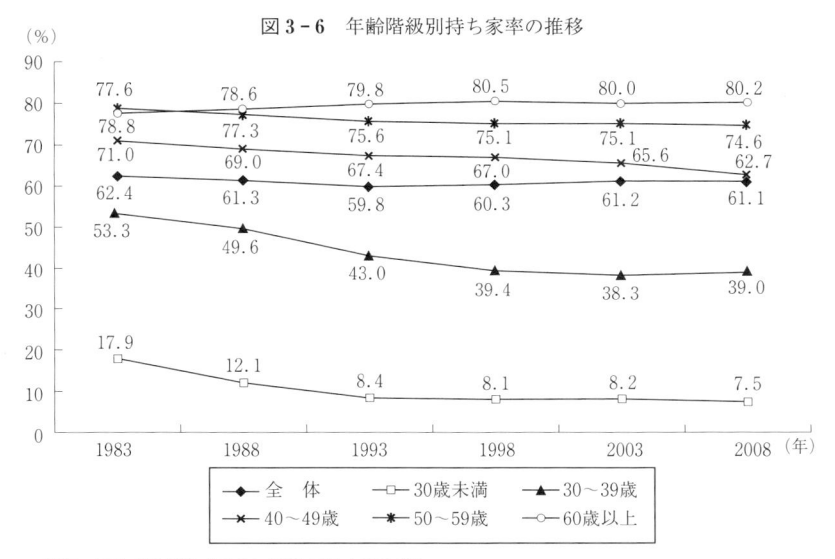

図3−6 年齢階級別持ち家率の推移

(%)

年	全体	30歳未満	30〜39歳	40〜49歳	50〜59歳	60歳以上
1983	62.4	17.9	53.3	71.0	78.8	77.6
1988	61.3	12.1	49.6	69.0	77.3	78.6
1993	59.8	8.4	43.0	67.4	75.6	79.8
1998	60.3	8.1	39.4	67.0	75.1	80.5
2003	61.2	8.2	38.3	65.6	75.1	80.0
2008	61.1	7.5	39.0	62.7	74.6	80.2

出所：国土交通省編『平成24年版 国土交通白書』。

倍となっている[12]。直接建設方式による公営住宅の整備，拡大には財源的な面から課題があり，民間住宅の借上げ方式も可能ではあるが，全国的にみると，十分には普及していない。

自己資金による住宅取得が困難になり，公営住宅が縮小していく中では，既存ストックの活用を重視する必要がある。その場合，特に，高齢者が住宅を賃借しようとすれば，事故リスクを低減させるための支援の導入といった福祉的アプローチによって，既にみた家主の不安解消を図っていくことが重要な課題となる。しかし，福祉サービスは，社会保障政策のツールであり，住宅政策では必ずしも十分には用意できていない。

このような両者の限界を克服すべく，最近では，以下に述べるとおり，社会保障政策と住宅政策の「『再』接近」がみられる。

(3) 近年の「再」接近

　社会保障政策と住宅政策の「再」接近を象徴するのが，本章の議論の出発点であった地域包括ケアである。2012（平成24）年4月施行の改正介護保険法では，居住の確保との連携を明確に規定している。まず，同法5条3項では，国及び地方公共団体は，介護サービスや予防サービス等について，医療や「居住に関する施策との有機的な連携を図りつつ包括的に推進する」ことを規定している。これは，理念に留まるものではなく，「市町村介護保険事業計画」や「都道府県介護保険事業支援計画」の作成に当たっては，法定の計画であって，要介護者等の「居住に関する事項を定めるものと調和が保たれたものでなければならない」としている。このように，各自治体における介護保険の事業運営の基本となる計画でも，居住との連携が不可欠になっているのである。このように，地域包括ケアは，「できるだけ住み慣れた地域で暮らしたい」という高齢者の希望を受け止めるため，社会保障では用意できない地域の住まいを住宅政策との連携によって乗り越えようとする面を持つものである。

　一方，介護保険法と同時期に改正された高齢者の居住の安定確保に関する法律では，従来の高齢者円滑入居賃貸住宅，高齢者専用賃貸住宅，高齢者向け優良賃貸住宅の3つの類型を一本化する形で，新たにサービス付き高齢者向け住宅の制度が創設された。その趣旨は，高齢者が住みなれた地域で必要な介護，医療を受けながら安心して暮らすことができる住まいの確保が重要となるという現状認識に立ち，高齢者の居住の安定を確保するため，一定のバリアフリー構造等を有する賃貸住宅等において，高齢者の生活を支援するサービス付き高齢者向け住宅の供給を促進するというものである。このように，サービス付き高齢者向け住宅は，生活支援という福祉的なアプローチを内在させた形で，施設ではない「住宅」という選択肢を用意するとともに，介護や医療といった社会保障政策との連携を図るものといえる。

　ただし，サービス付き高齢者向け住宅には，一定の限界があることも事実

である。家賃，共益費，状況把握，生活相談サービスに要する月々の総費用（食費を除く）をみてみると，平均額は8万7,434円となっている。階層別に見ると，7万5,000円以上10万円未満が最多で30.4％，次いで，5万円以上7万5,000円未満が29.0％となっている（高齢者住宅財団 2013：105）。つまり，被用者年金受給者でなければ，入居は難しいことになる。

　以上のように，戦後，一旦分化していった社会保障政策と住宅政策は，近年，相互に連携を強めながら政策を推進しようとしている。「居住」を「住宅」というハード面及びそこでの「暮らし」というソフト面の両面から捉え，その安定を図ろうとすれば，当然，両政策の連携は不可欠である。本章は，地域包括ケアを議論の出発点としたが，こうした居住の安定は，高齢者だけの問題ではないため，より普遍的な政策パッケージを模索していくことが次のステップとして求められることになる。次節では，こうした普遍的展開について考察を進めることとする。

3　世代を越えた「ハード＋ソフト」の居住支援へ

（1）居住確保に係る課題の普遍性

　「衣食『住』」は，すべての人の生活に不可欠な基盤であり，居住の確保は高齢者に特有の問題ではない。世代の垣根を越えて居住の確保を進めていく必要がある。すべての類型を網羅することは困難であるため，以下にいくつかの例を挙げて，居住の確保の必要性を具体的に考えてみたい。

1）障害者

　障害者施設も高齢者の施設と同様，一般に，郊外の用地取得が容易な場所に整備されるが，障害者福祉においても，地域居住（地域生活への移行）は重要な政策テーマである。障害者の日常生活及び社会生活を総合的に支援するための法律（以下，障害者総合支援法）においては，基本理念の中に，「どこで誰と生活するかについての選択の機会が確保され」るべきこと，「地域社

会において他の人々と共生することを妨げられないこと」が規定されている（同法1条の2）。これらは，端的にいえば，居住に関する自己決定権の尊重と社会的包摂の要請といえるだろう。

障害者総合支援法では，市町村及び都道府県はそれぞれ障害福祉計画の策定が義務づけられている（同法88条及び89条）。その策定内容について定める国の基本指針[13]においては，地域生活への移行に関し，「福祉施設の入所者の地域生活への移行」「入院中の精神障害者の地域生活への移行」の2つについて規定しており，それぞれ具体的な数値目標を定めることとなっている。

障害者の自己決定権に基づく地域移行を考えた場合，当然のことながら，ハードとしての住宅またはグループホームや福祉ホームなどの地域居住のための施設の確保が必要となる。特に，住宅を確保する場合，出生時から障害を有する場合には，相続を除き持ち家がないことが想定される。これは高齢者との大きな違いであろう。その場合，賃貸に関しては，家主は高齢者のケースと類似の不安を感じることも十分に考えられる。また，「生活」というソフト面から見れば，移行した先の地域において，社会的包摂の観点から地域住民との関係を構築する支援も必要となる。このように考えていくと，障害者特有の課題はあるにせよ，方向性としては，高齢者の地域包括ケアと同じような発想で障害者の地域移行を考えていく必要があるといえるだろう。

2）低所得者

障害者のほか，低所得者にとっても居住の確保は深刻な問題である。野宿生活者に生活保護を受給させて囲い込み，搾取するという，いわゆる悪質な「貧困ビジネス」はその典型である。このような「業態」がまかり通るのは，現状では，適切な住宅が確保できないことに起因する「ニーズ」があるからである。貧困ビジネスについては，その規制強化を求める声もある。低所得者を住まわせるすべての賃貸住宅所有者に対し，第2種社会福祉事業である「無料低額宿泊所」と同様，都道府県知事に事業開始の届出を義務づけるという考え方もあるだろう。しかし，「住宅賃貸業」を営む者が広く「社会福

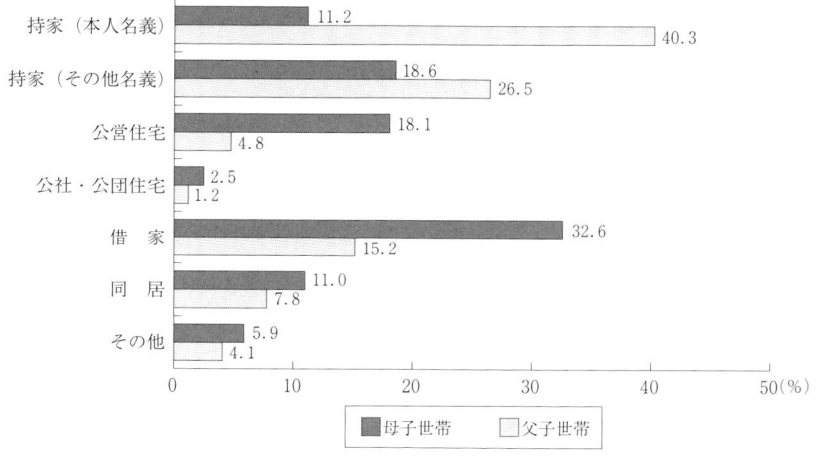

図3-7 母子世帯及び父子世帯の住居所有状況

区分	母子世帯	父子世帯
持家（本人名義）	11.2	40.3
持家（その他名義）	18.6	26.5
公営住宅	18.1	4.8
公社・公団住宅	2.5	1.2
借家	32.6	15.2
同居	11.0	7.8
その他	5.9	4.1

出所：厚生労働省「平成23年度全国母子世帯等調査結果報告」。

祉事業」の実施主体として規制の対象となるのは，現実的とは言い難い。

　結局は，こうしたニーズの根底にあるものを解決しなければ，根本的な解決にはならない。語弊があるかもしれないが，適切な住宅と必要な支援が確保された「『良質な』貧困ビジネス」を構築・普及させ，「良貨が悪貨を駆逐する」ことにより，悪質な貧困ビジネスの入り込む余地を事実上なくしていくことが求められる。そうすれば，行政による規制を強化せずとも，そもそも利用者が確保できずに「業態」としては成立しないことになる。

3）ひとり親家庭

　ひとり親家庭の住居の所有状況をみてみると，特に母子世帯において厳しい状況にあることが分かる（図3-7）。持ち家に居住する世帯は，本人名義とその他名義を合わせ父子世帯で66.8％となっており，図3-6でみた持ち家率と比較しても遜色ない数値である。しかし，母子世帯については，同じく合わせて約3割と父子世帯の半数にも満たない。特に，本人名義の持ち家への居住が顕著に少ない。これは，離別前の夫婦の就労形態や登記の問題が

背景にあるものと推察される。

　ここで，母子世帯の経済状況を見てみたい。2010（平成22）年時点で，母子世帯の母自身の平均年間収入は223万円（うち母自身の平均年間就労収入は181万円），母子世帯の平均年間収入（平均世帯人員3.42人）は291万円となっている。特に，年間就労収入が100万円未満の母子世帯が28.6％と約3割を占めている状況にある[14]。

　母子世帯は公営住宅と借家への居住が多数を占め，この2つを合わせて約半数を占めている。このうち，公営住宅への入居の困難さは前述のとおりである。一方の借家についても，前述の母子世帯の経済状況を考えると，家賃の負担は特に都市部では厳しいものと推察される。

4）失業者

　リーマンショック時には，いわゆる「派遣切り」によって社宅を追い出されるという事態が社会問題化した。就業と住宅の確保が一体化している社宅の場合には，就業している間は福利厚生として機能するが，失業すると一転して牙をむく。そうした場合の住宅セーフティネットの確保が必要なのである。住所不定では，当面の生活の確保が危ういだけでなく，再就職に向けても不利になりかねない。

　最近，失業者の居住の確保について進展がみられた。2015年4月から本格的に施行される生活困窮者自立支援法は，生活保護に至る前の段階にある生活困窮者を支援する「第2のセーフティネット」の充実・強化を図るものである。この法律では，離職等により経済的に困窮し，居住の確保が困難になった生活困窮者に対し，「生活困窮者住居確保給付金」を支給することとしている（同法2条3項）。諸外国にみられる住宅手当に類似する面もあるが，離職者であって，就職を容易にするため住居を確保する必要があると認められることが必要である点で制約的である。居住の確保に向けて，経済的支援を拡充した点で重要な意味を持つものであるが，経済的支援のニーズは離職者に限られないことから，支給対象範囲については，今後，議論がありうる

のではないだろうか。

（2）同潤会の事業にみる「ハード＋ソフト」

　内務省の時代に，住宅政策と現在でいう社会保障政策[15]とが一体的に展開した政策として，「小住宅改良要綱」にも規定されている「不良住宅地区改良事業」がある。具体例として，同潤会による猿江裏町の不良住宅地区改良事業を見てみたい。

　同潤会は，関東大震災後の深刻な住宅不足を解消することを目的として，内外から寄せられた義捐金等により，1924（大正13）年に設立された財団法人であり，内務省の外郭団体であった[16]。同潤会は，罹災者向けの「假住宅」（仮設住宅）の建設と被災者に対する福祉事業に始まり，続いて，東京，横浜を中心とした「普通住宅」（木造賃貸住宅）や「アパートメント・ハウス」の供給を行うようになる。いわゆる「同潤会アパート」としてよく知られるところでは，東京・表参道の「表参道ヒルズ」にあった青山アパートが挙げられる。

　「不良住宅地区」とは，「衛生上又ハ保安上有害ナリト認ムル」住宅や地区を指すものとされていた。猿江裏町は，関東大震災以前からバラック屋根が密集する地区であった。この地区の不良住宅地区改良事業については，関東大震災前から内務省社会局による住宅調査が行われていたが，1926（大正15）年に同潤会が土地収用法に基づく土地収用を行うことができる団体として認定されたところから本格的にスタートした。事業は，第1期と第2期に分けられ，第1期は，住宅数の確保に主眼が置かれたが，第2期では，防災やコミュニティ施設との組み合わせによる街区の形成に主眼が置かれている。

　この第2期においては，単に，住環境の改善や住宅の供給に留まらず，病院，授産場，善隣館などの医療・福祉施設が建設されている点が注目に値する。事業開始前のこの地区の課題としては，有職業者世帯が4割で高利貸に手を出すものも少なくないという経済面の課題に加え，非衛生的環境にある

ため，乳幼児死亡率の高さや感染症の蔓延といった保健衛生上の課題も抱えていた（宮澤 1993：93-95）。このため，経済的な自立支援として，畳表科，ミシン科，塗装科，供請負科等を授産場に設けて住人に仕事を提供するほか，敷地の一部を「あそか病院」に無償貸与して医療提供体制を整備した。また，善隣館は，コミュニティ形成のため，地区住民の交流の拠点として整備されたものである。このように，不良住宅地区改良事業では，住宅の整備・供給に加え，低所得者の自立支援，保健衛生上の対応を図っていることが分かる。

ちなみに，同潤会は，不良住宅地区改良事業により建設した集合住宅だけでなく，関東大震災後の「仮住宅」やその後に整備された「普通住宅」においても，必要に応じ，託児所，授産場，病院・診療所を整備している。その他，軍人遺家族向けに「戸山ヶ原母子アパートメント」の建設・運営も行っており，これも，母子福祉，戦没者遺族援護という福祉行政の範疇に入ると言える。

このように，同潤会では，住宅政策と社会保障政策の双方の視点から，ハードとしての「住宅」とソフトとしての「生活支援」とが事業として一体的にデザインされていたのである。その意味で，最近の両政策の「再接近」は，同潤会の事業デザインに通じるものがある。そう考えると，安定した「居住」の実現にハード・ソフトの両面からのアプローチが必要であることは，時代に関係ない普遍的な要請であるといえるのではないだろうか。

（3）「住宅確保」と「支援」の一体的展開へ

1）連携体制の構築

これまでみてきたとおり，安定した地域居住を実現するためには，「住宅確保」というハード面とそこでの「生活」に対する支援というソフト面の両面からのアプローチが必要になる。しかも，これらを別個のものとして実施するのではなく，一体的に捉えて対応すべきである。そのためには，福祉関係者，不動産関係者，行政，地域住民・団体等の関係者のネットワークを構

第5章　社会保障としての住宅政策

築しながら、空き家の活用によって住宅を確保しつつ、これに生活支援を導入することが基本的な構成となる。住宅の賃貸は不動産関係者、生活支援は福祉関係者が主体となるが、これまで両者の関係は、必ずしも緊密なものではなかっただろう。この両者の関係づくりが重要であり、必要に応じて行政の仲介やバックアップも求められる。たとえば、行政が設置する「居住支援協議会」を関係者のネットワークとして活用することも考えられる[17]。

　なお、こうした居住支援の方策については、筆者も委員を務めた高齢者住宅財団の研究事業の報告書である「低所得・低資産高齢者の住まいと生活支援のあり方に関する調査研究報告書」（2014年）に詳しいので、そちらも参考にされることをお勧めする。また、ここに述べるような居住支援の取り組みは、現実に実践されている例もあり、その代表的なものとして、「NPO法人自立支援センターふるさとの会」が実施する「互助ハウス」や「自立援助ホーム」などの取り組みを挙げることができる（高齢者住宅財団 2014：70-78）。つまり、ここに述べる居住支援は、決して机上の空論ではなく、実現可能なモデルであることを確認しておきたい。

2）ハード面──住宅の確保

　財政的な制約を考慮すると、公的な住宅を大量に建設・供給することは現実的ではない。そこで、地域に既に存在する空き家を活用することが有力な選択肢となる。中低所得者層の居住の確保をいかに図るかという点については、社会保障制度改革国民会議の報告書では、「中低所得層の高齢者が地域において安心して暮らせるようにするため、規制改革等を進めつつ、地域の実情に応じ、介護施設等はもとより、空き家等の有効活用により、新たな住まいの確保を図ることも重要である」として、既存ストックである空き家の活用が示されている（社会保障制度改革国民会議 2013：29）。

　この場合、前述のとおり、入居者の心身の状態や年齢によっては、孤独死等の事故リスクが重大な不安要因となる。これを解決するには、後述の生活支援とのパッケージ化が鍵となる。すなわち、貸主が抱える主要な不安は、

死亡事故の発生やそのおそれによるものであることは前述のとおりであり，その防止のため，見守りや安否確認といった生活支援の導入を賃貸の条件としていけば，不安の軽減につながるのである。

3）ソフト面──**生活支援**

生活支援は，住宅と入居者のマッチングの支援，公的な福祉制度等からの給付では対応できないような日常生活上の手助け，必要に応じ公的な福祉制度等の利用支援等を行うものである。こうした入居者への支援は，前述のとおり，住宅を確保する上でも鍵となる。

ここまでみた範囲では，空き家を活用した有料老人ホームなどの既存の取組と大きく異なるところはないが，今までとは異なるアプローチとして，「互助の醸成」の必要性を挙げておきたい。この互助の醸成の前提には，入居者の「自助」を尊重し，引き出す支援を行うことがある。役割を持つことが自助能力を維持・向上させる動機づけにもなり，また，相互に支えあう「双方向」の関係性を構築することが，地域居住の継続性を高めていくことにつながるのである。

また，互助は，地域へも展開していくことが必要である。従来の施設は，建物内で生活が完結しがちな面があるが，それに留まらず，地域の中でも，様々な活動を通じて，できるだけ役割を持ち，可能な範囲で貢献することによって，地域内での互助づくりを進めることが重要である。地域における「顔の見える関係性」は，社会的孤立を防止し，豊かな人間関係の下で安心して生活を継続することにつながる。それは，日々の暮らしの場面だけでなく，例えば，入居者の徘徊時等に，地域住民から福祉関係者に目撃情報の提供をしてもらえる等，緊急時にも効果を発揮することが期待される。

4 さらなる「政策パッケージ」への拡張

本章では，ハードとしての住宅とソフトとしての生活支援という政策パッ

ケージについて考察してきたが，「居住」の問題は，この2つに集約しきれるものではない。早川（2011）は，母子・子育て世帯，高齢障害者・難病患者世帯が抱える居住の課題について，ケースワークに当たった保健師の報告を元に，具体的な事例を紹介する形でまとめている。そうした事例で提起されている課題を整理してみると，住宅の狭隘さ，段差などのバリア，建築材料によるアレルギーなど住宅そのものに起因する問題や孤立，生活習慣といった暮らしのあり方から生じる問題もあるが，以下のように，より広い視点から居住の課題に取り組まなければならないものもある。

① 交　通

市街地から離れた場所に住んでおり，周辺に住宅が少なく，交通の便も悪いため，近くに子どもと同じ年の友達がいない，母親の育児仲間もいない。こうした日常生活上の孤立を生じさせるほか，近隣で十分な保健・福祉サービスが受けられないという問題もある（早川 2011：34-35）。

② 移　動

坂の多い地域では，高齢者や障害者の移動が困難なため，外出が妨げられる。これは，保健・福祉サービスへのアクセスを難しくするばかりか，買い物などの日常生活，友人・知人との交流などの面でも問題がある（早川 2011：232-233）。

③ 日　照

日照不足は，居住者の健康に重大な影響を与える場合がある。昼間でも薄暗い住宅では，生活が不規則になり，昼夜逆転が起きることもあり，特に，乳幼児の場合には，成長への影響も懸念される（早川 2011：78-81）。

④ 周辺施設

住宅の周囲に公園などの交流のための施設がない場合，あるいは，安全な遊び場がない場合には，子どもはもちろんのこと，親同士が人間関

係を構築する上でも大きなデメリットとなる。また，子どもの運動という面でも，決して望ましい環境とはいえない（早川 2011：37-39）。

　以上のとおり，地域居住の安定を図ろうとすると，住宅そのものの確保や生活支援といった対応だけでは限界がある。都市計画，交通などのより広い政策分野との連携も求められる。そうすると，居住支援は，社会保障政策や住宅政策という枠を越えて，「まちづくり」あるいは「地域経営」の問題となってくるのである。

　今や時代は，国と地方の役割分担の配分関係を再構築する「地方分権」ではなく，地域の自主性の尊重，住民自治を推進しようとする「地域主権」に向かっている。当然，地域の課題は，その地域ごとの様々な背景や要因が組み合わさって生じたものであり，全国画一的な手法で解決できるものではない。一足飛びに広汎な政策パッケージを作り上げることは困難であるが，「地域主権」の理念に即して，一歩ずつでも住民の地域居住の安定向けた取り組みを進めていくことが求められているのではないだろうか。

注
(1) 療養型医療施設については，2018年3月までに廃止・他用途（老人保健施設等）への転換を進めることになっている。
(2) 入居時に，一時金や前払金が必要な有料老人ホームの割合は，ホームの類型や居室の種類によって異なるが約20～45％であり，一時金や前払金の平均額は，介護付有料老人ホームで1,495万円，住宅型有料老人ホームで419万円となっている（全国有料老人ホーム協会［2013］「平成24年度制度改正後の有料老人ホームに関する実態調査及び契約等に関する調査研究報告書」）。
(3) 2009（平成21）年度より調査方法に変更があったため，それ以前の数値と単純に比較できない。また，2010（平成22）年度の特別養護老人ホームと老人保健施設の定員数が減少しているが，これは，他の年度に比べ，調査票の回収率が低かったことが影響しているものと推察される。
(4) なお，介護保険法では，「入所させ」（同条9項等）と「入所する要介護者に対

し」(同法8条25項等)という規定が混在している。
(5) 以下の記述の空き家に関するデータは,総務省「平成20年　住宅・土地統計調査」による。
(6) 厚生労働省「平成23年度　介護保険事業状況報告(年報)」より。
(7) 地域における医療及び介護の総合的な確保を推進するための関係法律の整備等に関する法律(平成26年法律第83号)では,介護老人福祉施設(特別養護老人ホーム)と地域密着型介護老人福祉施設について,入所対象者を「厚生労働省令で定める要介護状態区分に該当する状態である者その他居宅において日常生活を営むことが困難な者として厚生労働省令で定めるものに限る」とする規定の改正が行われた。
(8) 救済事業調査会は,内務省社会局の創設に伴い「社会事業調査会」に改組された。
(9) なお,同潤会は,1941(昭和16)年の住宅営団法の制定により,同法に基づく住宅営団に事業と財産を移管して解散した。
(10) ただし,第2種公営住宅は,住宅の建設,供給は行うが,厚生住宅法案に盛り込まれていたケースワークは含まれていない。その意味で,筆者としては厚生住宅法案の「一部」が第2種公営住宅によって代替されたものと整理している。
(11) 内閣府「平成22年　高齢者の生活と意識に関する国際比較調査」より。
(12) 国土交通省資料「民間住宅活用型住宅セーフティネット整備推進事業〈日本再生重点化措置要望〉」より。
(13) 障害福祉サービス及び相談支援並びに市町村及び都道府県の地域生活支援事業の提供体制の整備並びに自立支援給付及び地域生活支援事業の円滑な実施を確保するための基本的な指針(平成18年厚生労働省告示第395号)。
(14) 母子世帯の収入に関するデータは,厚生労働省『平成23年度　全国母子世帯等調査結果報告』による。
(15) 国民の生存権に基づく「社会保障政策」が形成されるのは戦後のことであり,この当時は,一般に「社会事業」という呼称が用いられていた。
(16) なお,同潤会の役員構成をみると,会長職には歴代の内務大臣や厚生大臣が,副会長に厚生次官がそれぞれ就任したほか,理事に社会局長や衛生局長が名を連ねることもあるなど,内務省との関係はかなり緊密であったことがうかがわれる(宮澤　1993:192‐197)。
(17) 居住支援協議会は,住宅確保要配慮者に対する賃貸住宅の供給の促進に関する法律10条1項に基づく地方公共団体の任意設置の組織である。

第Ⅰ部　社会的孤立防止のための政策連動

参考文献

医療経済研究・社会保険福祉協会（2013）「特別養護老人ホームにおける在宅復帰支援等の実態に関する調査研究事業報告書」。
大本圭野（1991）『証言　日本の住宅政策』日本評論社。
厚生労働省編（2011）『厚生労働白書　平成23年版』。
高齢者住宅財団（2013）「サービス付き高齢者向け住宅等の実態に関する調査研究」。
高齢者住宅財団（2014）「低所得・低資産高齢者の住まいと生活支援のあり方に関する調査研究報告書」。
国土交通省編（2013）『国土交通白書2013　平成24年度年次報告』。
佐藤滋・高見澤邦郎・伊藤裕久・大月敏雄・真野洋介（1998）『同潤会アパートメントとその時代』鹿島出版会。
社会保障制度改革国民会議（2013）「社会保障制度改革国民会議報告書——確かな社会保障を将来世代に伝えるための道筋」。
白川泰之（2013）「低所得高齢者と居住——地域包括ケアの実現に向けて」高齢者住宅財団『財団ニュース　いい住まいいいシニアライフ』vol. 115-117。
白川泰之（2014）『空き家と生活支援でつくる「地域善隣事業」——「住まい」と連動した地域包括ケア』中央法規出版。
全国社会福祉協議会（2010）『全国社会福祉協議会百年史』全国社会福祉協議会。
地域包括ケア研究会（2009）「地域包括ケア研究会報告書——今後の検討のための論点整理」。
東京都健康長寿医療センター（2012）「地域の潜在認知症患者の早期診断に関する調査研究事業報告書」。
早川和男編集代表（2011）『ケースブック・日本の居住貧困』藤原書店。
本間義人（1988）『内務省住宅政策の教訓』御茶の水書房。
本間義人（2004）『戦後住宅政策の検証』信山社。
三菱総合研究所（2013）「高齢者等の居室内での死亡事故等に対する賃貸人の不安解消に関する調査報告書」。
宮澤小五郎（1993）『同潤会十八年史』青史社。
宮島俊彦（2013）『地域包括ケアの展望』社会保険研究所。

第4章　コンパクトシティを志向した都市政策
——人々をつなぐ交通を重視したまちづくり

土井　勉

1　交通は人々をつなぐ

　日々の我々の生活は通勤・通学，ビジネス，買物，通院，交遊など多様な理由で外出を行い人と会い，情報や物資の交換を行うことで成立している。我々がこれらの活動を行う際に存在している距離を克服する方策としてリアルな空間で対応するものが交通であり，バーチャルに空間を克服する方策がインターネットに代表される情報通信である。

　交通は文字通り「交わり」「通う」ことであり，交通を行うことで人々は顔を合わせ，人と人とのつながりを形成し維持し，発展させてきた。

　一方，情報通信は長くリアルな交通の代替や補助的な役割を担ってきた。しかし，近年のスマートフォンの普及は外出することなくインターネットで買物をし，フェイスブックなどのSNS (Social Networking Service) でコミュニケーションを行う人々が現れてきた。バーチャルリアリティ（仮想現実）を通り越してリアルとバーチャルの境界を少しずつ曖昧にしつつある。こうしたことは，若者たちだけでない。高齢者もフェイスブックによるコミュニケーションを楽しむ人々が増えつつある（AERA 2012）。距離の克服の方法もリアルとバーチャルの関係が少しずつ変化しつつある。

　ただ，バーチャルなコミュニケーションが拡大すれば，なおさらリアルなコミュニケーションは重要となる。重要な会議は直接会うことで，さらに価値が生まれることを我々は経験的に知っている。だから都市に人が集まるのである。また，地域を支える人々の間のコミュニケーションがあるから地域

コミュニティも形成され維持されているのである。

　地域から孤立し，自身が自由に使える交通手段を持たない人が日常生活を扱う施設から離れて暮らしていると「買物難民」となる。買物難民は都市構造と交通手段のミスマッチから発生する，様々な社会的な接点を失った人々のことである。今，こうした人々が増加しつつある。

　こうした状況を念頭に置きつつ，本章では実空間における距離の克服の方法である交通を対象として，現状の分析と我々のライフスタイルとの関係や都市構造との関係を考察し，これからの望ましい都市政策を展望することを目的とする。

　なお，交通には人の動きと物の動きに大きく二分されるが，ここでは人の動きを中心にみていく。また，人の動きについては，ドライブのように移動を行うこと自身が目的であるものを本源的交通と呼び，通勤のように目的を充足するために移動を行う派生的交通の2つに大別される。ここでは特に断りの無い限り派生的交通を単に交通と呼び考察の対象とする。

2　交通とライフスタイルと都市構造

(1) 魅力あるまち？

　まず，図4-1を見ていただきたい。ここにはAとBの2つのまちの風景がある。どちらのまちの様子が魅力的だろうか？　写真を見て考えてほしい。

　筆者は最近の講演では，このスライドを聴衆の皆さんに見ていただき，挙手をお願いすることにしている。これまで，Aに手を挙げた人は数％，95％以上の人々はBが魅力的なまちだと回答している。

　この写真でAとBのまちを見比べる。Aは多くの都市の郊外にあるバイパスと，その道路沿いに立地している店舗群である。Bは伝統的な都市空間に存在する職住近接した細街路に接して立地している飲食店群である。AもBも多くの人々は共に体験している都市空間であると考えられる。

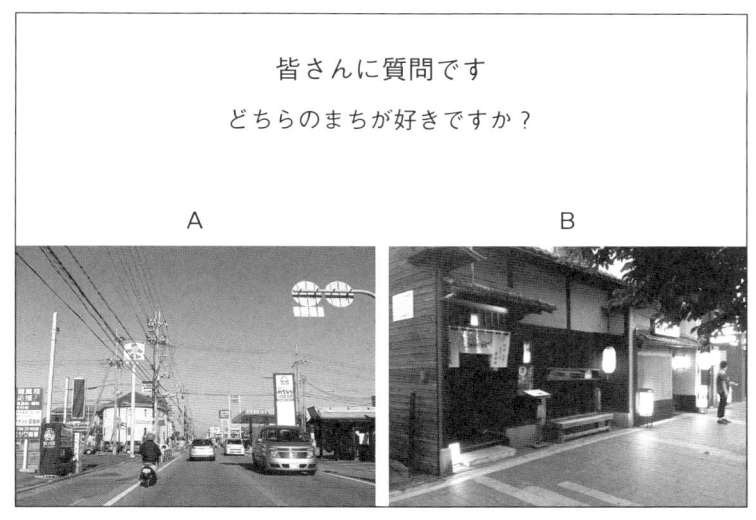

第 4 章　コンパクトシティを志向した都市政策

図 4 - 1　どちらのまちが好きですか？

　バイパスであるからAの道路は自動車が走りやすい空間であり，Bの細街路は自動車が走行できる空間は極めて少ないか，あるいは通行はできないように見える。実際にAが良いとする少数の人々は自動車の走りやすさを評価していることが多い。一方でBはゆっくりと歩くことができることを評価している場合が多い。

　しかし，それだけがAとBのまちの違いではない。Aの写真に並ぶ店舗群は駐車場を備えたロードサイド型のファストフード店，ガソリンスタンド，コンビニエンスストアである。高速で走行する自動車からの視認性を高めるために看板は大きく，色彩も原色に近い。歩道はあるが，そこを歩く人の姿は見えない。一方，Bの写真では店舗の間口も小さく，巨大な看板の姿はない。それに変わって提灯と暖簾が店舗の目印になっている。歩行者にとっては大き過ぎる看板よりも，提灯程度の大きさの方が認識しやすい。だから長年の経験を踏まえて，大き過ぎる看板などは出されることがない。こうしたまちの景観と，その景観を支える人々の生活感について，多くの人々は直感

的に理解をしてBが支持されているものと考えられる。

AもBも我々が創ってきた都市の一部である。しかし，高度経済成長期以来，我々が創り続けてきたまちはAである。なぜ，多くの人たちが魅力あると支持をするBではなくAを創り続けてきたのだろうか？

（2）モータリゼーションの進展＝都市構造の変化

現在の都市構造を規定している背景にはモータリゼーションの進展がある。先ず，その過程を概観したい。

我々の移動を支える交通手段は，徒歩，自転車・バイク等の二輪車，自動車，バス，鉄道等がある。日本の近代以前の都市では徒歩を中心に水運や牛・馬等が主要な交通手段であった。明治以降の近代化の進展と人口の都市集中により，人々を運ぶために強力な輸送力を持つ鉄道のネットワークが発展し，同時に駅を中心とした商店街や盛り場も形成されてきた。

そして第二次世界大戦以降，特に高度経済成長期には自動車の普及が進み，人々の生活を支える主要な交通手段は鉄道から，次第に自動車に変化していくことになった。

図4-2は軽自動車を含む自動車登録台数である。これより，1965（昭和40）年には6,985千台であったが，2010（平成22）年には78,693千台となり71,700千台の増加となっている。実に11倍もの増加である。また，2010（平成22）年の世帯数は51,950千世帯であるから1世帯に1.51台の自動車を保有していることになる。

自動車は個人単位での移動が可能であるから，ドア・ツー・ドアで目的地まで行くことができ，出発や到着時間も自身でコントロールができ，少々の荷物も運搬が可能，移動中の車内の居住性も高い交通手段である。すなわち距離の克服を便利で快適に行うことができる点で鉄道・バス等の他の交通手段にはない長所を持っている。こうした利便性を基本的な性能とする自動車に憧れて多くの人々が保有をするようになったのである。

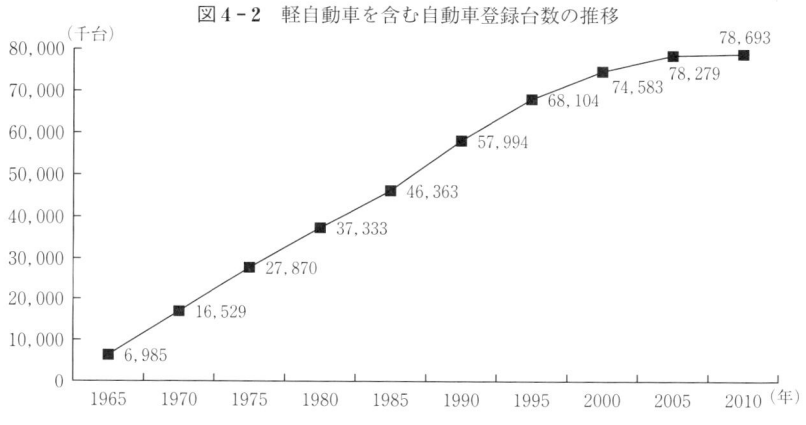

第4章　コンパクトシティを志向した都市政策

図4-2　軽自動車を含む自動車登録台数の推移

(千台)
- 1965: 6,985
- 1970: 16,529
- 1975: 27,870
- 1980: 37,333
- 1985: 46,363
- 1990: 57,994
- 1995: 68,104
- 2000: 74,583
- 2005: 78,279
- 2010: 78,693

出所：国土交通省（2014）「自動車検査登録情報協会資料」より筆者作成。

　また，自動車の持つ利便性を阻害するものが渋滞である。道路の交通容量以上に通行する台数が増加することで渋滞が発生する。渋滞が発生すると移動時間の遅れ，運転者のストレスの増加，交通事故の増大等の問題が発生する。国土交通省（以下，国交省）では，渋滞によって失われる損失は1年間に約12兆円と算定している[1]。これだけの国民的な損失を解消するために政府は道路特別会計を財源として道路整備を進めてきた。

　自動車が渋滞なく走行できるためには広幅員の幹線道路の整備を進めるとともに，渋滞の原因となる人々や施設が集中する都市構造から，自動車が走りやすく渋滞が発生しない低密度な市街地が拡がっていく方が望ましい。

　また，自動車を保有する人々にとっては，保有に伴いガレージが必要となる。地価の高い都市内で諸施設が密集した環境の中でガレージを確保するよりも，地価の相対的に安価でゆったりとした環境の郊外の住宅地でガレージを備えた戸建て住宅を持つことが望ましいと考える人々が増加し，そうした人々の受け皿として郊外の幹線道路沿いに多くのニュータウン等の郊外住宅地が整備された。住宅地だけではない。中心市街地に立地していた病院，市役所，図書館等の行政施設や民間事業所等も手狭になり建て替え等を契機と

して郊外に移転することが多くなった。この結果，人口や様々な施設が都市の郊外部に拡散していくことになった。それだけではない。こうした幹線道路沿いは広大な敷地を確保できるために，巨大な駐車場を持つ大型の郊外型ショッピングセンター等の立地も進んできた。人口と諸施設の郊外化の結果，中心市街地は空洞化し閉店した店舗跡地は駐車場になる。

郊外住宅地の居住者は，通勤だけなく買物等の様々な日常生活も自動車の利用を行う人々が主流となる。

こうした一連のプロセスがモータリゼーションである。すなわち，モータリゼーションとは自動車の所有数が増加していくだけでなく，自動車型のライフスタイルの進展，都市構造の郊外化＝自動車化までを含んだ概念であるということができる。

こうしたモータリゼーションの進展の結果，図4－1のAのようなまちが全国の都市周辺部を中心に形成されていくことになった。我々は便利で快適な自動車を利用する生活を進めたことにより，Aのまちを創り出してきたのである。

渋滞問題を解消するために選択をすることになった都市の郊外化は，中心市街地の空洞化，公共交通の利用者減少に伴う衰退等の多くの都市問題を我々に突きつけることになった。これが図4－1のBのようなまちが減少していく背景にある。

こうした状況に加えて，近年の高齢社会と人口減少社会の到来である。かつてのニュータウンはオールド・ニュータウンとなり人口の新陳代謝が進まずに高齢者が多く住む地域となり，自動車の運転が加齢により困難になる人たちの増加でコミュニティバス等の新たな方式の移動支援が必要となっている。

また，過疎地では既に一般的な用語となった限界集落となる地域が拡大している。こうした地域を中心に既成市街地の周辺部でも，公共交通のサービスが疎な地域に住む自動車を運転できない障害者や高齢者，自動車を持つこ

とができない人々は日常生活を支える買物をすることも困難な「買物難民」となる人々も増加をしている。買物難民となる人々は日常生活を支える施設がない地域において、交通を支える適切な手段を持たないことで発生する。買物難民の人々を取り巻く不安3Kというものがある。健康に対する不安、経済に関する不安、そして孤独である。こうした人々を経済産業省では「買い物弱者」と呼び600万人程度の人たちがいると推計している[2]。

さらに、自動車中心の交通を行うことで二酸化炭素の排出量が増加し環境負荷が大きくなることや、座ったままでの自動車運転による消費カロリーの減少による健康への影響等のモータリゼーションの影響は都市だけでなく、我々の日常生活にも大きな影響を及ぼしている。

3 モータリゼーションの進展と交通の実態

(1) モータリゼーションと交通行動

交通の実態を把握するために、国交省が中心となって様々な調査が行われている。ここでは、1日の人の動きを交通の目的ごとにトリップという概念で把握するパーソントリップ調査（以下、PT調査）のデータを用いてモータリゼーションの進展について確認をする。

図4-3は、1980（昭和55）～2000（平成12）年の京阪神都市圏交通計画協議会が実施したPT調査[3]から人々が交通を行う場合に如何なる手段を使っているのか（代表交通手段という）の割合（分担率という）を示したものである。

これより1980（昭和55）～2000（平成12）年の代表交通手段の推移をみると、最も増加しているのは自動車の分担率であり19.8％から31.7％に増加していることが分かる。一方で最も減少しているのは徒歩であり、37.6％から24.4％にまで減少している。また、鉄道の代表交通手段分担率は大きな変化がない。バスは元々が4.4％と少なかったが2.8％と減少している。二輪車は少し増加している。これより、1980（昭和55）～2000（平成12）年までの20年

第Ⅰ部　社会的孤立防止のための政策連動

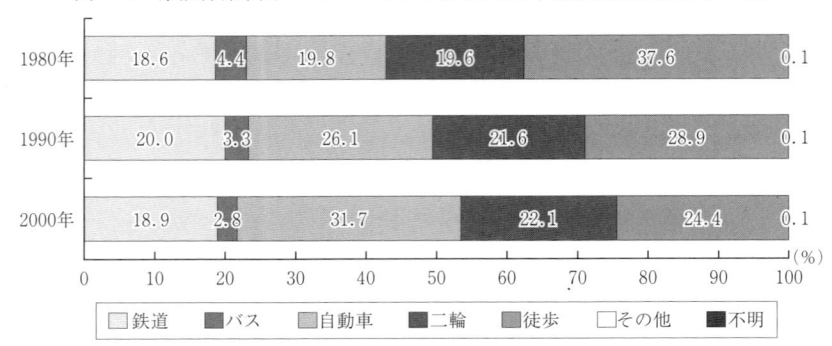

図4-3　京阪神都市圏パーソントリップ調査による代表交通手段分担率の推移

年	鉄道	バス	自動車	二輪	徒歩	その他	不明
1980年	18.6	4.4	19.8	19.6		37.6	0.1
1990年	20.0	3.3	26.1	21.6		28.9	0.1
2000年	18.9	2.8	31.7	22.1		24.4	0.1

出所：京阪神都市圏交通計画協議会（2012）「平成22年の京阪神都市圏における人の動き——第5回パーソントリップ調査結果から」14頁。

間に人々の交通行動において歩くことが減り，徒歩から自動車の利用に転換してきたと考えられる。このことは，近所の店舗に歩いて買物に行っていた人々が，その店舗に自動車で出かけるようなったというだけではない。歩いて行くことができる範囲にあった店舗に歩いて出かけるのではなく，駐車場を備えたショッピングセンターに自動車で買物に行くような行動変化があったから，これだけの変化が生じたものであると考えられる。既にみてきたようにモータリゼーションの進展の結果，都市構造が自動車型になることにより，自動車交通の分担率が増加し，そして徒歩で交通を行う割合が減少することになる。

京阪神都市圏は日本の中でも，公共交通の整備が進んでいる地域であるために鉄道やバスの分担率が高い。そのため自動車の分担率が増加傾向にあるとはいえ3割程度である。

これが地方都市圏になると，自動車の分担率はさらに高くなる。

京阪神都市圏よりも，公共交通整備が乏しい状況にある人口40万人の富山市並びに隣接する高岡市のPT調査の結果を見ると図4-4に示すように，1999（平成11）年の調査で自動車の分担率はなんと72.2％にもなっている。富山高岡都市圏は自動車が交通手段の中心となった都市構造であることが分

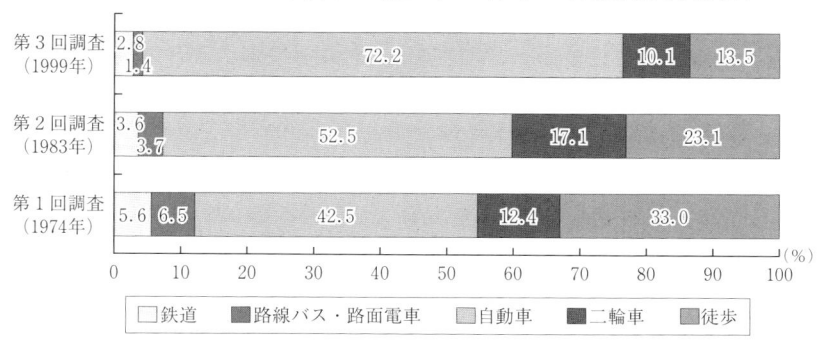

第4章　コンパクトシティを志向した都市政策

図4-4　富山高岡広域都市圏 PT 調査（1999年）による代表交通手段分担率

調査	鉄道	路線バス・路面電車	自動車	二輪車	徒歩
第3回調査（1999年）	2.8	1.4	72.2	10.1	13.5
第2回調査（1983年）	3.6	3.7	52.5	17.1	23.1
第1回調査（1974年）	5.6	6.5	42.5	12.4	33.0

出所：富山高岡広域都市圏総合都市交通体系調査会（2001）「富山高岡広域都市圏の人の動き――富山高岡広域都市圏第3回パーソントリップ調査から」11頁。

かる。また，その推移を見ると1974（昭和49）年からの25年間で自動車の分担率が29.7ポイントも増えた一方で，徒歩が33.0％から13.5％に減少していることが目立つ。

（2）公共交通の危機

　鉄道やバスなどの公共交通は人口密度の高いエリアを結んで運行することで多くの利用者を効率的に運ぶことができ，収益性も向上する。しかし，これまでみてきたようにモータリゼーションの進展による低密度な都市構造が拡大していくと，鉄道やバス等の公共交通の利用者数は減少（分担率が減少）する。さらに日本が直面する課題として総人口の減少や，高齢者の増加が進行している。このことも公共交通を利用する人々の減少に作用する。利用者が減少すると運賃収入も当然減少する。

　日本の公共交通の事業主体は自治体が運営する公営交通を含めて企業会計となっているため決算によって収支が明確になる。従って赤字が続くと路線を維持することが困難になる。国交省によると2010（平成22）年に全国の乗合バス事業者は全国で254社であるが，このうちの186社（73.2％）が赤字となっている[4]。ほとんどの事業者は赤字でバスの営業を続けているのが現状

第Ⅰ部　社会的孤立防止のための政策連動

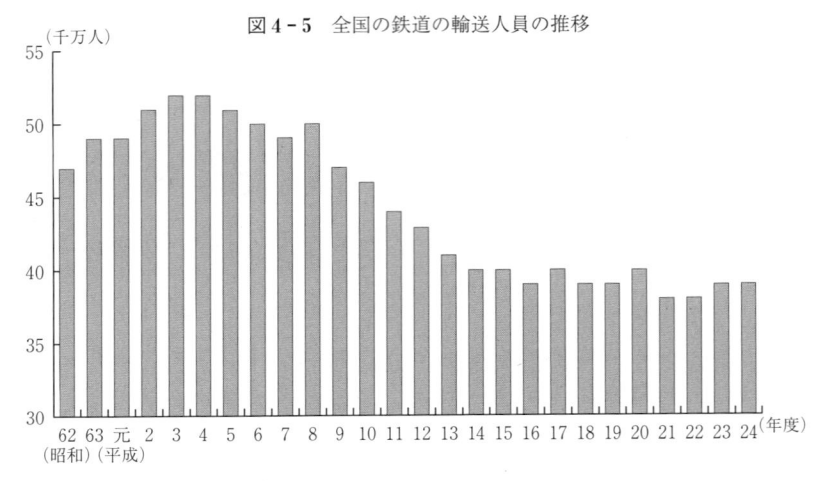

図4-5　全国の鉄道の輸送人員の推移

資料：鉄道統計年報及び鉄道局調べによる。
出所：国土交通省（2013）「公共交通の現状等について」7頁。

である。また鉄道の利用者数についても図4-5に示すように減少を続けている。

　利用者が減少すると，運賃収入は当然ながら減少する。その際に路線を維持するためにはコストの削減を行うことになる。削減できるコストに余裕が無くなれば供給されるサービス水準を下げることになる。サービスが低下すると，また利用者数が減少する。こうした「負のスパイラル」の状況が続くために路線の廃止や交通事業者の倒産などが増加しつつあるのが現状である。

　公共交通が廃線すると地域でも弱い立場の人々に強く影響する。運転免許を持つことができない高校生までの人々や，運転することが困難な高齢者，何らかの理由で自動車を持つことができない人々が利用できる交通手段は公共交通と自転車と徒歩である。その公共交通がこうした厳しい状況となっている。

4 交通行動の変化と、それからみえること

　モータリゼーションの進展により、自動車が走りやすい低密度な市街地が拡大する経過を示した。その結果、徒歩での移動が減少し、公共交通の利用者も減少傾向にあることも把握することができた。

　しかし、近年では高齢者や働き盛りの年代の人々の交通行動に変化の兆しがみえてきた。すなわち、高齢者の外出や交通行動が増加傾向にある一方で、働き盛りの年代の人々の外出や交通行動が縮小傾向となりつつある。都市構造はモータリゼーションの時代と変わらずに郊外化したままであるが、人々の交通行動が変化することで様々なミスマッチが生じていることが考えられる。

　ここでは、近畿圏PT調査の結果を基に人々の交通行動の変化を確認し、そこから見える人々の生活について考察する。

（1）外出率の変化

　外出率とはPT調査の調査対象日に1度でも外出をした人が総人口に占める割合のことである。図4-6は近畿圏PT調査の集計で算出された外出率である。左の棒グラフより、1980（昭和55）～2000（平成12）年までの外出率は83～82％で大きく変わることがなかった。しかし、2010（平成22）年には79.9％とこれまでよりも外出をしない人々が増加していることが把握できた。

　では、どのような年代の人々の外出率が変化しているのか。それを示したものが図4-6右側の折れ線グラフである。

　これより、65歳以上の人々の外出率が年度を経るごとに次第に増加していることが分かる。これは、元気な高齢者が増加していることで様々な目的を持って外出する人の割合が増加しているというように考えられる。

　ただ、それだけでない。多世帯で居住する高齢者の割合が減少傾向にあり、

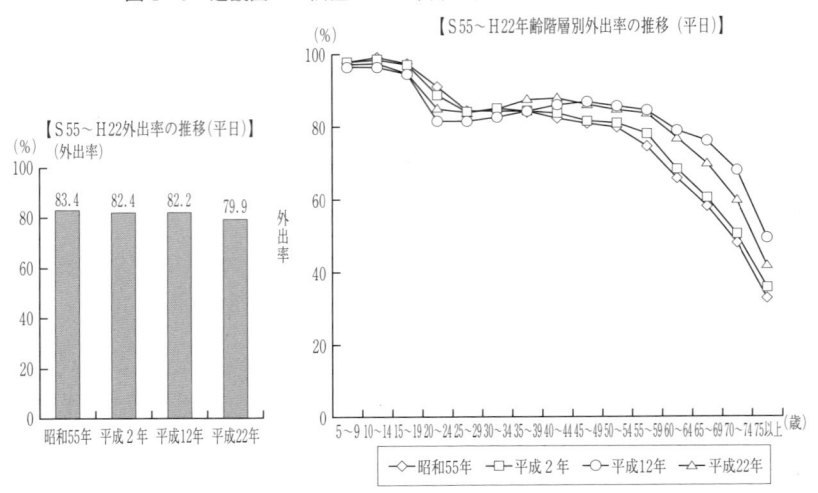

第Ⅰ部　社会的孤立防止のための政策連動

図4-6　近畿圏PT調査による年齢階層別外出率の推移（平日）

出所：京阪神都市圏交通計画協議会（2012）「平成22年の京阪神都市圏における人の動き——第5回パーソントリップ調査結果から」8頁。

　高齢夫婦のみの世帯や単身世帯が増加することにより，これまでは息子夫婦等が支えてくれていた日常の買物等についても自らが出かけることにより外出率が増加しているように考えられる。

　元気な高齢者による外出増加は，健康維持という面からも望ましいことであると考えられる。しかし，支える人が少ないことによる外出率の増加については，その次の段階では支える人がいなくて外出ができない高齢者が存在することになる。そのため，こうした人々への支援の方策を早急に検討しておく必要がある。

　また図4-6から，20～30代の働き盛りの年代の人の外出率がやや減少していることが分かる。この年代の外出率が減少していることが影響して，2010（平成22）年の全体の外出率が以前の調査結果に比べて減少している。

　次に図4-7は休日の外出率をみたものである。高齢者は2010（平成22）年と2000（平成10）年では大きな差がない。しかし，10～40代までの広範な年

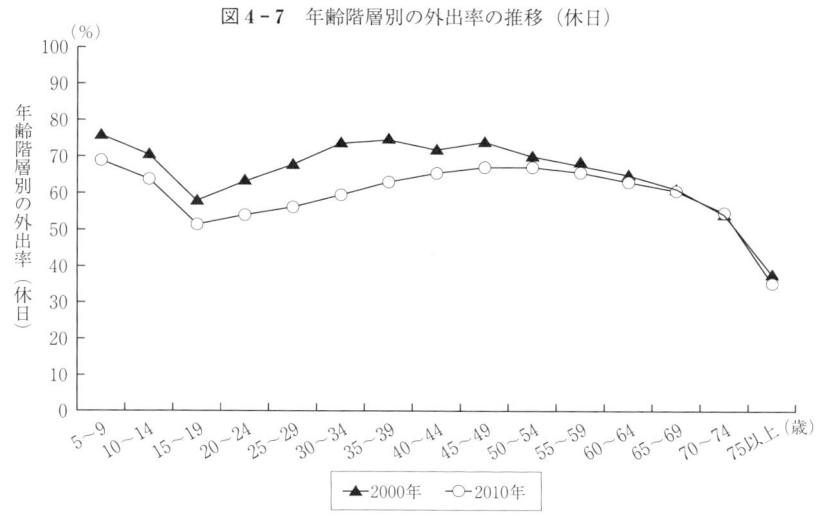

図4-7　年齢階層別の外出率の推移（休日）

出所：土井ほか（2012）より筆者作成。

齢階層において2010（平成22）年の外出率が大きく減少している。特に20～39歳までの年代の人たちの外出率の減少が著しい。これらの年代の人々は，休日には4割程度が外出しないで生活をしていることが分かる。

　高齢社会を支えるのは20～30代の人々を中心とする働き盛りの年代である。こうした年代の人々がアクティビティ高く活動をすることで，経済活動をはじめとする社会的な仕組みが動き出し，福祉や地域の安全等が支えられることになる。ところが，ここでみたように20～30代を中心とする人たちの外出率が減少傾向になっている。こうした働き盛りの年代の人々が外へ出ない傾向は今後の社会の安定に関して大きな課題になる畏れがある。

　そこで，この問題を掘り下げるために人々は，どのような目的や手段で交通行動を行っているのかを明らかにする。

（2）生成原単位の分析

　生成原単位とは，1人のヒトが1日に何トリップの交通行動を行ったのか

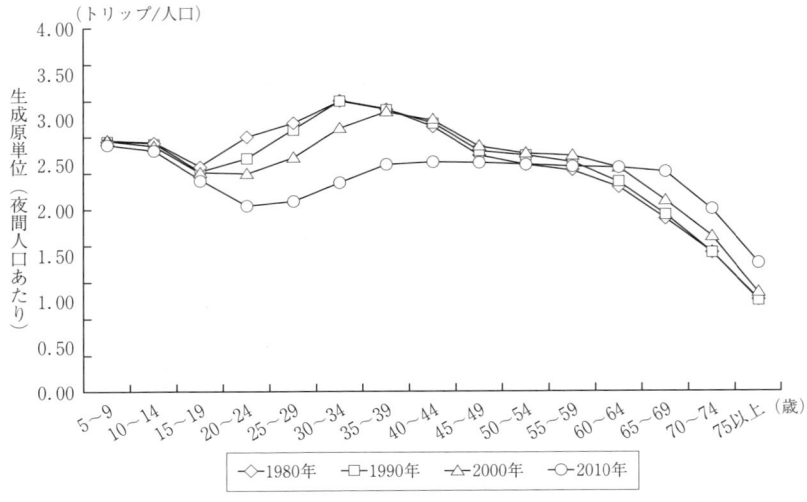

図4-8　近畿圏PT調査による年齢階層別生成原単位の推移（平日）

出所：京阪神都市圏交通計画協議会（2012）「平成22年の京阪神都市圏における人の動き——第5回パーソントリップ調査結果から」10頁。

を把握するものである（実際には人口1人当たりのトリップ数で算出する）。トリップは交通を捉える単位で，出勤や買物等の目的を持って起点から終点へ移動する際の，一方向の移動を表す概念であり，交通量を把握する単位のことである。

図4-8は1980（昭和55）～2010（平成22）年までの生成原単位（平日）の推移をみたものである。これより，外出率と同様に高齢者で生成原単位が大きくなる傾向があることと，20～44歳頃までの働き盛りの年代の人々の生成原単位が前回以前と比べて小さくなっていることが分かる。特に生成原単位の近年の減少傾向は外出率（図4-7）に比べても顕著なものとなっている。これから働き盛りの年代の人々は外出が減少傾向にあり，外出をした場合でも多くのトリップ（交通行動）を行わない傾向になっていることが分かる。

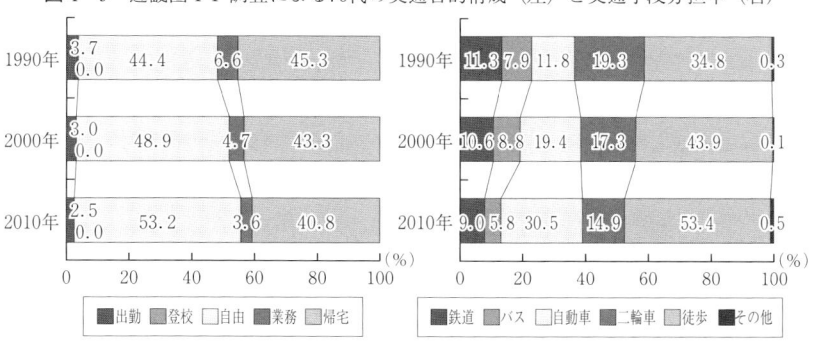

第4章　コンパクトシティを志向した都市政策

図4-9　近畿圏PT調査による70代の交通目的構成（左）と交通手段分担率（右）

1990年	3.7 / 0.0	44.4	6.6	45.3
2000年	3.0 / 0.0	48.9	4.7	43.3
2010年	2.5 / 0.0	53.2	3.6	40.8

凡例：■出勤　■登校　□自由　■業務　■帰宅

1990年	11.3	7.9	11.8	19.3	34.8	0.3
2000年	10.6	8.8	19.4	17.3	43.9	0.1
2010年	9.0	5.8	30.5	14.9	53.4	0.5

凡例：■鉄道　■バス　□自動車　■二輪車　■徒歩　■その他

出所：京阪神都市圏交通計画協議会（2013）「近畿圏PT調査集計資料」。

（3）高齢世代と働き盛り世代で異なる交通目的や交通手段の構成

1）高齢世代の交通行動の変化

さらに交通行動を分析するために、交通目的や交通手段分担率について集計を行った。高齢世代の代表として70代の高齢者の交通目的構成と交通手段分担率をみたものが図4-9である。

これより、交通目的構成をみると70代の人々は20年前、あるいは10年前に比べると自由目的の交通行動が増加している。ここで自由目的には、買物・食事・娯楽等だけでなく通院など生活関連のトリップが含まれている。2010（平成22）年には交通全体の半数以上を自由目的の交通が占めるようになっている。

また、交通手段分担率から、自動車利用の割合が急速に増加する一方で、徒歩や鉄道の分担率が大きく減少していることが分かる。自動車利用の割合が増加している背景には、以前の高齢者では女性を中心に運転免許証を持たない人々が多く存在したが、近年は若い頃に免許を取得した人々が次第に高齢者になり、その人々が自動車利用を続けていることがあるものと考えられる。

表4-1は富山市の男女別・年齢階層別に2004（平成16）～2014（平成26）

表4-1 富山市の性別・年齢階層別の免許取得率の推移

富山市				
	2014年		2004年	
年齢区分	男	女	男	女
16-19	21.5%	19.9%	30.3%	24.0%
20-29	91.2%	90.4%	95.3%	94.4%
30-39	96.4%	96.9%	97.6%	98.3%
40-49	97.4%	96.5%	97.7%	93.2%
50-59	97.2%	92.5%	95.8%	78.0%
60-69	95.0%	76.7%	91.6%	43.6%
70-79	86.4%	36.8%	73.4%	11.4%
80-	49.3%	5.1%	31.5%	0.8%

出所：富山市資料。

年までの免許取得率の推移をみたものである。これより，近年では特に女性の50歳以上の人々の免許取得率が高くなっていることが分かる。

　高齢社会になると高齢者は自動車の運転ができなくなるので，バスや鉄道などの公共交通が必要となるといわれてきた。また，各地のバリアフリーに関する会議や，公共交通に関する会議に参加すると，地域の人々から，自分は現在は健康で自動車の運転ができるからバス等を利用することはないが，将来に運転ができなくなると外出に困るので，バスを残してほしいという意見を何度も耳にする。

　ただ，図4-9をみると70代でも自動車を運転している人々が多く存在することが分かる。これに関して，2つの点に注意が必要である。一つは高齢ドライバー問題である。加齢にともない運動能力や認知能力が低下しても運転を続ける人々がいる可能性があるということである。ここでは，本人は運転することは大丈夫だと判断しても，実は危険な運転をしている場合が問題となる。こうした現象については個人差が大きく一律に制度で対応することは容易ではないが，交通事故等の予防の意味から，免許証更新時の対応策の充実，免許返納制度等の充実等を推進することで，こうした人々への対応策

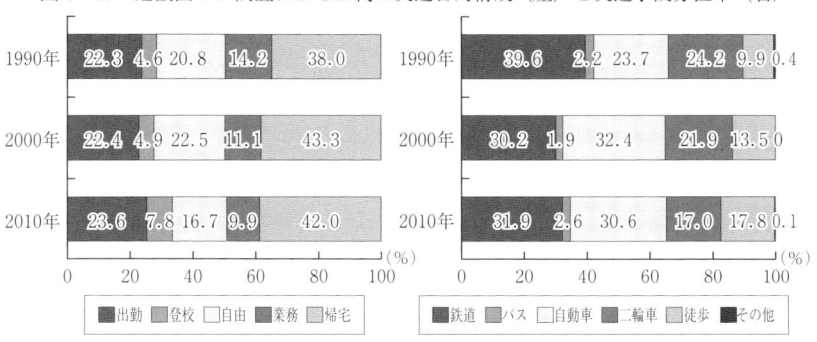

第 4 章　コンパクトシティを志向した都市政策

図 4 - 10　近畿圏 PT 調査による20代の交通目的構成（左）と交通手段分担率（右）

1990年　出勤 22.3　登校 4.6　自由 20.8　業務 14.2　帰宅 38.0
2000年　22.4　4.9　22.5　11.1　43.3
2010年　23.6　7.8　16.7　9.9　42.0

1990年　鉄道 39.6　バス 2.2　自動車 23.7　二輪車 24.2　徒歩 9.9　その他 0.4
2000年　30.2　1.9　32.4　21.9　13.5　0
2010年　31.9　2.6　30.6　17.0　17.8　0.1

■出勤　■登校　□自由　■業務　□帰宅
■鉄道　■バス　□自動車　■二輪車　□徒歩　■その他

出所：図 4 - 9 と同じ。

を準備する必要がある。

2つ目には，免許証を返納したくても他に自動車に替わる交通手段がない場合に自動車の運転を継続せざるを得ない人々の存在である。自動車を運転することで買物難民にならずにすむ人々である。前節で公共交通の衰退について言及したが，こうした人々も増えている可能性がある。そして，こうした人々に対しては自動車を持たなくても生活ができるようにコミュニティバスの整備等交通の確保だけでなく，歩いて生活ができるよう生活関連施設の配置，あるいはこうした施設が整備されている市街地への移転等の政策を組み立てる必要がある。

2）　働き盛り世代の交通行動の変化

次に働き盛り世代の代表として20代の交通目的構成と交通手段分担率の推移をみたものが図 4 -10である。

20代の人々の交通目的構成では自由目的の交通の割合が16.7％と大幅に低下している。70代の人々の自由目的の割合が53.2％であったのとは大きく異なる。

一方で出勤・登校目的や帰宅目的（帰宅目的は，出勤等のトリップで外出した際の折り返しとして発生するので，これ自身が目的となることはない）の割合は増

加している。これから20代の人々は出勤等必要不可欠な移動は行うものの，自宅から勤務先との往復だけの交通を行う人々が増えている。そして，勤務先からの買物や交流（これらは自由目的の交通となる）等の多様な移動が減少する傾向となっていることが分かる。既にみてきたように働き盛り世代の生成原単位が減少している背景には，ここでみるように自由目的の交通の減少が影響しているのである。

次に20代の人々の交通手段分担率をみると，2010（平成22）年は自動車利用の割合が10年前に比べて9ポイントも減少して23.7％となっている。また，徒歩の割合も減少している。一方，鉄道利用の割合も10年間で9ポイントも増加して39.6％となっている。さらに二輪車の割合も24.2％と増加している。また，先にみたように70代の高齢者の人々の自動車の分担率は30.1％であるが，20代の人々は23.7％であり，高齢者の方が自動車を使う割合が大きくなっていることが明らかとなった。

ここで見たように20代の人々では鉄道・二輪車の分担率が自動車の分担率を越えている。これは，今までの交通政策の基本的な考え方に対して再考を促すほどのインパクトがある。

これまでの30年間のPT調査の結果からは，モータリゼーションの影響で自動車の分担率が増加し，徒歩が減少することと，鉄道や二輪車が自動車の分担率を超えることがなかった。しかし，ここでみたように年代別に分析を進めると20代の人々の交通行動はこれまでのPT調査で把握されてきた交通行動の傾向とは大きく異なっていることが明らかになった。

その背景には，表4－1にあるように自動車の分担率が7割の富山市でも20～29歳の人たちの運転免許証取得率が2004（平成16）～2014（平成26）年の10年間で約95％であったものが約90％に低下していることからも推測ができるように，そもそもこの年代の人々の自動車離れが進んでいるのが関係している。

免許取得率の低下等の一因には年収の低さがあると推測できる。「国民生

活基礎調査」(2012年)の平均所得によれば,29歳以下では171.6万円,30〜39歳でも180.9万円という年収になっている。普通車を保有すると車両の費用にガソリン代,税金,車検費用,保険料,維持管理費等が必要となりコンパクトカーで年間50万円程度[5]が必要であるとされている。さらに,免許取得に関しても費用がかかる。200万円足らずの年収で50万円の保有費用を負担して,自動車を持つには余程の強い動機がないと容易ではない。

若者・働き盛り世代の運転免許取得率の低下傾向は,ここで例示した富山市だけではない。日本の多くの地域で同様の傾向となっている。運転免許証は,自動車の運転だけでなく,雇用機会の選択肢を拡大するツールでもある。従って,運転免許証を持たない人々の増加に対して,これからの雇用や所得の動向,社会を支える方策を考える上でも,今後なんらかの施策展開が必要となる可能性がある。

なお,「若者のクルマ離れ」と言われ自動車メーカーやディーラーはその対策に苦心しているが,ここでみてきたように若者の趣味嗜好が変わったから自動車を持たなくなったのではなく,(免許取得率の低下)×(若者の人口総数の減少)の掛け算によって,自動車保有可能な人々の実数が減少しているからである。

3)交通行動変化の意味——交通行動と都市構造との関係

また,図4-10をみると20代の人々の鉄道の分担率が増加していることが分かる。しかし,これは必ずしも実数で増加しているのではない。20代の総交通量が減少している中で,自動車の分担率が下がったことで相対的に鉄道の分担率が上昇したのである。そのため,鉄道・バス等の公共交通の収支は依然として厳しい状況であることに変わりはない。

ここで見てきた20代の人々は,これに続く10代等の世代の先頭集団にあたる。これからの時間の経過とともに,こうした交通行動を行う若者たちが社会の中心になっていく。その際にも,社会の活力や人々を支えあう力が持続していくための方策を今の間に考え,実行する必要がある。

短期的には,高齢者に対する外出支援策として自治体が出している高齢者パス(名称は様々であるが,高齢者が公共交通を利用する際に運賃が割引される制度)のように,若者・働き盛り世代への外出支援策として運賃低減化策が考えられる。若者・働き盛り世代が外出を重ね社会的な活動を進めることで,地域社会が活性化すれば運賃低減化の原資も回収できることになる。そして,より本質的には外出支援だけでなく,外出先となる場所の魅力化や,そこにおける活動が魅力的であることが不可欠となる。まさにまちづくりをいかに進めるのかを考える必要がある。

モータリゼーションの進展により低密度な市街地が拡散していった。こうした都市構造を保持したままでは,ここでみたような高齢者,そして働き盛り世代の交通行動の大きな変化に対応することができない。交通行動の変化と低密度市街地の存在というミスマッチへの対応をすることが必要となる。

すなわち,これまでのように自動車に依存することなく,買物難民が発生しにくいように日常生活に必要なものは徒歩などで容易にアクセスができるような都市構造が期待される。また,様々な施設が市街地に集積することで,自動車を持たなくても公共交通の利用や徒歩で就業や人々との交流等の機会が得られるような都市であることが望ましい。

こうした都市のあり方が「コンパクトシティ」と呼ばれ,その実現が期待されるものとなっている。本章の冒頭の図4-1のBで示すような都市の姿が,コンパクトシティのイメージと重なるものである。

5 都市構造の再編——コンパクトシティへの試み

コンパクトシティは,中世ヨーロッパの諸都市のように城壁で都市域が囲まれ,中心部には広場があり,ここでは市(いち)が形成され人々が交流をする……というイメージであろう。こうした方向に現在の都市構造を再編することを意図して日本でも多くの都市で,その実現に向けた様々取り組みが

第4章　コンパクトシティを志向した都市政策

行われている[6]。また，京都市では2010（平成22）年1月に『「歩くまち・京都」憲章』を制定，新潟市で2012（平成24）年7月に「公共交通及び自転車で移動しやすく快適に歩けるまちづくり条例」が制定されている。これらの取り組みもモータリゼーションで郊外に低密度な市街地が拡散していったことに対して，コンパクトなまちづくりを推進する流れの一つであると考えられる。

ここでは，コンパクトなまちづくりを推進するために多様な施策に取り組んでいる富山市を対象にして，その実現過程に関する考察を行う。なお，ここで紹介するデータは特に断りがない限り，著者もメンバーである「富山市・市内電車環状線化の整備効果に関する研究会」（2010年～）で調査・集計されたものである。

（1）富山市のコンパクトなまちづくり

人口42万人を擁する富山市は，もともと広い平野に人々が散在して住んでいた。そのうえ日本の多くの地方都市と同様，道路整備を推進することで自動車利用を前提とすることで市街地が郊外に拡大していくことになった。

その結果，自動車の分担率が図4-4でみたように72.2％となり，日本の中核市の中でも自動車分担率の高い都市となった。この一方で15歳以上の市民の約3割が自由に自動車を使うことができない状況であり，移動の制約を受けていることが明らにされている[7]。この状況を放置すると，高齢化が進展することで移動制約者が増加することや，低密度な市街地が拡大することによる都市の維持管理費用等の行政コストの増大，そして中心市街地の空洞化の進行が懸念されることになった。また，中心市街地が空洞化することにより，市にとって貴重な財源となる固定資産税の減少など都市経営の視点からみても現状を放置することはできないと考えられていた。

こうした課題に対応すべく森雅志市長は2002（平成14）年の市長就任以来，「お団子と串のまちづくり」といわれる「公共交通を軸としたコンパクトな

表 4-2 富山市のコンパクトなまちづくりのための主要な施策群

公共交通の利便性向上
1. 富山港線路面電車化事業
2. 市内電車環状線化事業
3. 富山駅付近連続立体交差事業
4. 中心市街地コミュニティバス運行事業
5. 自転車市民共同利用システム
6. おでかけ定期券
賑わい拠点の創出
7. 市街地再開発事業
8. グランドプラザ整備事業
9. 地場もん屋総本店
まちなか居住の推進
10. まちなか居住推進事業
11. 市街地再開発事業による住宅整備

まちづくり」に取り組むこととなった。これは、徒歩圏の市街地（お団子）に日常生活に必要な機能を集積させ、これらのお団子を公共交通（串）でつなぐことで自動車を利用しなくても日常生活に必要な機能を利用することができるように都市構造を再編し、拠点集中型のコンパクトシティを形成するものである（図4-11）。

ただ、すべての人々をお団子の中に入れることまでは想定されてはいない。現在、公共交通が便利な地域（お団子）に住んでいる人口の割合が28％程度である。これを公共交通のサービス水準の向上で新たに公共交通が便利となる地域に住んでいる人々と、こうしたお団子になる地域に転居する人々を含めて約20年後には42％にすることが目標とされている[8]。

お団子と串のコンパクトなまちづくりを推進するために富山市では、公共交通の利便性向上策、中心市街地における賑わい拠点の創出、まちなか居住の推進等の多様な施策を推進している。表4-2は、その主なものをまとめたものである。

第 4 章　コンパクトシティを志向した都市政策

図 4-11　お団子と串のまちづくり

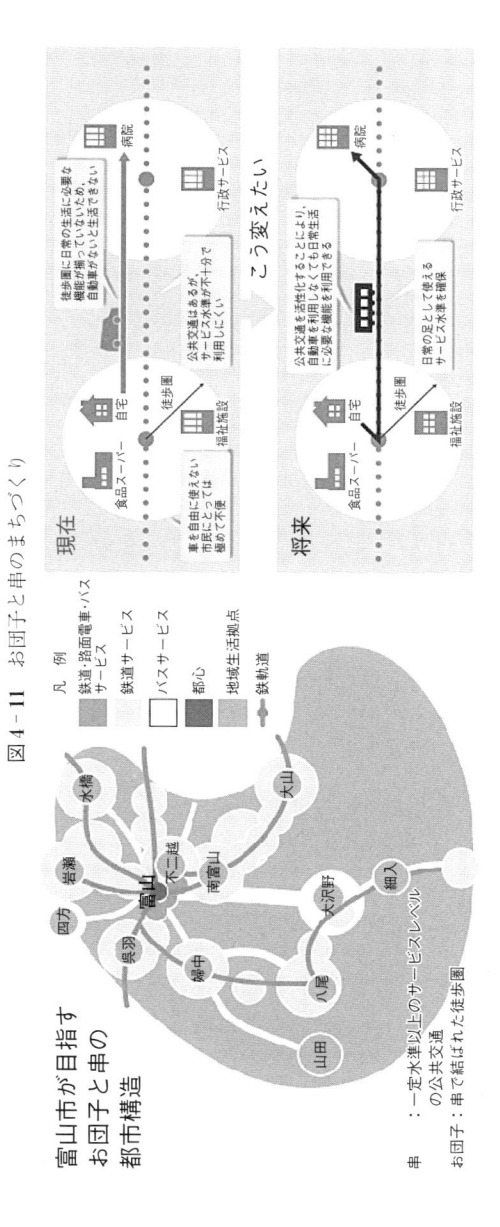

出所：富山市（2012）「富山市都市整備事業の概要」11-12頁。

主な施策のうち,「1.富山港線路面電車化事業」は,2006（平成18）年にJR西日本の富山港線を日本最初のLRT（Light Rail Transit, 新型路面電車）として整備した富山ライトレールのことである。「6.おでかけ定期券」は満65歳以上の市民を対象として,1,000円の負担金でこの定期券を持つと郊外と中心市街地間の公共交通の運賃を100円とするもので,都心部への来街者の増加と公共交通の利用促進を図るものである。「8.グランドプラザ整備事業」は中心市街地の中でも中央にある再開発事業で生まれたガラスの屋根に覆われた65m×21mの広場整備のことであり,市民参加型の多くのイベントが実施されている。「10.まちなか居住推進事業」は,市民向けには中心市街地の住宅取得に50万円/戸,賃貸住宅の居住には1万円/月（3年間）の補助を行うものであり,企業に対しては共同住宅の建設などに100万円/戸を補助を行うことで,お団子の地域への居住を促進するものである。

これらの施策群をみて分かるように,富山市のまちづくりは住民に対して何らかの強制的な方策を持って郊外からお団子である市街地への移転を進めるものではない。住民の自発的な意向を尊重し,「かしこく」お団子の地域を選択をしてもらうことで市街地への移転を促すことを意図しているものである。

（2）市内電車環状線化事業の整備効果

富山市では,お団子と串のコンパクトなまちづくりを推進するための施策群の中でも特に公共交通の整備をリーディングプロジェクトと位置づけ積極的な取り組みが行われている。その第1号が2006（平成18）年開業した富山ライトレールであり,市内電車環状線化事業は第2号にあたる。

こうした公共交通,特に軌道系の事業へ整備をリーディングプロジェクトとして推進する理由としては,軌道系の整備は電車が動いている姿を多くの市民が見ることになるだけでなく,実際に乗車が可能であるために施策の意味が分かりやすいことが考えられる。それに対して,土地利用規制の変更等

第4章　コンパクトシティを志向した都市政策

は効果の発現に時間を要することと，時間がかかるために普通の市民には変化の実感を感じることは容易ではない。そこで，市の取り組みをアピールするために，公共交通の整備をリーディングプロジェクトとして位置づけているのである。

ここでは，整備効果に関する調査が継続的に取り組まれている市内電車環状線化事業について考察を行う。

1）富山市の市内電車

富山市の市内電車は富山地方鉄道株式会社が経営する路線延長6.4 kmの路面電車である。JR富山駅を扇の要の位置として東南方向と西南方向に振り分けられ，中心市街地である総曲輪地域（丸の内電停～西町電停）を東西から挟むような形態となっている（図4-12）。停留所は20カ所，運賃は200円均一，日中の運行間隔は5～10分である。なお，2013（平成25）年5月には中心市街地における利便性向上のために新たに中町（西町北）の電停が整備された。

2）市内電車環状線化と利用状況

市内電車の全体の年間の利用者数は昭和50年代後半をピークに減少傾向が続き，富山ライトレールが開通した2006（平成18）年度の年間357万人から2008（平成20）年度あたりが最小となり，これを底として2009（平成21）年度からは市内電車環状線化の完了等によりU字回復を果たしている（図4-13）。

次に従来からある既存の市内電車と環状線の整備後の利用者数を調べたものが図4-14である。環状線の利用者数はこの図の各年度グラフの下段に濃い色で塗ったものが該当する。これより平日・休日ともに利用者数は約1,100人/日であり，開業4年間で安定して推移していることが分かる。また市内電車の既存系統は図4-13に示したように減少を続けていたが，環状線整備の効果を受けて平日では8,000～9,000人/日となり，2013（平成25）年度（8,430人）は2009（平成21）年度（7,253人）に比べて1,200人の増加。休日でも400人程度の増加となっている。環状線整備によって市内電車全体につい

図4-12　市内電車路線図

出所：富山市（2014年）「平成25年度市内電車環状線化整備効果把握調査業務報告書」2頁。

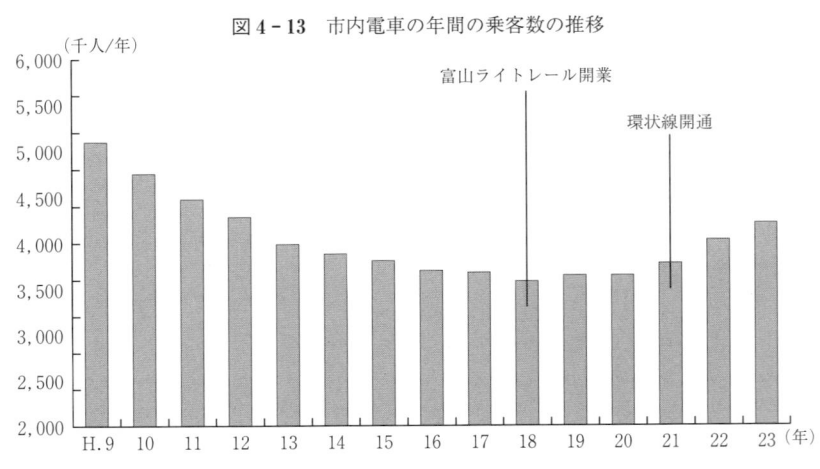

図4-13　市内電車の年間の乗客数の推移

出所：富山市統計書（各年度）。

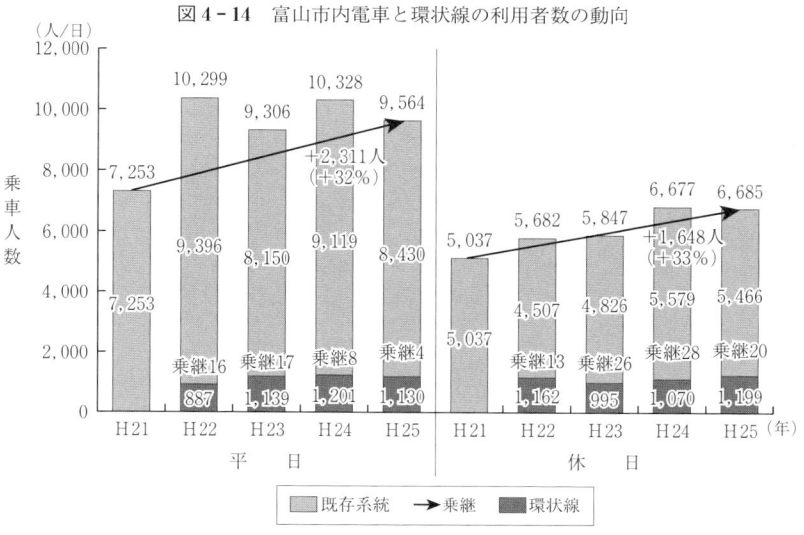

第4章 コンパクトシティを志向した都市政策

図4-14 富山市内電車と環状線の利用者数の動向

ては開業前と比較すると平日・休日とも3割を超える利用者数の増加となっている。

本章第2節で公共交通の利用者が減少傾向にあることを述べた。富山市の市内電車も全国的な傾向と同様に減少傾向にあったが、環状線化という路線の延伸に加えて、表4-2に示すような様々な中心市街地活性化の取り組みが功を奏して、ここで見るように利用者数が増加していることが確認できた。

では、利用者はどのような目的を持って環状線の利用を行っているのだろうか。これを確認したものが図4-15である。平日・休日とも買物・私用の利用が多数であり、次いで平日は通勤、休日は観光の利用が多いことが分かる。また平日の買物・私用は開業時に比べて増加しつつあり、2013（平成25）年には約1.4倍の増加となっている。中心市街地への買物等での利用が根付いて来たものと考えられる。

また、図4-16は環状線利用者の自動車や運転免許証の保有状況をみたものである。これより、平日・休日ともに「運転免許証を持ってない」人が約

第Ⅰ部　社会的孤立防止のための政策連動

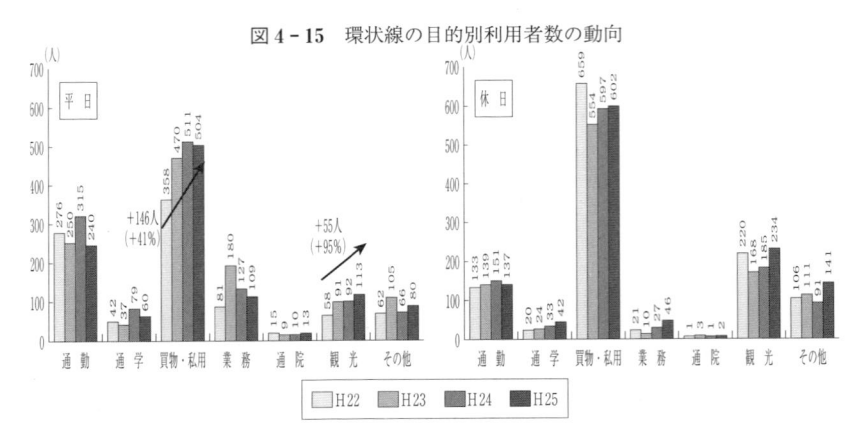

図 4 - 15　環状線の目的別利用者数の動向

図 4 - 16　環状線利用者の自動車と免許証の保有状況

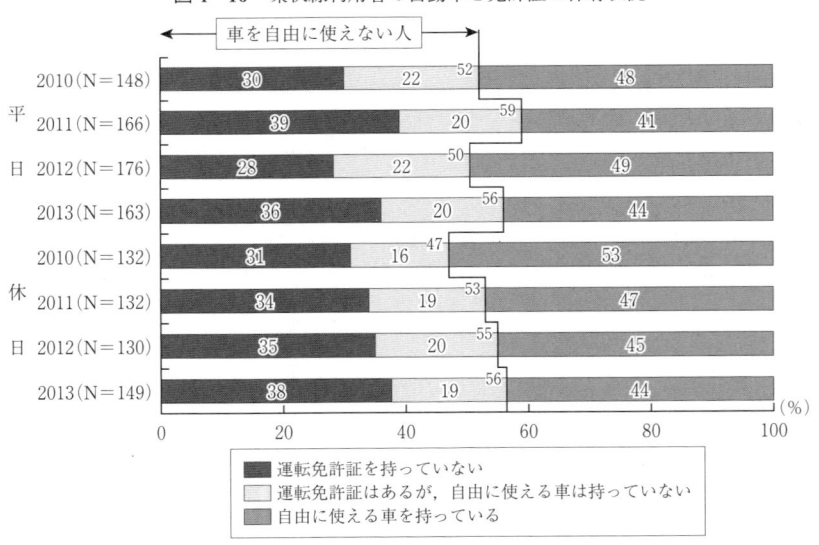

3 割,「免許証はあるが, 自由に使える車は持っていない」人が約 2 割, 合計で 5 割を越えている人々（自由に自動車を使うことができない人々）が環状線を利用していることが分かる。自動車を持たない人々の外出するための交通手段, あるいは外出の支援をしている手段として環状線が機能していること

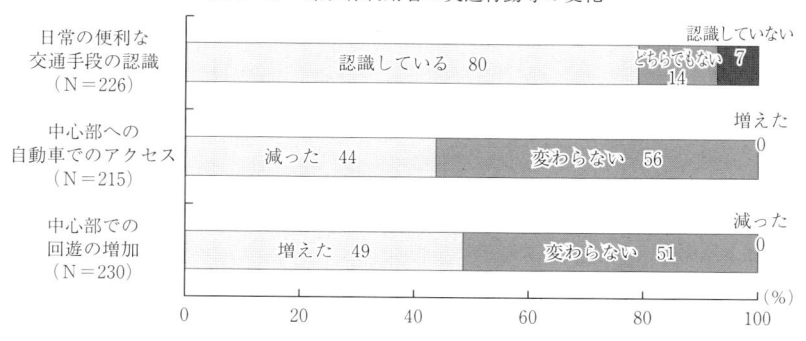

図4-17 環状線利用者の交通行動等の変化

項目	認識している/減った/増えた	どちらでもない/変わらない	認識していない/増えた/減った
日常の便利な交通手段の認識（N＝226）	認識している 80	どちらでもない 14	認識していない 7
中心部への自動車でのアクセス（N＝215）	減った 44	変わらない 56	増えた 0
中心部での回遊の増加（N＝230）	増えた 49	変わらない 51	減った 0

が分かる。

3）環状線利用者の交通行動や意識の変化

2013（平成25）年度には，環状線の利用者に対して，交通行動やまちに対する意識の変化について調査を行っている。

図4-17は環状線利用者の交通行動の変化を示したものである。これより，環状線について「日常の便利な交通手段」として認識している人々が80％と，利用者からは極めて高く評価されていることが分かる。自動車の分担率が7割の富山市でも，中心部（総曲輪地域，大手モール，富山駅前等の富山市の中心市街地）へのアクセスについては，環状線整備により自動車の利用が減った。自動車から環状線への利用交通手段の転換の可能性が高い人々が環状線利用者の中に44％もいることが明らかになった。また，まちの賑わいを創出するためには来街者の回遊時間の増加が重要である。この点でも，環状線利用者の5割は中心部における回遊が増加したと回答している。

次に図4-18は環状線利用者の生活行動や意識の変化についてまとめたものである。これより，中心部での「買物が増加」していると回答した人が環状線利用者の約半数となっている。また，一人での来街が増えた人々も52％となっている。自由に自動車を使うことができない人々が公共交通を使うことができない場合に，自動車による送迎をしてもらうことで移動の支援が得

第Ⅰ部　社会的孤立防止のための政策連動

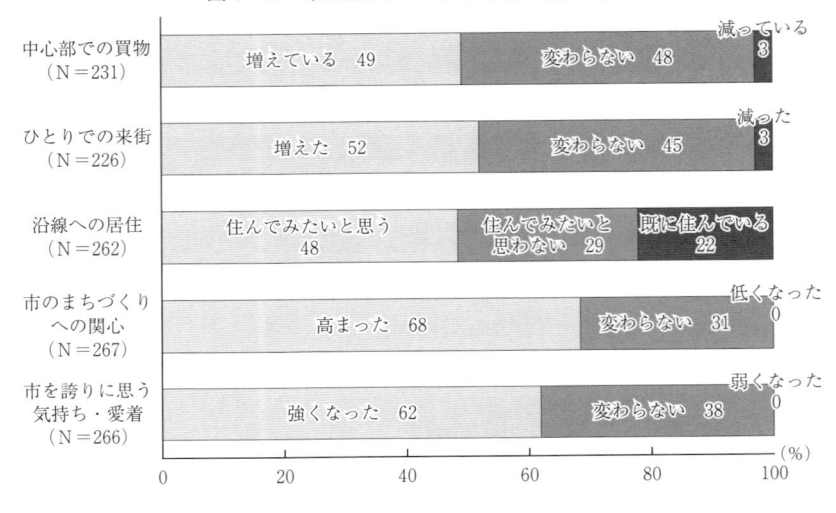

図4-18　環状線利用者の生活行動や意識の変化

項目	増加・肯定	中間	減少・否定
中心部での買物（N=231）	増えている 49	変わらない 48	減っている 3
ひとりでの来街（N=226）	増えた 52	変わらない 45	減った 3
沿線への居住（N=262）	住んでみたいと思う 48	住んでみたいと思わない 29	既に住んでいる 22
市のまちづくりへの関心（N=267）	高まった 68	変わらない 31	低くなった 0
市を誇りに思う気持ち・愛着（N=266）	強くなった 62	変わらない 38	弱くなった 0

(%)

られる場合がある。しかし，送迎は送る方も負担になる場合があるし，送迎をされる方も遠慮気味になり交通量が減少することが想定できる。そのために，自由な意向で利用が可能な公共交通の持つ意味・役割は大きなものがある。

また，「環状線の沿線に居住したい」と思う人々が約半数，「市のまちづくりへの関心」が高まった人が68％，「市を誇りに思う気持ち・愛着」の意識が高まったと62％の人々が回答している。環状線の整備は中心市街地への来街者を増やすことだけでなく，市のまちづくりに対して共感する人々を増やしていることが分かる。まさに，富山市が目指すコンパクトなまちづくりに対して環状線整備は人々の意識を変革するリーディングプロジェクトとしての役割を果たしていることが確認できる。

4）中心市街地における新規居住者の行動と意識

環状線整備などお団子と串の政策を実施することで中心市街地への人口の転入・転出の差を見たものが図4-19である。これをみると2008（平成20）年

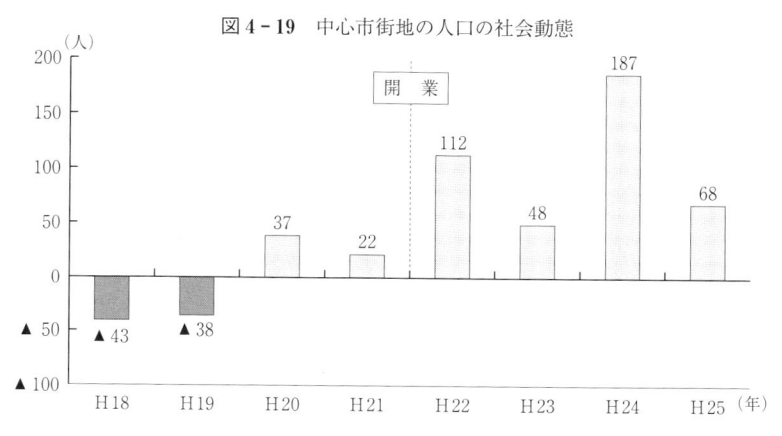

第4章　コンパクトシティを志向した都市政策

図4-19　中心市街地の人口の社会動態

(人)　開業

H18: ▲43, H19: ▲38, H20: 37, H21: 22, H22: 112, H23: 48, H24: 187, H25: 68

出所：富山市統計書（各年度）。

度には，それまでの転出超過から37名ではあるが転入超過に転換している。特に環状線開業後の2010（平成22）年度以降は，それまでよりも大きな転入超過となっていることが分かる。

2013（平成25）年度には，環状線整備やまちづくりに関する住民意識を把握するために，環状線整備前後の2008（平成20）～2013（平成25）年度に中心市街地に転入してきた人々を対象としたアンケート調査を行っている。

図4-20は，こうした新規居住者が転居前と比べて生活行動がどのように変化したのかについて把握したものである。交通行動については「日常生活で歩くこと」（59%），次いで「公共交通の利用」（40%）が増えている。また，「自動車の利用」については38%が減っていると回答している。

さらに買物等の行動では，「中心商店街での日常的な買物」で58%が増加，また「中心部でのイベント参加」についても46%が増えていると回答している。その一方で35%の人々が「郊外での買物」は減少していると回答している。

これより，新たに中心市街地に住む人々は，まちの中を徒歩で動き，自動車利用が減少して公共交通の利用が増加している。また，買物先も郊外から

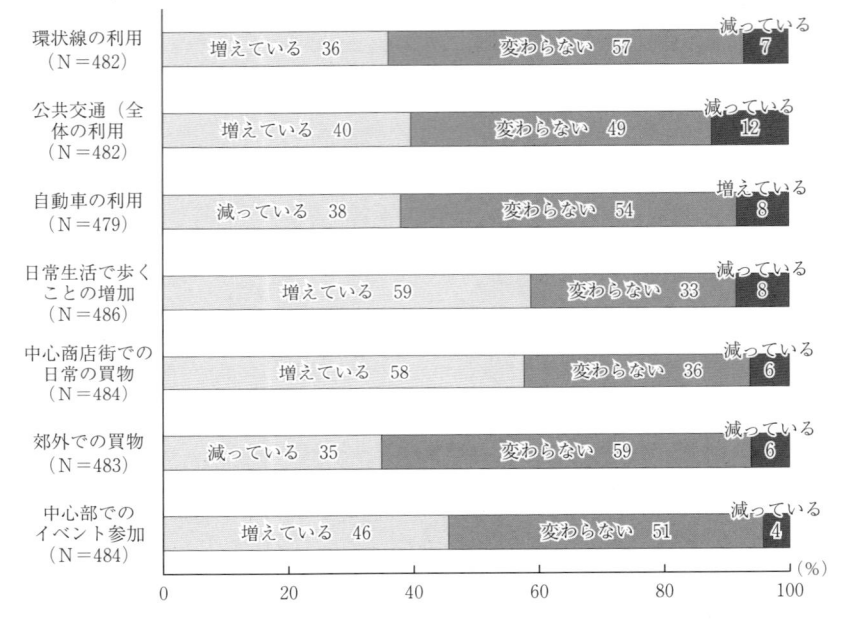

図4-20 新規居住者の生活行動の変化

項目	増えている	変わらない	減っている
環状線の利用（N＝482）	36	57	7
公共交通（全体の利用）（N＝482）	40	49	12
自動車の利用（N＝479）	減っている 38	54	増えている 8
日常生活で歩くことの増加（N＝486）	59	33	8
中心商店街での日常の買物（N＝484）	58	36	6
郊外での買物（N＝483）	減っている 35	59	6
中心部でのイベント参加（N＝484）	46	51	4

中心市街地の店舗になっている。まさに，お団子と串のまちづくりでイメージされている生活を実現していることがうかがえる。

（3）コンパクトなまちづくりの可能性

ここで富山市の取り組みについて紹介をした。次第に人々が中心市街地に目を向け，自動車利用から公共交通の利用にも転換しつつあることが明らかとなった。また，歩いてまちを楽しむことをライフスタイルとする人々も確実に増えている。夜間人口についても中心市街において転入超過が始まり出した。これらは，都市構造を転換するという壮大な課題から見ると微々たる事象に見えるかもしれない。

しかし，日本でモータリゼーションの進展がはじまり，都市構造の郊外に低密度な市街地が拡がり出した時期が1960（昭和35）年頃からだとすると，

郊外に巨大なショッピングセンターの開設が現在もまだ続いていることを考えると，この郊外化の圧力は弱まったとしてもまだ終わってはいない。郊外化の時代は実に40年間を超えている。

それに対して，富山市で，最初のリーディングプロジェクトである富山ライトレールが開業したのは2006（平成18）年である。本章をまとめている2014（平成26）年からさかのぼると8年しか経っていない。

こうした小さく見える活動が次第に大きな流れになっていくことが期待されている。

6 交通行動と都市構造のミスマッチとコンパクトシティ

本章では，人々の交通行動の実態と都市構造の関係から望ましい都市政策について検討を行ってきた。交通行動を把握するためのPT調査の結果から，近年は人々の交通行動が大きく変化しつつあることが明らかとなった。

特に，高齢者の交通が過去の高齢者に比べて増加が著しい。元気で活動をする高齢者が増えることは望ましいことである。その一方で，日常生活を支える人がいないための交通の増加や，自動車の運転をやめたくても日常生活を支える方法がない場合に運転を続ける人々の存在があることで高齢者の交通が増加している可能性がある。

また，働き盛り世代の人々の交通量や自動車利用の割合が顕著に減少している。そもそも運転免許証を持つ人々が減りつつあるために，自動車を使わない（使えない）人々が増加しているのである。

こうした高齢者や働き盛りの世代の人々の交通行動に大きな変化がある一方で，都市構造はモータリゼーションの進展の結果として形成されてきた自動車型の低密度な市街地が郊外に拡がる状況のままである。人々の交通行動の状況と都市構造との間にあるミスマッチが拡大しつつある。このミスマッチがあるから，交通手段を持たない人々が日常生活に必要な商品を扱う施設

等にたどり着くことができない「買物難民」が生まれる背景にある。買物難民は買物ができないだけではなく，人間関係の希薄化による相互扶助からも離れてしまう恐れがある。

　このミスマッチ解決の方策として，拡大した都市構造を再編し，徒歩と公共交通で日常生活をすることができるコンパクトシティは一つの選択肢であると考えられる。ただ，コンパクトシティのイメージを共有することはできても，それを実現するための手順や政策についての明確な方向性が定式化しているわけではない。

　そこで，コンパクトなまちづくりについて先進的に取り組んでいる富山市の状況について市で実施されている種々の調査をもとに考察を行った。その結果，市内電車環状線化等の効果として，これまで自動車型のライフスタイルであった人々が次第に公共交通の利用を行うようになり，また中心市街地に住む人々も増えだしてきたことが明らかとなった。まだこうした変化は小さいものの，継続して施策を実施することで次第にコンパクトなまちづくりに関する大きな流れになっていくことが期待される。

　コンパクトシティについては政府もその重要性については認識している。そのため2013（平成25）年の交通政策基本法の制定をはじめ様々な法制度を整えつつある。

　我々の多くの人々が図4-1のBの町並が魅力的だと回答していることを踏まえると，こうしたまちを実現するために，交通に加えてコミュニケーション，健康，環境等の分野とさらに連携をして，地域の実情に相応しいまちづくりを推進することが期待されている。

注
(1) 日本全国の渋滞による総損失時間は年間38.1億時間。この時間を費用便益分析に用いる時間価値原単位と自動車の平均乗車人数によって金額換算すると約12億円となる（国土交通省〔2003〕『都市圏の渋滞対策――都市再生のための道路整備』7頁）。

(2) 経済産業省（2013）「買い物弱者応援マニュアル ver. 2.0」2頁。
(3) 京阪神都市圏は京都市，大阪市，神戸市，堺市の4つの指定市を含む滋賀県，京都府，大阪府，兵庫県，奈良県，和歌山県であり，このエリアを対象として1970（昭和45）年から10年ごとにPT調査が行われ，最新の調査は2010（平成22）年である。2000（平成12）年までの調査対象エリアは京都市，大阪市，神戸市を中心とする京阪神都市圏であったが，2010（平成22）年から調査対象エリアが拡大され近畿圏になっている。なお，2010（平成22）年までの推移を見る場合には京阪神都市圏で集計し経年比較をしている。
(4) 国土交通省（2013）「国土交通省報道発表資料，平成22年度乗合バス事業の収支状況について」。
(5) 価格.com 自動車・バイクのHP「コンパクトカーの維持管理費」(http://kakaku.com/kuruma/maintenance/compact/，2014年4月29日アクセス)。
(6) 青森市，仙台市，富山市，高松市等日本の多くの都市でもコンパクトシティをこれからの都市像として構想している。また，国土交通省東北地方整備局では魅力ある都市づくりの方向としてコンパクトシティの推進を提示している (http://www.thr.mlit.go.jp/compact-city/index.html，2014年4月30日アクセス)。
(7) 粟島康夫（2009）「富山市はなぜコンパクトシティを目指したのか？——公共交通を軸としたコンパクトなまちづくり」東北地方整備局第3回コンパクトシティ推進研究会資料。
(8) 富山市（2012）「富山市都市整備事業の概要」13頁。

参考文献

AERA（2012）「フェイスブックが高齢者の生活変える　40年ぶりの再会も」2012年10月15日号。

厚生労働省（2012）「国民生活基礎調査」。

土井勉ほか（2007）「富山ライトレール開通の整備効果とまちづくりの方向について」土木学会『土木計画学研究・講演集』No. 35，CD-ROM。

土井勉ほか（2009）「路面電車の整備効果に関する研究——富山市・市内電車環状線整備が中心市街地に及ぼす効果について」土木学会『土木計画学研究・講演集』No. 43，CD-ROM。

土井勉ほか（2012）「パーソントリップ調査から見た交通行動の頽価と交通計画の課題——近畿圏PT調査を題材として」土木学会『土木計画学研究・講演集』No. 45，CD-ROM。

土井勉ほか（2013）「パーソントリップ調査データからみた総合交通政策の課題に関する考察——近畿圏 PT 調査から」土木学会『土木計画学研究・講演集』No. 47, CD-ROM。
土井勉ほか（2014）「鉄軌道整備が中心市街地に及ぼす中期的な効果について——富山市における市内電車環状線の整備を事例として」『土木計画学研究・講演集』No. 49, CD-ROM。

第5章　社会的孤立とワーク・ライフ・バランス
―― 介護と仕事，人間関係とボランティア

藤本真理

1　孤立と労働の関係

（1）雇用労働と私的生活

　多くの労働法の教科書では，近代の労働の特徴の一つは集団性・組織性であると説明される。労働者は労働契約を締結することによって企業という組織に取り込まれ，多くの他の労働者と共働して職務に従事する。つまり，労働者とは職場という社会に属し，そこでの人間関係が存在する。そのため，労働法においては職場いじめやハラスメントの問題は多く議論されても，社会的孤立の問題は取り上げられることはない。また，多くの人は，社会的孤立は貧困層の，あるいはリタイア後の高齢者の問題として想起する。労働法の対象領域は，雇用労働に現に従事している労働者と使用者の契約関係や労働組合と使用者との間にある集団的労使関係であるから，社会的孤立と労働法が結びつけて考えられることはあまりない。

　その一方で，その「退職後の問題」が起きる理由の一つとして，雇用労働に従事する労働者は，自営業者や農業従事者等に比べると職住分離が進んでいるために労働者と地域社会の結びつきが希薄である点が指摘されている。今日，雇用労働に従事する人の中には，生まれ育った地域を離れて仕事をする人も多いから，居住する地域での人間関係は近隣の住民と関わる機会がなければ形成されにくい。正社員として職業生活を送る者は，転勤や長時間残業に応じることが通常であり，昇進や昇給，状況によっては失業回避のために仕事中心の生活を余儀なくされる。そうして現役時代を仕事中心に過ごし

て地域の活動等に関わることがないまま，退職とともに職場という社会から離脱すると，家族以外の人間関係がなくなってしまうのである。

　こうした理由による孤立は，定年退職後だけの問題ではない。育児や介護等の家庭責任を果たす目的での退職でも当然起こりうるものであり，退職理由である家庭責任を果たす上での重荷にもなりうる。特に介護を理由とする離職の場合，地域等での人間関係が希薄であることは，様々な問題を引き起こす。一般に介護は長期にわたることが多く[1]，終期も不確定であり，時間の経過とともに要介護度は上昇すること，介護の終期とは要介護者の死であること等から，育児に比べても負担が大きい。介護が始まる前に労働者が近隣との人間関係を築けないことは，相談したり愚痴をこぼしたりする相手がいないことを意味し，孤立感や精神的負担を強める方向に働く。介護そのものは介護保険による給付等もあるが，介護者の精神的ダメージまではカバーされない。すでにメディアなどを通じて広く知られているように，介護者の精神的な逃げ場がないことは，介護者の精神疾患発症，介護される側への虐待や心中等の悲劇を招くことがある。逆にいうと，介護に従事することになった労働者が，職場と家庭以外の第3の人間関係を持っていること，あるいは職場という人間関係の中にとどまることができることは，労働者本人にとっても要介護者にとっても，ひいては社会にとっても，大きなメリットをもたらしうる。

　さらに，介護を理由とする離職者は離職時点で中高年に達していることも多く，離職期間が長いことと相まって，介護終了後の雇用市場への再参入に困難を抱えがちである。それは，介護離職した労働者本人が老齢期に貧困に陥る危険を高めることにつながる。さらに，大黒柱である親に代わって子が家族（祖父母や兄弟姉妹等）の介護を行う「若年介護者」の場合，学業との両立に支障を来して希望する進路（学歴）を選べない，就職前からすでに職業との両立の問題を抱えていることで採用されにくい，若年期の退職がその後の職業生活に影響を残す等の問題が指摘されている。キャリア形成の初期に

両立の問題につきあたる彼らは、ある程度キャリアが形成できている中高年の介護離職以上に、深刻な問題を抱えている。

これらの問題を防ぐためには、まずすべての年齢と性別を通じて家庭と仕事の両立が可能であること、そして、退職することになっても将来の再就職に向けた職業訓練と適切な職業紹介があることが不可欠である。

（2）ワーク・ライフ・バランスの射程範囲と規範的根拠

ワーク・ライフ・バランスは、子育て期の労働者、特に女性労働者の問題として語られることが多い[2]。しかし、頻繁に引用される公的な定義は「国民一人ひとりがやりがいや充実感を感じながら働き、仕事上の責任を果たすとともに、家庭や地域生活などにおいても、子育て期、中高年期といった人生の各段階に応じて多様な生き方が選択・実現できる」[3]ことであり、子育て世代だけが対象ではないのは明らかである。他の定義を見ても「老若男女誰もが、仕事、家庭生活、地域生活、個人の自己啓発など、様々な活動について、自ら希望するバランスで展開できる」[4]等とあり、子育て以外の家庭責任や家庭外での活動も政策の対象範囲として予定されている。つまり、ワーク・ライフ・バランス政策の目的とは、人生の中でたえず変化する生活上のニーズや希望に合わせて、全年齢を通じて、雇用形態の変更も含めて働き方を調整する、一旦職業活動を中断して職業以外の活動に専念し、条件が整えば職業活動を再開するというような選択をも可能にすることにある。

前述のような社会は、ある時期における職業生活と私生活の両立といった比較的短期的なワーク・ライフ・バランス支援も、ある時期は「ライフ」に専念し、時期が終われば仕事もしたいといった中長期的なワーク・ライフ・バランス計画の実現支援も、両方存在しなければ実現しない。介護と仕事の両立を可能にする雇用制度の設計、介護離職後の再就職を支援する政策は、まさにワーク・ライフ・バランス政策の主柱の一つといってよい。労働法の分野でも、介護については、妊娠・出産・育児とならんで社会的価値が高

く[5]，他の「ライフ」要素に優先して政策が打たれるべきとする見解が多い。本章も介護と仕事の両立支援の重要性については立場を同じくするが，第3節に述べるように，家族のケアと他の「ライフ」との間の優劣は明確にはつけにくいと考えている。

　ところで，そもそも，各人がもつ多様なニーズや生活のあり方の理想を尊重する政策が行われるべき根拠は，法的にはどこにあるのだろうか。学説では，憲法第13条が保障する幸福追求権[6]や，その内容の一つである自己決定権が挙げられる。また，家庭責任の履行が現実には女性に偏っていることに着目する立場からは，憲法第14条の平等原則[7]を根拠とする見解もある。ワーク・ライフ・バランスが崩れた状態には，働く意欲と能力がありながら，求人側との間で条件が折り合う仕事が見つからず就労が難しいというケースも含まれることを考慮すると，憲法第27条1項が定める勤労権も根拠となりうる。いずれの見解に立つにせよ，憲法上の人権保障は国等が政策を行うにあたっての根拠であって，私人である企業（使用者）と労働者との間には直接の適用がない。労働者が自らの希望を尊重することを使用者に求めるには公序良俗等を媒介とするほかになかったが，2007（平成19）年に制定された労働契約法第3条第3項において労働契約は「仕事と生活の調和にも配慮しつつ締結し，又は変更すべきもの」と定められたことにより，一応の直接的な根拠を得た。

　本章では，まず正社員として職業に従事する労働者が家庭責任との両立を実現するための手段について検討を行う（第2節）。正社員が仕事と育児・介護を両立するという意味でのワーク・ライフ・バランスを志向する場合は比較的公的な支援策が整っている。しかし，離職する正規雇用の労働者が後を絶たないのは，法律の内容が十分でないのか，あるいは雇用契約のあり方に問題があるのか，どのような解決策があるかを検討する。そのうえで，あまりワーク・ライフ・バランスの議論の俎上に載らないボランティア等の「ライフ」要素の尊重の可能性（第3節），そして長期的なワーク・ライフ・バラ

第5章 社会的孤立とワーク・ライフ・バランス

ンスの支援としての（再）就職支援の課題（第4節）について述べる。

2　正社員的働き方の限界

（1）仕事と介護の両立を支える制度の現状

　まず，国が行う仕事と介護の両立を支援する政策を見てみよう。就業を継続しながら介護を行おうとする者を支援する制度としては，直接的には介護休業（育児介護休業法第11条以下）がある。労働者は対象家族（配偶者，父母，子，配偶者の父母，労働者が同居しかつ扶養している祖父母・兄弟姉妹・孫）が，負傷，疾病又は身体上若しくは精神上の障害により，2週間以上の期間にわたり常時介護を必要とする状態（要介護状態）になった時，要介護状態にある対象家族1人につき，常時介護を必要とする状態ごとに1回の介護休業を，のべ93日まで取得することができる。有期契約等のいわゆる非正規労働者についても，同一の事業主に引き続き雇用された期間が1年以上であり，なおかつ介護休業開始予定日から93日を経過する日を超えて引き続き雇用されることが見込まれる者については，介護休業を取得することができる。介護休業の取得可能期間は，育児休業が原則として子の満1歳の誕生日前日まで取得できることと比べると非常に短い。そのため，介護休業制度は労働者本人が介護を行うことを支援するのではなく，介護サービス利用等の中長期的な見通しを立てるための「介護準備期間」の付与という性格が強いとされている。

　介護休業を取得しない，あるいは介護休業から復職した労働者への支援はどうであろうか。育児介護休業法は，企業に対して，短時間勤務やフレックスタイム，始終業時刻の変更等，介護と仕事の両立を容易にする制度（介護のための勤務時間の短縮等の措置）を少なくとも1つは導入することを義務づけている（第24条）。介護のための短時間勤務制度は，対象家族1人につき要介護状態に至るごとに1回，通算93日まで利用することができる。ただし，

介護休業と短時間勤務等の措置の両方を利用する場合は，介護休業日数と短時間勤務との利用日数を合計して93日までとなる。また，介護休業中でない労働者は家族の介護の必要がある時には，対象家族が1人である場合は5日，2人以上いる場合は10日の介護休暇を取得することができる。労働日についても，労働者から申し出があった場合は，1カ月24時間，1年150時間を超える時間外労働を命じてはならず（第18条），深夜業に従事させることも制限される（第20条）。従業員に転勤を命じる際には，企業は介護等の労働者の家庭の事情を考慮しなければならない（第26条）。

　介護と仕事の両立を支える諸制度は，メニューの数においては育児と仕事の両立支援とほぼ同等であるが，介護休暇を除いては制度利用可能な日数が育児支援のそれと比べて大幅に少ない。もちろん，介護休業・短時間勤務合わせて93日という日数で十分に「対象家族の介護することを容易にする」のならば，日数の多寡は問題にならない。

　しかし，介護の制度設計が在宅介護中心へと移行している今日，少なくとも短時間勤務の利用可能期間は妥当ではないのではないだろうか。デイサービス等の提供時間や送迎時刻に合わせて通勤・退勤を急ぐのは，保育園の送迎時刻を気にしながら働く子育て中の労働者と大きな違いはない。介護の平均期間が5年弱であること，デイサービス等の実際の提供時間等を考慮すると，最長で93日の短時間勤務だけで仕事と介護を両立させることは決して容易ではないであろう。特に，正社員のように所定労働時間が比較的長く，勤務時間帯を随時変更することも基本的に想定されていない就業形態においては，短時間勤務の利用可能期間の短さは重大な影響を及ぼす[8]。勤務先に育児介護休業法を上回る支援制度がなければ，正社員としての就労継続は困難であり，仕事を退職しパートタイム（非正規雇用）として就労するほかない。現在の社会制度では，家庭責任を全うすることを望む労働者は誰でも，勤務先がワーク・ライフ・バランス推進に理解が深い企業でなければ，キャリア形成の機会や社会保障上有利な立場も手放さざるを得ない状況に追い込まれ

第5章　社会的孤立とワーク・ライフ・バランス

るおそれが常にある。

　さらに，在宅介護への政策のシフトが労働者にもたらす影響がもう一つある。どのような雇用形態であれ，働きながら対象家族を在宅で看るということは「昼間は仕事，夜は介護」という，労働者自身が十分な休息のとれない生活が待っていることを意味する。職場での責任と家庭での責任の両方を負担するという点は育児も同様であるが，家族の介護を行う労働者は40代以降の中高年が多い(9)。すなわち，職場での役割や責任はより重く，体力はより低い労働者が多い。介護を労働者とともに担う他の家族や休息を確保できるような介護サービスの給付がなければ，両立の実現のために労働者に降りかかる精神的・肉体的負担は相当大きい。心身の疲弊から両立を諦め，退職することを検討することもあるだろう。両立不可能と予想されるために，あるいはそもそも介護休業制度等の存在自体を知らないまま(10)，介護休業制度等を利用せずに退職することも考えられる。中高年の労働者が介護をしながら就労を続けるためには，まずは介護休業等の法律上の制度の認知度の向上が必須であり，短時間勤務等の企業による両立支援の利用期間を在宅介護の実態に適合するように改正する必要がある。また，後に論じる雇用慣行の見直しも必要になるであろう。

　ただし，企業に両立支援の全責任を負わせることは不可能であり，法律で現行制度より多い義務を使用者に課したとしても，労働者が抱える問題をすべて解決できるわけではない。というのは，企業は労働契約の相手方（使用者）であって，労働契約に沿った労務提供に必要な範囲で労働者の労務提供のあり方に指示を行う権限は持っている。しかし，その権限行使等の契約関係の展開にあたって労働者の私生活を尊重する責任（労働契約法第3条3項）は負っていても，それを超えて労働者の私生活に立ち入る立場にはなく，たとえば家庭で十分睡眠をとれているか，家庭生活上大きなストレスを抱えていないかといったプライバシーにかかわる事項を把握する権限はないし，それを解消するすべもない。したがって，使用者たる企業が労働者の就業継続

を妨げる要因のすべてを取り除くことはできない。むしろ，夜間の訪問介護サービスやショートステイの充実等の介護保険上のサービス給付によって介護者の負担を軽減する対策が重要であろう。

　また，介護を理由とする短時間勤務を実施している企業では，所定労働時間より2時間程度の短縮を認めることが多いが，親の住む家（労働者の自宅に同居しているとは限らない）が遠ければ移動に時間や労力が必要となり，思ったほどの両立支援にならない可能性もある。介護と仕事の両立支援のためには，勤務時間の短縮といった労働法的なワーク・ライフ・バランス政策の推進だけでなく，介護保険上のサービス給付の決定のあり方，通勤の時間的負担等の軽減や高齢者の居住地や住環境に関する政策，介護の身体的負担を軽減する技術の開発・応用など，多様な領域での介護者支援がかみ合うことが不可欠である。

（2）就業規則と転勤・残業

　育児介護休業法上，事業主が講じるべき措置は前項で述べたとおりであるが，これらは実際上は基本的に「正社員」が対象となる。なぜならば，契約社員，準社員といった名称で雇用される労働者やパートタイマー，派遣労働者等の非正規労働者の労働契約は有期契約であることが多く，前述の「同一の事業主に引き続き雇用された期間が1年以上であり，なおかつ介護休業開始予定日から93日を経過する日を超えて引き続き雇用されることが見込まれる者」という要件に該当しないとされるケースが多いからである。非正規労働者が家族の介護を主として担う場合は，育児介護休業法等の両立支援策の利用ではなく，労働者の方が労働時間の調整等で「折り合いをつけて」[11]仕事と両立させている。この非正規労働者の中には，もともと正社員であった労働者が「柔軟な」働き方を求めて転職した者も含まれる。

　一方，正社員は非正規労働者に比べると雇用の安定や厚い社会保障を享受しているが，それらと引き換えに，時間外労働や転勤命令に応じる義務，そ

第 5 章 社会的孤立とワーク・ライフ・バランス

して重い責任が課せられているとされる。育児介護休業法では，時間外労働の上限が定められ，また転居を伴う転勤命令においては使用者に配慮義務が課されているが，これらは，労働法がその誕生から発展に至る歴史を反映して「家庭と仕事の分離」[12]を原則としていることからは，例外的な扱いである。

　この正社員には重い義務や責任は，性別役割分担がなされている「標準的家族像」を前提として普及した人事管理の結果という色彩が強いが，それを判例法理等の法理論も追認してきたという側面がある。「標準的家庭像」とは，男性は定年まで働き，結婚した女性は専業主婦となって家庭を守る，働くとしても家計補助的なパート勤務にとどまり，家事や家族のケアを一手に引き受けるという家族形態である。妻が育児，介護や家事，地域の活動等を行うことで，夫たる労働者は家庭責任から解放され，使用者が求めれば長時間労働に応じ，転勤を命じられれば家族を連れて（あるいは家族の世話を妻に任せて単身で）新任地に赴くことが可能となる。使用者は，みずからの要求に柔軟に対応できる労働者を好むし，1980年頃までは専業主婦世帯が 6 割を超えていた[13]から，実際に対応できる労働者も多かったとも考えられる。そして「妻付き男性モデル」（竹信 2011：9）が企業の人事管理の前提となっていく。共働き世帯が増加している現在でも，転勤対象者の決定や単身赴任を認める際に「妻の仕事」を考慮すると答える企業は少ない（田中 2013：46-47）。

　こうした社会的背景および企業の雇用慣行を前提に，正社員の転勤等の問題に関する判例法理も形成されてきた。2007（平成19）年の労働契約法成立以前は，労働契約を規律する法律としては労働基準法があるものの，同法は最低労働条件を定めるものであり，賃金や時間外労働命令の可否，転勤命令の適否といった労働契約の内容に関するルールは裁判所による契約解釈の積み重ねによって一定のルールが形成された。労働契約法も，立法上の契約ルールであるが，内容は基本的には判例法理を踏襲したものといってよい。

まず，労働契約の内容の決定方式である。民法上は，どのような契約も当事者の話し合いによって決定され，事後の変更も当事者の話し合いによるのが大原則である。しかし，日本では，正社員の採用過程においては，賃金や勤務地，所定労働時間，残業の有無等の労働条件について求職者と求人企業との間で個別交渉を行って設定することは少ない。多くの場合，詳細は「弊社規定による」等の記載がある。特に新規学卒者の正社員採用においてその傾向は顕著である。

つまり，日本の正社員の労働契約の内容は，「弊社規定」すなわち会社が定める就業規則やそれを補充する諸規定に「丸投げ」されているのが通例である。このような取扱いは，最高裁の秋北バス事件判決[14]において，法的にも承認される。同判決は，労働条件の統一的・画一的な決定の必要性から上記のような雇用慣行が存在し，就業規則は法的規範性を有するに至っているとして，就業規則の内容が合理的なものである限り，個々の労働者が就業規則の内容を知っていると否とにかかわらず，また同意すると否とにかかわらず，就業規則が労働契約の内容となるとした。このような就業規則の捉え方は，普通取引約款を応用した定型契約説であるとされている。約款とは，多数の相手と同じような内容の契約（銀行口座の開設や保険契約，旅客運送契約等）を締結する企業で多く用いられるもので，予め定型的な契約条項を定めてあり，契約の相手方は約款の内容すべてに合意して契約を締結したものとされる。秋北バス事件判決は，就業規則は労働契約の約款のようなものとしてとらえ，当該企業に就職した者は就業規則の内容すべてに合意したものとして取り扱っているというのである。

秋北バス事件は賃金体系という従業員に共通の労働条件の変更が争われた事例であったが，同事件判決が示した就業規則の契約に対する拘束力は，そうした統一の必要性が大きい労働条件だけでなく，勤務地や従事すべき業務の決定・変更の正当性判断にも用いられるようになる。就業規則において転勤や業務変更を命じることがある旨の規定があれば，労働契約上，使用者は

それを命じる権限を有し，労働者は使用者の命令に従う義務が生じる。法的には，勤務地や職務とは労働契約の内容の一部であり，個別に使用者と労働者の話し合いで変更されるべきところ，使用者は自らが作成する規則に配置換えの条項を盛り込みさえすれば，一方的な変更権を獲得できることになったのである。

　そして，就業規則上の転勤命令権の行使は使用者の正当な業務命令であり，業務命令違反は典型的な懲戒事由であるから，転勤命令は懲戒処分というペナルティによって強力に担保される。時間外労働についても同様である。労働基準法第32条は1日当たり8時間，1週間当たり40時間という労働時間の上限（法定労働時間）を定めているが，同第36条所定の条件を満たした労使協定（三六協定）を締結すれば，法定労働時間以上に労働させても労基法違反にはならない。三六協定を締結したうえで，就業規則に時間外労働を命じることがある旨の規定をおけば，使用者は適法に長時間労働をさせる権限を有する。三六協定を締結する際には時間外労働の限度時間を定めることが求められており，限度時間の基準[05]も行政によって設定されているが，いずれも法的拘束力がないため，長時間労働の実効的な抑止力は育児介護休業法上の労働時間制限と時間外労働における割増賃金支払い義務だけである。

　もっとも，転勤に関しては，命令権があればどのような転勤命令も可能であるというわけではない。労働契約に就業規則とは異なる特約があれば，契約上の特約が優先されるので，労働契約において勤務地限定の合意がなされていれば，使用者の転勤命令権は合意の範囲に限定される。ただし，勤務地限定の合意の存在が認められた事例は少ない。労働契約上の勤務地限定の合意がない場合にも，権利濫用法理による制約が課されている。具体的には，労働者に対する転勤命令に，業務上の必要性がない場合，業務上の必要性はあるが差別や不当労働行為，退職に追い込むための嫌がらせ等の不当な動機・目的が存在するか，当該命令が労働者に対し通常甘受すべき程度を著しく超える不利益を負わせるものである場合には，転勤命令は権利の濫用に該

当するとして無効と判断される[16]。ただし，業務上の必要性については，転勤対象者の選定は企業の合理的経営に資する程度で足りるとされ，「余人をもって代えがたい」という高度の必要性は要求されていない。

　つまり，定期的な人事異動などで，他の労働者に転勤させても業務上の支障は全く生じないようなケースにおいても，労働者は転勤命令を拒否しえない。そうなると，私生活上の事情で転勤をためらう労働者にとって，最後の砦は「通常甘受すべき程度を著しく超える不利益」に該当するか否かとなるが，この不利益性の要件は労働者にとってかなり厳しい運用がなされてきた。たとえば，共働き夫婦が東京と名古屋で別居を余儀なくされる転勤命令について，新幹線で2時間程度の距離であり，子どもの養育監護の必要に応じた監護が不可能ないし著しく困難であるとはいえないとして通常甘受すべき範囲とされた[17]。この事件の下級審判決では，労働契約上の信義則として，使用者には転勤によって労働者に生じる不利益を軽減する措置を講じる義務があるとしつつも，その措置義務は，単身赴任を選択する際の住居の提供や別居手当等の経済的補償の実施によって充足されると判断しており，それ以外の生活面での支障については問題としていない。目黒から八王子への転勤を命じられ，それに従えば保育園の送迎に支障をきたすという場合にも，通勤時間がそれほど長くなく，転勤先にも住居・保育園が存在することを理由に，やはり通常甘受すべき範囲を超えないとされている[18]。

　転勤によって通常甘受すべき範囲を著しく超える不利益を被ると判断されたのは，労働者本人の病気休業から復帰した直後で通院の必要があったケース[19]，すでに主たる介護者として親を在宅で介護していたケース[20]等に留まってきた。最近の下級審判決[21]では，転勤を命じるにあたり，より家庭と仕事の両立がしやすい候補地があったにもかかわらず，両立困難となる勤務地を指定してなされた転勤命令が無効となったケースもあるが，このような判断はなお少数派ということができるだろう。

　このように，就業規則の拘束力が，個別的な決定になじむ領域の労働契約

内容についても広く妥当するものとされたことで,使用者に一方的な転勤命令権の存在が原則として肯定される。転勤命令権が法的に正当な根拠を持つ以上,労働者の利益は権利濫用法理しかない。家庭の事情から権利濫用が認められるのはまれである。家族の状況にかかわりなく転勤に応じられる労働者とは,単身赴任にせよ家族帯同での転勤にせよ,「妻付き労働者」だけであるから,「妻付き労働者」でない労働者——共働きで子どものいる男女労働者,独身で家族の面倒を見る男女労働者等——が,それまで培ってきた地域の人間関係を失うことや家族と離れて暮らすこと,夫婦のどちらかが職業活動を断念すること等,何かを犠牲にすることを法的に容認する結果が生じる。

　このような結果は,労働者の私生活上の自己決定を阻害するものとして批判されている。学説には,勤務地限定の合意を契約解釈によって積極的に認める手法を採るものや,判例法理における権利濫用該当性の3つの基準以外に,「私生活配慮義務」(島田：1994),「家庭生活配慮義務」(両角 2013：461)を加えるべきとする見解もある。「家庭生活配慮義務」は,包括的な転勤命令権を認めつつ,その行使には労働者の生活の変化に応じた適切な配慮をする義務を伴うというものである。この見解は,労働契約締結時(特に新卒採用の場合)には,労働者自身も将来の生活状況を具体的には予見しえないが,労働者の生活の変化によって転勤に応じられない事態が生じる蓋然性は高いという現実を直視して,使用者は労働者の生活上に変化が生じることを予見し認識したうえで労働契約を締結すべきであり,転勤命令権の内容は労働者側の変化に対応する柔軟性を備えたものであるとする。具体的には,労働者の申し出があった場合に,事情聴取や協議を誠実に行い,転勤先の変更も含めた不利益軽減措置や転勤自体の回避等,雇用継続を前提とした解決を模索する義務である。

　ただし,包括的な転勤命令権を認めた上で配慮義務を課す理論構成には問題がないわけではない。使用者が労働者の私生活に配慮をするとなれば,労

働者は私生活上の情報を開示せざるを得ないことや，労使関係がパターナリスティックに変化するおそれがあること，また業務命令権中心の構成は業務命令権違反＝懲戒処分という論理が導かれやすい等の批判もある[22]。

このような配慮義務構成を採らないアプローチとしては，配転命令等の有効性の根拠である就業規則が約款と同様のものと位置づけられていることから，約款に関する議論を応用して，抽象的で配転先を予測できないような就業規則上の配転条項は信義則違反とし，労働者と使用者の交渉を真の意思形成の場とすべく，労働組合等集団法的な規制の必要性を説くもの（高橋 2009：97以下）や，契約変更請求権（毛塚 2005：11以下）を立法によって認めるべきであるとする見解がある。

契約変更請求権の議論は，雇用契約という長期的な契約関係においては契約締結当初とは異なる事情が当事者に生じうることを前提とし，それを織り込んだ構成を目指す点は「家庭生活配慮義務」のそれと同様であるが，契約内容そのものに踏み込むところに特徴がある。

契約変更請求権は，労働者，使用者双方が有する「契約内容を維持することが困難な事情が発生したことを理由する合理的な契約内容の変更申入れに相手方が応じないときに，裁判所の判断に基づき契約内容の変更を実現することができる」権利として構想されている。構成転勤に当てはめていえば，従来は全国への転勤に応じる義務を有していた労働者に家族介護の必要が生じ，そのために一定の範囲の地域内でしか転勤できない，あるいは一切の転勤が不可能な状態に至った場合，労働者は当該範囲に転勤応諾義務の内容を縮減することを求め，使用者が応じれば労働者の希望する契約内容に変更されるし，使用者が応じない場合も民事訴訟や労働審判を通じて契約変更を実現する可能性が生まれる。

筆者としては，ワーク・ライフ・バランスの実現という観点から，労働者の個人での交渉力や裁判所の利用への躊躇等の現実面に若干の不安はあるものの，個別的な契約変更の可能性を開く契約変更請求権を支持したい。ワー

ク・ライフ・バランス推進に熱心な企業では，就業規則において育児介護休業法が定める以上の長期間にわたる短時間勤務や一定期間の転勤回避の権利といった様々な労働者の権利を制度化しているが，そうでない会社では，労働者の家庭生活上でこれまで通りには仕事ができない事情が発生した時点では問題を回避する手がかりは何もない。実際に転勤命令等が行われ，困難が生じた後で裁判による救済を求めるしか途がないのでは，現実には仕事と介護の両立はいったん破綻せざるを得ず，その不利益は小さくないからである。また，一口に介護と仕事の両立といっても，被介護者の居住地，介護を支援する資源，労働者の体力や職務内容等によって，労働者の抱える問題は無限のバリエーションがあり，「統一的で画一的な」就業規則ですべてのニーズをカバーすることはできないし，特定の制度を就業規則に定めることを法律で義務づけることにも限界があるからである。

（3）「多様な正社員」と労働法上の課題

ワーク・ライフ・バランスをめぐる議論では，「正社員の働き方の見直し」や「多様な正社員」という言葉がよく聞かれる。正社員がそれぞれ希望するワーク・ライフ・バランスを実現しにくい一つの大きな原因は，長時間職場に拘束されていることであるという問題意識から，正社員の身分を保持したまま，恒常的な短時間勤務を可能にする「短時間勤務／短時間正社員」や，職務や配属先を限定した「限定正社員」，情報技術を活用して自宅等で業務を遂行する「在宅勤務」の議論である。これらをめぐる議論の多くは，現在の労働法体系を前提として展開されているため，労働者がこうした就業形態を選択できるかどうかは，契約締結当初の約定あるいは勤務先の就業規則の内容しだいであり（森戸 2003：26，竹内〔奥野〕2009：85），労働者は利用する権利を当然に持っているわけではないとされている。前述の契約変更請求権が認められれば，すべての労働者に短時間勤務や限定正社員という働き方を選択する可能性が開かれうる。

第Ⅰ部　社会的孤立防止のための政策連動

　ただし，これらの制度を実施する場合には，それに伴う労働法上の問題が生じる。まず，短時間正社員や限定正社員のような契約上の義務が比較的少ない労働者と，正社員として最大に義務を負っている労働者の処遇のバランスの問題である。負っている義務や責任が異なる労働者が存在する場合，賃金や昇進等の処遇を別にすること自体は禁止されるべきものではない。問題は，その処遇の差が実態に照らして不合理なものである場合である。格差が不合理であると労働者が感じた時，その不合理な制度を是正させるためには，当該制度が不合理であり違法であると主張する法的根拠が必要である。現行法では，就業形態が異なる労働者間の処遇の格差については，パートタイム労働者（パートタイム労働法第8条）や有期契約労働者（労働契約法第20条）と正社員との間の均等ないしは均衡を求める規定あるが，正社員間の処遇の違いについては労働契約法第3条2項の「就業の実態に応じて，均衡を考慮しつつ締結し，又は変更すべき」という総則的な規定しかない。

　そのため，学説では，同条をもとに条理で，あるいはパートタイム労働法における均衡処遇の要請を公序良俗（民法第90条）を媒介として，正社員間の処遇格差を規制する（土田 2008：202以下）か，憲法第14条後段に由来して使用者は平等取扱い義務を信義則上負うとして，雇用管理区分による処遇格差の合理性の立証責任を課す（毛塚 2013：14頁以下）等の解釈が試みられている。多様な正社員の出現は，契約を更新して5年勤続した有期契約労働者に無期労働契約への転換権が認められた（第18条）こととあいまって，正規労働者と非正規労働者の相違を相対化し，正規労働者と非正規労働者の処遇の格差の合理性の範囲をより小さくする可能性がある。働く理由が決して家計補助的な必要に留まらないにもかかわらず非正規雇用での就労を余儀なくされている労働者が多くいること，その結果若年労働者が希望する家族形成がかなわないおそれがあることを考慮すると，間接的に非正規労働者のワーク・ライフ・バランスの改善に資する可能性も内包しているといえよう。

　一点注意すべきこととしては，「多様な正社員」が特定の属性の労働者に

偏る危険性がある。企業が多様な正社員制度を導入した場合に，運用において男性を高負担・高処遇の区分に，女性を一方的に低負担・低処遇の区分に振り分けることは，もちろん男女雇用機会均等法違反であり，是正勧告の対象となろう。私生活での負担は時間の経過とともに変化するのであるから，それに応じて異なる区分に転換する機会を労働者に付与することも重要である。しかし，社会通念や社会規範が「女性が家族のケアをするべきだ」「女性は家庭的なことに向いている」「男性はしっかり稼ぐべきだ」といった性別役割分担を色濃く残したものである限り，個々の労働者の選択が本意であるとは限らず，いかに法が厳しく取り締まっても，企業が努力を尽くしても，多様な正社員制度が社会的には真のワーク・ライフ・バランス実現を阻害する方向に機能しかねない。

　他方，在宅勤務については労働災害が生じた際の立証や労働時間管理の困難さが指摘されている。労働災害については，自宅という私生活の場を兼ねた場所であることから，労災保険給付を受けるために必要な業務起因性の判断が難しい[29]。労働時間管理については，在宅勤務を行う労働者であっても労働者であることに変わりはないため，労働基準法第32条をはじめとする労働時間規制の適用が及び，使用者は労働時間を管理，把握する必要が生じる。労働時間の規制は，労働者の健康を保護するために不可欠のものであり，ワーク・ライフ・バランス推進策としての在宅勤務の場合は，その目的が家庭責任を全うすることにある以上，家庭責任を果たせなくなるような就業実態は避けられるべきである。

　しかし，一方で，使用者にとって自らの管理の外で就労する労働者の労働時間管理は至難の業であることは否定できない。そこで，在宅勤務中の労働者については，みなし労働時間制を適用する方法が挙げられる。みなし労働時間制とは，実際に労働者が従事した時間数にかかわらず，所定労働時間労働したものとみなすものである。今日では，労働者自身に労務遂行の方法決定をゆだねるのに適した職種，すなわちプログラミングやデザイン，弁理士，

税理士等といった専門的職種（専門業務型裁量労働，労働基準法第38条の3），企画や調査，分析業務（企画業務型裁量労働，労働基準法第38条の4）の適用対象となる労働者も少なくないが，これら以外の業務に従事する労働者にも適用されうるみなし労働時間制がある。それは事業場外労働のみなし労働時間（労働基準法第38条の2）である。

事業場外労働のみなし労働時間制は，古くからあり，主に外回りの営業職等の労働者に適用されてきた制度である。この制度では，勤務時間の多くを使用者の施設外で過ごし，使用者が労働者の就業状況を把握しにくいという特殊性ゆえに，使用者の労働時間の算定義務が免除される。ただし，携帯端末を用いて使用者が指示，監督を常時行いうる状態にある場合は，この制度を利用することはできず，会社内で就労する労働者と同様，労働時間を把握し管理する必要がある。在宅勤務も事業場外労働の一種であることから，行政通達（平成16年3月5日基発第0305001号，平成20年7月28日基発第0728001号）では，一定の要件の下に，事業場外労働でのみなし労働制の適用は可能であるとしている。

すなわち，パソコンや携帯電話，スマートフォン等の情報通信機器を用いた自宅での勤務において，「労働者が自分の意思で通信可能な状態を切断すること」が使用者から認められておらず，使用者が情報通信機器を用いて「随時具体的指示を行うことが可能であり，かつ，使用者から具体的指示があった場合に労働者がそれに即応しなければならない」状態でない限り，事業場外労働のみなし労働時間制を利用することが可能である。いわば労働者に時間の使い方に関する決定の自由が実質的に保障されていることを要件としているのであるが，こうした自由の保障はワーク・ライフ・バランス推進を目的とした在宅勤務の場合には特に重要である。ただし，いくら1日の労働時間の決定の自由が認められても，使用者から求められる業務量や水準が過重であれば実際の労働時間は増大し，当初の目的を達しえない。業務量の多寡はいずれのみなし労働時間制度でも基本的には不問となっているため，

労働契約法第3条が求める仕事と生活の調和への配慮と信義則を用いて，当初の趣旨を没却するような業務量や水準の指示を規制することが必要であろう。

3 多様な「ライフ」要素と企業の行動

(1) 育児・介護以外の「ライフ」の要求は贅沢か？

ワーク・ライフ・バランスの「ライフ」に含まれるものは，本来は育児・介護だけではない。学習や趣味の活動，友人との交流，町内会，ボランティア等の多様な活動が含まれている。だが，前述したように，これまでのワーク・ライフ・バランスをめぐる議論や実施されている政策は，家族の面倒をみる必要がある労働者，特に育児中の女性労働者に対する両立支援が中心である。そのことが，「仕事も家庭も両立するライフスタイルを押し付けている」あるいは「一部の人にだけ恩恵がある」という印象を与えていることは否めず，ワーク・ライフ・バランスを推進する政策自体への批判が生じる要因の一つとなっている。また，育児・介護以外の「ライフ」要素は労働法の分野においてさえ社会性が低い，純然たる「私事」であって育児・介護に比べて優先順位が劣後するものとして位置づける見解も根強い。その結果，労働者の就業継続に不可欠とはいえない「ライフ」の要素は，ほとんど顧みられていない。

しかし，そのような区別は，政策の中立性という点からも，また政策への社会全体のコンセンサスの形成という点からも適当ではないと考えられる。育児や介護の必要がある労働者への支援は必要不可欠であるが，それが家族責任を負わない労働者の過重な負担の上に成り立つのは望ましくない。キャリアアップあるいはキャリアチェンジを見据えて，自己研鑽や職業訓練の時間の確保を望む労働者もいるであろう。親兄弟，配偶者や子どもといった家族がいない労働者にも職場以外での人間関係を構築し維持したいと希望する

者も当然いるだろう。社会的孤立の防止という観点からは，核家族化，非婚化が進む現代では，近隣の人間関係は単身者にこそ必要であるともいいうる。労働者本人が仕事（会社）中心の生活を望んでいるのであればそれは尊重されるべきであるが，家族責任以外の私生活を尊重することがあまりにも軽視されているのではないだろうか。

特に，ボランティアに関しては単なる「私事」と割り切れない要素がある。育児家庭や高齢者世帯への支援，児童の通学路での見守りや居場所づくりといったボランティア活動は，個人の生きがいという側面はあるにしても，家庭と就業以外の場における社会貢献でもある。ボランティアというと，市民団体等の私的な任意団体での活動が連想されがちであるが，実際には公的制度の中にも，民生委員，児童委員，保護司，犯罪被害者支援センターにおける相談員，「いのちの電話」相談員等，実費程度の支給によるボランティアの手で支えられている社会性の高い活動も多く織り込まれている。これらの制度の支え手は比較的高い年齢層の人が多いため，従事者の高齢化と後継者不足の問題や，ピアサポートが望ましい制度における利用者ニーズとの不一致等の課題を抱えるものもあり，従事者の属性の幅がより広くなること，つまり現役世代の男女の参加の拡大が望まれる。

今日の社会におけるボランティアは今後さらに多くの分野で大きな役割を果たすことが期待されている。現在，行政等が提供する社会サービスは，待機児童問題にみられる量の不足に加え，多様化するニーズに対応する質の面での不足が指摘されている。しかし，すべてを国や自治体で担うことは予算や人員，制度的な面から困難があり，機動力と柔軟性に優れるNPOや社会的企業といった私的組織が公的制度の隙間を埋める可能性や公的制度への影響力へも注目が集まっている。

一方でNPO等のすべてが潤沢な資金を持っているわけではないために，それらの組織が十分に力を発揮するには，ボランティア等の無償または無償に近い担い手を質と量の両面でいかに確保するかが課題となる。出産・育児

や介護に特別な社会性が認められる根拠が，社会の維持に必要で誰かがしなければならない行為であることならば，公的な制度内でのボランティアや社会的要請の高い活動にも社会性が認められてしかるべきではないだろうか。人口構成がいびつになり，単身世帯の増加が見込まれる現代においては，すべての人に助けあう家族がいるとは限らない。家族がいるとして，家族のケアに専念する人員を捻出する余裕がある家庭ばかりでもない。介護保険制度に代表されるように，家族が果たしてきた機能を社会全体で担う方向に政策はシフトしている。限られたマンパワーで社会全体を機能させていくためには，仕事以外での社会貢献を望む人にその能力を発揮してもらうことは不可欠である。その鍵を企業は握っている。

（2）企業の社会的責任

とはいえ，現段階では法が強制力をもって企業に要請しているのは，もっぱら妊娠・出産と育児，介護との両立支援である。法によって一律に義務づけることには慎重にならざるを得ないことから，労働者が使用者から育児や介護以外の「ライフ」要素を尊重してもらえるかどうかは，企業の姿勢や方針しだいということになる。労働者の処遇に関する企業の姿勢や方針決定は，人件費や人員面の余裕の有無や過去の経緯，経営陣の方針等，様々な要素が絡み合うが，「それをすると企業経営にとってプラスである」あるいは「それをしないことは企業経営にマイナスである」ということも大きな影響力を持つ。ワーク・ライフ・バランス推進の文脈の中で，従業員のモチベーションが上がるとか，優秀な人材の定着が図れるとか，ワーク・ライフ・バランスを推進する企業の収益は高いといった内容が説かれるのも，そうした企業の行動原理を意識したものの例といえよう。

ただし，人材面でのメリットは効果が実感できるまでにある程度の時間を要したり，そもそも効果を感じづらかったりする面も否めない。より企業経営に直接的に影響を与えるのは，ワーク・ライフ・バランス支援策に取り組

んでいるか否かが市場における選択基準となることである。この「市場」には，雇用市場，株式市場，商品市場等が含まれるが，株式市場に関しては，社会的に評価される行動をとっているか否かを基準に投資先企業を選定する社会的責任投資（SRI）がある。法学の領域でも，経済活動のグローバル化と法規範の適用の限界という問題に直面したことで，企業の社会的責任（CSR）やその認証，またそれらを判断基準とした投資が企業の行動に一定の方向付けをするなどのソフト・ローの可能性についての議論の中で注目された時期がある。

どの分野でも国家による法規制が不要となるわけではないし，民間組織による認証を受けるか否かは企業の自由であり，認証が法規範の限界を補完する役割を果たすことがあるにしても単なる民間組織が作成した基準の正統性はおのずと制限される。企業が定める自らの社会的責任のあり方に関する行動指針もあくまで任意に策定するものであって，法によって作成を強制するのになじまないという考え方が多い[24]。事実上の社会的規範でしかない以上，企業が行動指針で従業員のワーク・ライフ・バランスを重視する旨を宣言していても，そのことから直ちに労働者に何らかの権利義務が発生するわけではない（法令遵守等の方針に従う義務はありうるが）。しかし，法で強制しがたいが望ましい行動を企業が選択するよう動機づけることの有用性は否定できない。本章では立ち入らないが，ワーク・ライフ・バランス推進とSRIについては第7章を参照されたい。

4　長期的なワーク・ライフ・バランス――職業訓練と就職支援

前述したように，本人の意思であれば「ライフ」に専念する選択も尊重されるべきである。したがって，ワーク・ライフ・バランスの推進には「いったん離職して，家庭責任に専念したのちに職業活動を再開する」「『ライフ』に完全に専念するわけではないが，ある期間は負担の軽い非正規雇用で就業

し，仕事に割ける時間が増えれば正社員に転換したい」等の長期的な選択の保障も含まれる。職業活動の再開を希望する時点で，家族のケア等が終了している場合も続行している場合もありうる。若年介護者のように，本人が望んだわけではないが一般的な職業人生のスタートを切ることが困難だった者が仕事に就くことを希望する場合もここに含まれよう。こうした長期的なワーク・ライフ・バランスの希望の実現を阻害する要因の一つは，就職・再就職のための職業訓練の種類や場所が限られることである。

まず，職業活動に長期間従事していなかった者の教育訓練である。公的な職業訓練は，雇用保険受給者に対する公共職業訓練と，雇用保険受給者でない者に対する求職者支援訓練とがあるが，介護等を理由とする離職の場合は離職期間が長期にわたるため，後者を利用する場合が多いと考えられる。求職者支援訓練は，民間教育機関も利用した職業訓練とともにハローワークでの職業紹介を通じて「安定した就職」を支援する制度である。就職率は民間委託による公共職業訓練のそれと大きな差はなく70％台であるが，介護関連の資格を取得する職業訓練での就職率は80％台半ばと他と比較して抜きん出て高い。その要因としては，民間委託による訓練は内容がパソコン操作等に偏りがちで，労働市場でのニーズに合致しているとは限らないこと，受講者の希望と地域での労働力需要のマッチングが十分でないこと等が考えられる。

また，求職者支援訓練は就職につながることを意識して，適正な訓練設定と「厳しい出席要件」を課すことが謳われている。委託を受ける民間教育機関はその都道府県の都市部に集中していることも少なくなく，居住地によっては通学困難な距離にある場合もありうるし，全日制の施設で実施される場合は距離にかかわらず参加自体ができないおそれがある。将来の再就職に備えて職業能力を修得しようという個人の選択を支えるためには，介護に従事する無業の家族が自由時間を確保できるような社会サービスが必要である。また，現行の求職者支援訓練を民間教育機関が受託するには通所による訓練であることが要件となっている[25]が，職業訓練機関の地域的な偏りを改善す

ることが困難な場合には，情報通信技術を活用して通所と同等の教育効果を認めうる内容であれば通所以外の訓練方法も認めることが必要ではないだろうか。

なお，こうした公的な職業訓練の後の就職率は70％台であるが，期間の定めのない雇用での就職者に限定すると半数に満たない。期間の定めのある契約を締結した場合の内訳は不明であるため，試用期間的な意味合いで有期契約を締結したのか，求職者本人がフルタイムの正社員としての就職を望まなかったのかはさだかではない。しかし，求職者本人が正規雇用を望みながら有期契約での非正規雇用に甘んじているのだとすれば，有期契約から無期契約への転換権が法制化されたことは，こうした再就職者の雇用環境の向上に資する可能性がある。

5　労働法の役割と限界

本章では，家庭責任，特に介護と仕事の両立支援策を中心に検討を行ってきた。従来の日本の雇用制度は，労働者には，転勤や長時間労働を甘受する正規雇用労働者と，仕事の責任は軽いが処遇も低い非正規雇用労働者を組み合わせで展開してきた。そしてワーク・ライフ・バランスの議論は，正規雇用の子育て期の労働者への両立支援として始まった。しかし，従来型の正社員的な働き方は本来的に労働者の自己決定を阻害するという批判があり，現実に，正社員的な働き方に順応できる労働者は，家族のあり方や個人の行動の変化によって減り続けるであろう。使用者に強大で広範な命令権を付与し，正社員的な働き方を強制せしめる現在の法制度は，何らかの形で修正される必要がある。また，ワーク・ライフ・バランス政策の展開においても，家族責任以外の様々な「ライフ」要素がより重視されるべきである。

ワーク・ライフ・バランスは雇用関係の当事者に負うところが大きいとはいえ，労働者と使用者だけですべてを解決できるものではない。介護と仕事

の両立に関していえば，労働者の働き方を調整することに加えて，介護される人の自立度を維持・向上するようなハード面，ソフト面での仕組み，介護と仕事の両立をする人の体力を補う技術やインフラ，介護者が自らの将来を不安に思わないような就労支援，またボランティアを含めた精神面でのサポートが重要である。労働法が孤立防止に直接貢献できることは少ない。ワーク・ライフ・バランス実現への貢献ですら，限度がある。しかし，雇用のあり方を変えなければならないのは確かであり，法には現実の変化を促す機能がある。現実を変えたいと思う労働者を支える法理論，法制度の整備が急がれる。

注
(1) 公益財団法人生命保険文化センター「平成24年度生命保険に関する全国実態調査」によると，介護期間は平均4年9カ月で，最も回答が多かったのは4年以上10年未満（33.9％）であり，「10年以上」との回答も12.5％にのぼる。
(2) たとえば，橋本（2009：76以下）は，ワーク・ライフ・バランス政策が推進されるに至った経緯や諸制度の現状から，「子供をもつ労働者優遇策であることを直視すべき」と主張している。
(3) 内閣府・「仕事と生活の調和（ワーク・ライフ・バランス）憲章」。
(4) 「ワーク・ライフ・バランス」推進の基本的方向報告」平成19年7月　男女共同参画会議　仕事と生活の調和（ワーク・ライフ・バランス）に関する専門調査会。
(5) 浅倉（2006：28），高畠（2008：24）など。
(6) ワーク・ライフ・バランスに直接言及しているわけではないが，配転法理に関して島田（1994：48）があり，緒方（2007：41）などがある。
(7) 浅倉（2006：28）。これを支持するものとして，橋本（2009：78）。
(8) みずほ情報総研株式会社「仕事と介護の両立に関する実態把握のための調査研究（平成21年度厚生労働省委託事業）」によると，介護期間中に仕事を辞めた経験のある者の退職理由は，「自分の意思で介護に専念しようと思ったため」もあるが，「当時の勤務先では労働時間が長かったため」「出退勤時刻を自分の都合で変えられなかったため」「介護休業が取得できなかった／取得しづらかったため」という回答がそれぞれ3割程度ある。

(9) 総務省統計局「平成24年就業構造基本調査」によると，雇用者で介護している者の年齢別の内訳は，男性で40代18.6％，50～54歳16.7％，55～59歳22.0％，60～64歳19.8％であり，女性で同21.2％，21.0％，22.0％，15.6％であり，男女ともに介護と仕事の両立を図る労働者の4人中3人は40代以降ということになる。また，4人に1人は課長以上の役職についている。

(10) 前掲注(8)のみずほ情報総研株式会社の調査によると，労働者が介護休業を取得しなかった理由として「制度があることを知らなかった」と回答した労働者は32.6％にのぼる。

(11) 労働政策研究・研修機構（2007：174）（浜島幸司執筆部分）。

(12) 両角（2013：442）。労働法が家庭を考慮しない体系を持つにいたった背景については，浅倉（2010：42），背景そのものについて斎藤修「男性稼ぎ主型モデルの歴史的起源」日本労働研究雑誌638号（2013年）4頁以下を参照。

(13) 『平成15年版 国民生活白書』第3章第1節（http://www.caa.go.jp/seikatsu/whitepaper/h15/honbun/html/15311040.html，2014年9月5日閲覧）。

(14) 最大判昭和43年12月25日判時542号14頁。

(15) 厚生労働省「時間外労働の限度に関する基準」（http://www.mhlw.go.jp/new-info/kobetu/roudou/gyousei/kantoku/dl/040324-4.pd，2014年9月5日閲覧）。

(16) 東亜ペイント事件（最二小判昭和61年7月14日判時1198号149頁）。

(17) 帝国臓器（単身赴任）事件（最2小判平成11年9月17日労判768号16頁。第一審：東京地判平成5年9月29日労判636号19頁，東京高判平成8年5月29日労判694号29頁）。

(18) ケンウッド事件（最3小判平成12年1月28日労判774号7頁）。

(19) 損保リサーチ事件（旭川地決平成6年5月10日労判675号72頁）。

(20) ネスレジャパンホールディング事件（神戸地姫路支決平成15年11月14日判時1851号151頁）。

(21) NTT東日本事件（札幌地判平成18年9月29日，札幌高判平成21年3月26日）。なお，この事件は事業の外部委託に伴う配転が行われた事例であり，複数の労働者が各自の健康や家庭の事情を理由に配転命令の無効と損害賠償を求めたものであるが，高裁判決では，看護師で夜勤もある次女の子2人を妻とともに世話していた労働者に対する遠隔地への転勤命令や，軽度のうつ病の妻がおり，妻の病状から帯同も単身赴任も難しいと主張する労働者への転勤命令は有効とされている。

(22) 和田（2008：166）。配慮義務構成をとる見解も，使用者に積極的に労働者の私生活に立ち入ることを認めているわけではなく，労働者の申し出があった場合で

第5章　社会的孤立とワーク・ライフ・バランス

の配慮を求めている。
⑬　この点につき，池添邦弘「在宅勤務への政策対応——労働法学の視点を中心に」（http://www.jil.go.jp/institute/discussion/2008/documetns/08-05.pdf，2014年9月5日閲覧）。
⑭　その意味では，次世代育成支援対策促進法が，一定数以上の労働者を雇用する事業主に行動計画の策定を義務づけ，計画目標を達成した企業に「くるみんマーク」の使用を認めるという手法を採っているのは異例ということができる。
⑮　「求職者支援訓練の認定基準等について」（www.jeed.or.jp/js/kyushoku/pdf/ninteikijun.pdf，2014年9月5日閲覧）。

参考文献

浅倉むつ子（2003）「労働形態の多様化とジェンダー」『法律時報』75巻5号，41-45頁。
浅倉むつ子（2006）「労働法と家族生活——『仕事と生活の調和』政策に必要な観点」『法律時報』78巻11号，25-30頁。
浅倉むつ子（2010）「労働法におけるワーク・ライフ・バランスの位置づけ」『日本労働研究雑誌』599号，41-52頁。
池添邦弘（2008）「在宅勤務への政策対応——労働法学の視点を中心に」労働政策研究・研修機構ディスカッションペーパー08-05。
緒方桂子（2007）「『ワーク・ライフ・バランス』時代における転勤法理——個別随意合意契約説の再評価」『労働法律旬報』1662号。
笠木映里（2013）「家族形成と法」『日本労働研究雑誌』638号，53-65頁。
毛塚勝利（2005）「労働契約変更法理再論——労働契約法整備に向けての立法的提言」『水野勝先生古稀記念論集　労働保護法の再生』信山社，3-31頁。
毛塚勝利（2013）「非正規労働者の均等処遇問題への法理論的接近方法——雇用管理区分による処遇格差問題を中心に」『日本労働研究雑誌』636号，14頁以下。
生命保険文化センター「平成24年度生命保険に関する全国実態調査」。
斎藤修（2013）「男性稼ぎ主型モデルの歴史的起源」『日本労働研究雑誌』638号，4-18頁。
島田陽一（1994）「労働者の私的領域確保の法理」『法律時報』66巻9号，47-55頁。
総務省統計局（2012）「平成24年就業構造基本調査」。
高橋賢司（2009）「ワーク・ライフ・バランスと配置転換」『ジュリスト』1383号，97-103頁。

第Ⅰ部　社会的孤立防止のための政策連動

　高畠淳子（2008）「ワーク・ライフ・バランス施策の意義と実効性の確保」『季刊労働法』220号，15-26頁。
　竹内（奥野）寿（2009）「在宅勤務とワーク・ライフ・バランス」『ジュリスト』1383号，83-89頁。
　竹信美恵子（2011）「ジェンダー平等とワークライフバランス」『労働の科学』66巻7号。
　田中佑子（2013）「人事管理における家族」『日本労働研究雑誌』638号，43-52頁。
　津田小百合（2009）「家族の看護・介護支援」『ジュリスト』1383号，51-60頁。
　土田道夫（1999）『労務指揮権の現代的展開――労働契約における一方的決定と合意決定の相克』信山社。
　土田道夫（2008）「「仕事と生活の調和」をめぐる法的課題」『変貌する労働と社会システム――手塚和彰先生退官記念論集』信山社，197-223頁。
　道幸哲也（1994）「業務命令権と労働者の自立」『法律時報』66巻9号，38-45頁。
　内閣府「仕事と生活の調和（ワーク・ライフ・バランス）憲章」。
　内閣府（2003）『平成15年版国民生活白書』。
　西谷敏（1994）「労働法における自己決定の理念」『法律時報』66巻9号，26-37頁。
　西谷敏（2004）『規制が支える自己決定――労働法的規制システムの再構築』法律文化社。
　橋本陽子（2009）「短時間正社員・短時間勤務制度――ワーク・ライフ・バランスと労働法」『ジュリスト』1383号，76-82頁。
　原昌登（2009）「ワーク・ライフ・バランスと労働時間」『ジュリスト』1383号，90-96頁。
　みずほ情報総研（2009）「仕事と介護の両立に関する実態把握のための調査研究（平成21年度厚生労働省委託事業）」。
　森戸英幸（2003）「テレワーク・家内労働・在宅ワークの法政策」『法律時報』75巻5号，25-29頁。
　両角道代（2013）「『仕事と家庭の分離』と『仕事と家庭の調和』」『労働法学の展望――菅野和夫先生古稀記念論集』有斐閣，441-463頁。
　労働政策研究・研修機構（2007）『仕事と生活――体系的両立支援の構築に向けて』。
　和田肇（2008）『人権保障と労働法』日本評論社。

第6章 社会的孤立を防ぐポリシーミックス
―― 政策連動をデザインする

藤本健太郎

1 縦割りを越えたポリシーミックス

　第3章で論じられた社会保障政策と住宅政策のように,従来,政策は省庁ごとに縦割りで行われてきた。しかし,社会的孤立のように様々な要因が絡み合う問題に対しては,問題を解決するために必要な様々な政策を組み合わせること,いわばポリシーミックスが必要であると考えられる。

　本章では,前章までの政策分野に加えて,年金政策と社会的孤立について第1節で論じ,第2節では前章までの議論を踏まえて社会的孤立を防ぐためのポリシーミックスについて述べることとしたい。

2 社会的孤立と年金政策

　前章まで社会的孤立に関して様々な分野から論じてきた。社会的孤立は貧困と関連づけて議論されることも多いが,序章で述べたとおり,日本の社会的孤立が主として貧困によって生じているとは考えにくいことから,本書では貧困の問題を大きく取り上げていない。

　しかし,貧困に陥り,多くのものを失う中で人間関係を喪失し,社会的孤立の状態になる人もいる。また,特に若年層については,非正規雇用等による経済的不安定さが結婚,出産を困難にしており,ひいては社会的孤立につながることが懸念されている。内閣府（2011b：9）によれば,20～30代の男性では,年収300万円が結婚できるかどうかの一つの分岐点である。一方,

内閣府（2007：66）によれば，「近隣関係の行き来をする確率が高くなる要素」及び「近隣と深い付き合いをする確率が高くなる要素」の双方において，「既婚・有配偶者であること」及び「子どもがいること」が挙げられている。また，内閣府（2007：132）によれば，職場に相談相手の多い属性として，既婚者であることが挙げられている。

このため，本節では，若い世代の経済的な不安定さの原因となっていると考えられる非正規雇用に焦点を当てつつ，所得保障政策の中でも中心となる年金政策と社会的孤立について論じることとしたい。

（1）非正規雇用者の年金

かつての日本では，いわゆるサラリーマンの多くは正規雇用者であったが，周知のとおり，バブル崩壊後の失われた20年の間に非正規雇用者の比率が高まっている。序章でも述べたように，「2011年度労働力調査年報」によれば，2011（平成23）年の平均では雇用者は4,918万人（対前年度比23万人増）であるが，内訳をみると正規の職員・従業員は3,185万人（対前年度比25万人減）であり，非正規の職員・従業員は1,733万人（対前年度比48万人増）となっている。このように，2011（平成23）年には雇用者の35.2％は非正規雇用者であり，今や，雇われて働いている人の3人に1人以上が非正規雇用者である。

また，非正規雇用者は雇用者に占める比率が高まっているだけではなく，その性質も変化してきている。従来の非正規労働者は主婦のパート労働等，生計の柱ではない補助的な労働が中心であったが，近年は家計の主たる所得稼得者も増加していることが指摘されている。特に，日本の労働市場はいまだに新卒一括採用を基本としており，どのような職に就けるかは新卒時の労働市場の動向に大きく影響されることから，いわゆる就職氷河期に大学を卒業した若者が正規雇用の職を得ることができず，やむを得ず非正規雇用に留まっているケースが少なくないことも指摘されている[1]。

1）多くの非正規雇用者への国民年金の適用

年金制度では，基本的に被用者は二号被保険者となり厚生年金や共済年金が適用されることが想定されているが，実態としては，多くの非正規労働者は一号被保険者となり，国民年金が適用されている。その理由は，非正規雇用者であっても正規雇用者並みに働いていれば厚生年金が適用されるが，その要件が正規労働者の労働時間の4分の3以上と厳しいため，多くの非正規労働者には厚生年金が適用されてこなかったからである。

このため，2011（平成23）年度の一号被保険者の就業状況をみると，最も多いのは無職の38.9％であるが，次に多いのは臨時・パートの28.3％であり，自営業者は14.4％に過ぎない。常用雇用も7.7％おり，臨時・パートと合わせると，一号被保険者の36％は非正規雇用者ということになる（厚生労働省年金局 2012a：9）。本来，無職や自営業者を対象としているはずの一号被保険者の3分の1以上は非正規雇用者が占めているのである。

厚生年金と国民年金の違いを述べれば，まず，厚生年金では保険料納付義務が事業主にあるのに対し，国民年金は保険料納付義務が被保険者本人にある。もともと経済的に不安定な非正規雇用者に国民年金が適用されると，いわゆる天引きではなく，自分で年金保険料を納めなければいけないため，家計が苦しいときなどに保険料を未納しがちであると考えられる。

また，厚生年金と国民年金とでは，給付額に大きな格差がある。2011（平成23）年度の老齢厚生年金の平均月額は15万2,396円である（厚生労働省年金局 2012b：7）。これに対し，老齢基礎年金の平均月額は5万4,682円である（厚生労働省年金局 2012b：16）。すなわち，厚生年金の老齢年金の平均月額は国民年金の平均月額の約3倍である。第3章において，サービス付き高齢者向け住宅は食費を除いて平均で月額8万7,434円の費用がかかり，被用者年金受給者でなければ入居は難しいという指摘がなされているように，1人分の国民年金では高齢期の住居の確保も困難となる。この点について，現行の年金制度では世帯ベースで給付設計が考えられており，国民年金でも2人分

あわせれば満額で約13万円になるため，最低限の生活費はまかなえると考えられてきた。しかし，序章でも述べたように，非婚化は進行し，今では男性の5人に1人は一生結婚せず，単身世帯は2035年には全世帯の37.4％を占めることが見込まれている。これからの年金制度では単身世帯の増加を踏まえた給付設計を考えていくことが求められている。

厚生年金と国民年金の給付格差は厚生年金の保険料の方が国民年金の保険料よりも高いことが反映されたものであるが，国民年金の保険料は全額本人負担であるのに対して厚生年金の保険料が労使折半であることも考慮すると，やはり，老後保障の機能という点において厚生年金の方が優れている。

さらに，厚生年金と国民年金では，山田（2012）においても指摘されているように，遺族年金の受給者の範囲も大きく異なり，遺族厚生年金の方が受給者の範囲が広い。遺族年金は，一家の生計の柱が亡くなった場合，故人に養われていた家族の所得を保障するものであるが，非正規雇用者に国民年金が適用されることにより，現役世代の家族に対する保障も小さくなっているのである。

2）非正規雇用者への厚生年金適用の拡大

非正規雇用者の増加に対応し，働き方に対して中立的な年金制度にするという観点に立てば，どのような働き方をしていても同一の年金制度に一元化することが考えられる。その場合，国民年金のような定額の年金ではなく，厚生年金のような所得比例年金に一元化することが想定されるが，問題点がいくつかある。まず，自営業者については所得の捕捉が十分ではない。次に，仮に自営業者や無業者を被用者と同じ所得比例年金に加入させるとしても，被用者のような保険料の労使折半はできず，保険料納付義務を使用者に負わせることはできない。保険料は全額自己負担であり，納付義務を自ら負うことにかわりはない。また，低所得者や無業者を所得比例年金に一元化する場合，単純に所得に比例した負担と給付にした場合，負担も少ない代わりに給付も少なくなり，老後保障の役割を果たせない。このため，国民年金のよう

に保険料を負担しないでも給付を受ける仕組みが必要となると考えられ，いわゆるスウェーデンモデルのような最低保障付きの所得比例年金に一元化することが想定される。

仮に十分な額の最低保障を設定することができれば，従来のモデル年金のように夫婦2人分の年金を合算せず，1人分の年金であっても，低所得者や無業者を含めて安心できる老後保障を構築できる。最低保障を付けた所得比例年金への一元化は，2013（平成25）年の社会保障制度改革国民会議の報告書において一つの理想形と述べられているように，非正規社員の増加や単身世帯の増加といった現代社会の状況に対応し，働き方によって有利不利のない年金制度として一つの方向性を示すものである。

しかし，十分な額の最低保障を設定するためには膨大な財源が必要となる。最低保障は保険料拠出との関連がないことを考慮すれば，財源としては税が想定されるが，日本の財政は巨額の赤字を抱えることから，大幅な増税が必要となる。しかし，消費税増税を5％から8％に引き上げることに関する議論からも明らかなように，増税のコンセンサスを得ることは容易ではない。たとえば民主党政権下で議論された1人当たり月額7万円の最低保障年金を直ちに導入することは財源のカベを乗り越えることが容易ではなく，不可能に近いと高山（2010）は指摘している。

このため，より現実的な対策としては，厚生年金の適用拡大が考えられる。非正規労働者への厚生年金適用の拡大はかねてより議論されており，2012（平成14）年の社会保障・税一体改革による年金関連法にも短時間労働者に対する被用者年金の拡大が盛り込まれた。しかし，これにより短時間労働者約25万人に適用が拡大されるが，なお被用者保険の適用対象外となる週20時間以上30時間未満で働く短時間労働者は約400万人にのぼると推計されることは，社会保障制度改革国民会議の報告書においても指摘されている。仮に週20時間以上働く非正規労働者に厚生年金が適用されるようになれば，家計の主たる所得稼得者に国民年金が適用されている問題の解決が期待される。

また，性別でみると，女性の方が男性よりも非正規雇用の比率が大幅に高い。総務省の「平成23年度労働力調査年報」によれば，男性では働き盛りの25～54歳では非正規雇用者の割合は20％未満であるが，女性では最も非正規雇用者の割合が低い25～34歳でも41％が非正規雇用者である。高齢者の貧困の問題は，一般に男性よりも女性の方が懸念されるが，女性の方が非正規雇用の比率が高いことを考慮すれば，厚生年金の適用拡大は，高齢女性の貧困の解消にも資することが期待される。

　ここまで述べてきたように，非正規雇用者への厚生年金の適用拡大には望ましい点があるが，課題もある。低所得の非正規雇用者に厚生年金を適用拡大する場合，所得に応じた保険料負担にするという観点からは，現在の標準報酬の下限よりも低い標準報酬を設定することが自然である。2013（平成25）年10月現在の最低賃金の全国加重平均額は764円であるが，仮に1カ月に週20時間ずつ4週間働いたと仮定すれば，月収は6万1,120円である。これにあわせて標準報酬の下限を月6万円に引き下げれば，最も低い厚生年金保険料は1万272円となる[2]。2013（平成25）年度の国民年金第一号被保険者の1カ月当たりの保険料は1万5,040円であることと比べると，保険料負担は約3分の2であり，かつ，労使折半で負担されるため，その半分は事業主が負担してくれる。しかし，こうした前提のうえで現行の厚生年金の給付計算式をそのまま適用すれば，基礎年金に加えて厚生年金の報酬比例年金が給付される。さらに，適用が拡大される本人だけではなく，被扶養配偶者がいれば三号被保険者となり，基礎年金を受給できる[3]。ここまでは厚生年金の適用拡大により，一号被保険者から二号被保険者にかわるケースを述べているが，三号被保険者から二号被保険者になる場合，保険料負担は増えるが，やはり給付は増えることになる。

　このため，一号被保険者との公平性の観点から一定の調整が必要となると考えられ，低所得の非正規雇用者に厚生年金の適用を拡大する場合，現在の厚生年金の給付をそのまま適用することは難しいと考えられる。しかし，定

額部分を大幅に削ってしまうと報酬比例部分だけでは十分な保障とならない。最も低い標準報酬が適用された状態で働き続けたとしても，たとえば月額7万円程度の金額は保障したうえで，報酬比例の要素は残し，働いて多く所得を得るほど年金給付も増額するようにすべきであると考える。

（2）能動的年金政策

　非正規社員の増加は社会に様々な影響をもたらしている。前述したように若年層の社会的孤立の原因として懸念されるほか，非婚化や少子化の背景にもなっていると考えられ，社会保障政策についても年金や医療保険の保険料未納者の増加の背景になっている。

　ところで，非正規社員はなぜ急速に増加したのだろうか。よく指摘されるのは，リーマンショックによる影響や派遣労働者等の規制緩和の影響である。確かにそうした要素の影響も大きいと思われるが，年金政策も非正規社員が増加した原因の一つであると考えられる。非正規雇用者であっても正規雇用者並みに働いていれば厚生年金が適用されるが，その要件が正規労働者の労働時間の4分の3以上と厳しいため，多くの非正規労働者には厚生年金が適用されてこなかったことを述べたが，厚生年金が適用されず国民年金が適用されることは，使用者の立場から見れば，年金保険料の半額を負担する必要がないことを意味する。さらに，国民年金の保険料は天引きではないことから，厚生年金ではなく国民年金が適用されることは，同じ賃金を払った場合の手取り賃金額が年金保険料の分だけ高くなることを意味する。

　このことは，労働コストを少しでも下げたい使用者にとって，なるべく正規社員ではなく非正規社員を雇おうとするインセンティブになったと考えられる。厚生年金の保険料率は本書の執筆時点（2014〔平成26〕年9月）で17.474％であるが，厚生年金が適用されないことで，その半分の8.737％を使用者は負担せずに済む。賃金を約9％抑制できることが経営に大きな影響を与えることは論を待たないであろう。さらに，被用者に同じ手取り賃金額

を渡そうと考えるのであれば，厚生年金ではなく国民年金が適用されるようにすれば，17％以上のコストカットが可能ということになる。

　非正規社員の増加は，年金制度を取り巻く環境の一つと捉えられることが多いが，逆に年金制度が少なからず労働市場に影響していることに留意すべきであると考える。本来は国民の生活の安定を図る年金制度が非正規社員増加の一因となったことは皮肉としか言いようがない。前述した非正規社員への厚生年金の適用拡大は，この歪みを是正することも期待される。

　年金政策の労働市場への影響については，なるべく中立的な政策をとることにより，悪影響を及ぼさないようにするということは穏当な考え方であろう。しかし，筆者は一歩進めて，社会全体にとっても年金制度にとっても望ましい変化を労働市場にもたらす方向に年金政策の発想を転換することを提言したい。今や年金給付は年間50兆円を超え，国の一般会計の半分を超える規模となっており，労働市場にも大きな影響を及ぼしている。

　目下の労働市場の課題としては，少子高齢化に伴う労働力人口の不足が挙げられるが，育児や介護と仕事の両立が困難なために離職する人を減少させることは，労働力人口不足の影響を軽減して経済成長に資するとともに年金保険料を負担する被保険者の減少を防止することで年金制度自体にもプラスである。さらに，育児家庭や介護家庭などの社会的孤立の防止にもつながる。そこで，育児や介護をしながら働く被用者および雇用者への優遇措置を検討してはどうだろうか。

　このように，年金政策によって労働市場に望ましい影響を与えるなど社会に良い変化をもたらそうとする考え方を，ここでは「能動的年金政策」と呼ぶことにしたい。給付規模が巨額となり，社会や経済に大きな影響を及ぼし得るようになった年金制度には，従来のように社会の変化を周辺環境と捉えて受け身の対応をすることだけではなく，社会の状況をよくするために能動的な対応が望まれるのではないだろうか。

　育児や介護と仕事の両立支援という観点から年金政策をみれば，育児につ

いては，育児休業期間中の保険料を免除しつつ，保険料を負担しないことが将来の年金給付減額につながらないようにする措置はすでに講じられている。しかし，育児は休業後も継続する。ドイツの年金制度では児童手当を受給している子どもを養育している親に対して優遇措置が講じられている。なお，ドイツの児童手当は日本と違って所得制限がなく，原則として18歳未満の子どもを対象とし，失業中の子どもは21歳まで，就学中の子どもは27歳まで給付対象となっており，対象年齢も大幅に広い。ドイツの事例を参考に，日本でも18歳未満の子どもを育てながら働いている親を年金における優遇措置の対象としてはどうか。

次に，介護と仕事の両立については，育児よりも対策は遅れている。介護休業期間中の保険料免除措置などが講じられていないのは，介護休業がわずか3カ月間しかないことも背景と思われるが，家族介護は3カ月で終わるわけではない。施設入所が中心だった時代に，要介護状態になった家族の介護をどうするか決めて準備する期間として3カ月の休業期間が設定されているものと思われるが，地域包括ケアが導入される等，入所ケアから在宅ケアに大きく重点はシフトしつつある。介護休業期間の延長も検討すべきであると考えられるが，そもそも介護休業期間しか年金制度において優遇できないわけではない。ドイツでは，週14時間以上家族の介護に従事し，週30時間以内しか働いていない人は年金制度における家族介護者支援の対象となっている。日本においても，一定以上家族介護を行い，そのために労働時間を短縮している家族介護者を年金制度において支援することを検討すべきであると考える。

また，労働市場への働きかけを考える場合，育児や介護と仕事を両立する本人だけではなく，雇用者にもインセンティブを与える方が効果は大きい。たとえば，育児や介護をしながら働く人については，名目所得ではなく手取り所得に対して年金保険料を課すことも一案である。税や他の社会保険料を控除した後の手取り所得を保険料賦課ベースにすれば，企業の年金保険料負

担をかなり軽減できる。育児や介護をしながら働く人を雇用するコストを一般の労働者よりも低くすることで，労働市場への好影響が期待できる。

なお，ここまで育児および介護と仕事の両立支援について述べてきたが，病気の家族や障害者を支えながら働く人についても同様のことがいえる。医療についても在宅ケアを重視する以上，患者を自宅でケアしながら働く家族は増加していくことに留意すべきである。

ところで，これまで述べた優遇措置の財源はどうするのかという疑問は当然生じるであろう。日本の財政赤字は依然として深刻な状況にあり，一般会計に大きな追加財源を求めることは難しい。一方，社会保険料率を大幅に引き上げることは労働コストを実質的に上昇させ，雇用に悪影響を及ぼすおそれもあり，容易ではない。このため，財源としては，年金制度内だけではなく社会保障全体における重複給付の調整をしてはどうだろうか。たとえば特別養護老人ホームに入所した高齢者の場合，衣食住は基本的にホーム内で完結しており，要介護度が高い場合は買い物をすることが困難になる場合も多く，受給した年金は貯金されることが多い。そして，入所者が亡くなると，それまで顔を見せなかった親戚が現れて遺産を受け取っていくという話は，残念な話であるが，よく聞かれるところである。このため，介護施設に入所した場合には，介護保険から給付を受け取った分，年金給付を減額してはどうだろうか。もちろん低所得の高齢者への配慮は欠かせないが，第3節の世代間の公平性に関する議論において詳しく述べるが，高齢者は全体としては経済的弱者ではないと考えられる。

さらに，現状では社会保険料の負担において，年金は勤労収入よりも大きく優遇されているが，低所得ではない高齢者には現役世代と同様に医療保険料や介護保険料を負担してもらえれば，医療保険や介護保険の財政は楽になる。年金制度の枠内で財源を捻出しようとするのではなく，社会保障全体で財源をやりくりすれば，選択肢は広がる。

そして，能動的年金政策の考えが受け入れられれば，様々な政策展開が可

能となってくる。前述したように年金政策も非正規雇用者の増大の一因となったと考えられるが，たとえば非正規雇用者が正規雇用者に転換した場合に使用者負担分も含めて年金保険料を軽減すれば，逆に正規雇用者を増大させるよう労働市場に働きかけられる。正規雇用者が増大することは若年層を経済的に安定させ，年金保険料の未納者も減少することが期待される。若年層の経済的な不安定さが結婚や出産へのためらいにつながっていることから，正規雇用者の増大は少子化対策にもなり，社会的孤立の防止にもつながることが期待される。

3 社会的孤立を防ぐポリシーミックス

従来，何か社会的な問題が生じ，その対策を議論する場合には，社会保障政策，経済政策，住宅政策，都市政策，労働政策等それぞれの政策分野において，基本的に個別に対処されてきた。しかし，社会的孤立のような広範な問題に対するには，そのような縦割りの対応では有効な対策を講じることは難しいと思われる。

そこで，社会的孤立を防ぐためには，縦割りの壁を越えて，どのような政策を組み合わせることが有効かという視点によって対策（ポリシーミックス）を考慮すべきであると考える。

社会的孤立は日本全体に広がり，普通に暮らしてきた人が陥る問題であることは序章で述べた。しかし，いざというときに頼れる人がいない社会的孤立が深刻な問題として表面化するのは，高齢者，介護家庭や育児家庭等，病気や要介護状態，障害等の何らかの理由によって日常生活を送るうえでの支援が必要となった場合である。このため，日常生活上の支援を必要とする人々に対する政策から述べることとしたい。

第Ⅰ部　社会的孤立防止のための政策連動

（1）ユニバーサルケア支援センター——在宅ケア政策の融合

　日常生活において支援を必要とする人は増加が見込まれており，特に要介護高齢者は大幅な増大が予測されている。しかし，第1章では社会保障分野の技術的な条件が現状と同じと仮定することに疑問を提示し，方向づけられた技術変化により，ジェロンテクノロジーが進歩することが予測されることが指摘されている。パワーアシストスーツ等によって自立支援を行う技術が進歩すれば，現状の技術水準では日常生活に支援が必要な人が，支援なしで生活できるようになると期待される。すなわち，ジェロンテクノロジーの進歩により，要介護高齢者の増加ペースが鈍ることが期待できる。これまで，社会保障政策の分野では医療や薬の技術進歩には関心が払われてきたが，確かに工業技術の進歩は意識されてこなかった。情報の非対称性を是正する規制と技術発展のための自由な企業活動を両立させなければならないという指摘は，ジェロンテクノロジーの進歩から期待される成果を考えれば，説得力がある。

　日常生活において支援を必要とする人々に対し，従来の日本の医療や社会福祉では入所ケアによる対応が中心だったが，近年，在宅ケア重視に方針転換が行われた（第2章参照）。

　在宅ケア重視は，ノーマライゼーションやエイジング・イン・プレイス等の理念に基づくものであり，国際的潮流でもある[4]。なるべく住み慣れた場所で自分らしい暮らしを送りたいということは，自然な願いであると思われる。

　また，在宅ケアを利用することは，社会的孤立に関していえば，社会との接点と捉えることもできる。たとえば訪問介護や訪問看護を受けていれば，体調の急変を知らせる相手がいるということでもあり，孤独死のリスクは低減すると考えられる。

　しかし，社会的に孤立した人は周囲の助けが得られにくく，在宅ケアにアクセスすることも容易ではない。現行の縦割りのケアでは，どこの窓口に行

けば必要なケアが受けられるか分かりにくく，さらに複数のケアを受けるには複数の窓口で複数の手続きが必要である。

　地域包括支援センターは介護保険法に根拠を有しながら，介護保険の枠を越えて高齢者の総合相談窓口と位置づけられたことは画期的であるが，対象はなお高齢者に限られている。しかし，日常生活上の支援を必要とするがゆえに社会的孤立が深刻な問題となるという点では，高齢者も子どもも障害者も同様である。第3章では高齢者の地域包括ケアと同じような発想で障害者の地域移行を考えていく必要があるだろうことを指摘している。

　また，親の介護と育児を同時に行っている母親は珍しくなく，同じ家庭に慢性疾患の患者と障害児がいる等，複数の問題が同時に生じていることは少なくない。

　このため，地域包括支援センターをさらに発展させ，ネットワーク型社会保障の観点から高齢者や子ども，障害者といった従来の対象者ごとの縦割りを越えたワンストップサービスの在宅ケア支援を行うことが望ましいと考える。別の表現をすれば，在宅ケアについて，医療政策と介護政策の連動だけではなく，児童福祉政策や障害福祉政策も組み合わせ，一つの窓口に融合させることが望ましいと考える。そのような在宅ケアの支援拠点を，ここではユニバーサルデザインにちなみ，「ユニバーサルケア支援センター」と呼ぶこととする。

　地域包括支援システムは市町村が構築することとされており，市町村ごとに独自性を発揮したシステムになる見通しであるが（第2章参照），在宅ケアを推進する以上，どの市町村においても，ワンストップサービスの拠点を設置することが望ましい。

　ユニバーサルケア支援センターの実現は困難に思われるかもしれないが，たとえば地域包括支援センターの機能を拡充し，高齢者のみならず児童福祉や障害福祉も含めた福祉の総合相談窓口にすることは，現に静岡県富士宮市等で行われている。

また，現状では市役所の本庁ではない地域センターにすべての在宅ケアに対応できる専門家を配置することは，専門家も縦割りで養成されてきたことから，実現は困難だろう。しかし，すべての在宅ケアの内容に通暁できなくとも，どの種類の在宅ケアならどこに聞けばよいかを把握し，ニーズのある個人または家族をつなぐという窓口機能であれば，実現可能ではないかと考える。そして，将来的には複数の分野の知識を持ち，1人でワンストップサービスの機能を果たせる新たな専門職を養成することが望ましい。

在宅ケアに関しては，地域に埋もれたニーズを把握するためにアウトリーチの対応が必要であるといわれるが，社会的に孤立した人のニーズの把握は容易ではない。しかし，ユニバーサルケア支援センターを配置できれば，地域の社会保障関係者が支援の必要な人の情報を共有することにつながり，現在よりニーズの把握が容易となり，アウトリーチの対応も可能になってくると期待される。

さらに理想像を述べれば，ユニバーサルケア支援センターに従来の医療や福祉のケア以外の様々な支援機能も持たせ，所得保障や就労支援，住宅支援の機能も含めれば，たとえば介護家庭に障害年金の申請を促し，サービス付き高齢者向け住宅や介護をしながら働ける場所を紹介する等，まさに包括的な支援を行うことができる。

(2) 家族政策の推進

1) 在宅ケア利用者の家族の支援

在宅ケアでは，入所ケアのように施設のスタッフが24時間見守ってくれるわけではなく，利用者が安心して暮らすためには家族など周囲の人の支援が必要である。ところが，序章で述べたように，家族の縮小や地域の人間関係の希薄化により，家族一人に負担がかかるケースが増えていると考えられる。かつては，たとえば老親の介護は兄弟やその配偶者が交替で行うことが多かった。しかし，一人っ子であれば負担を分かち合う兄弟がいない。また，

第6章 社会的孤立を防ぐポリシーミックス

非婚化の進行により，配偶者の協力を期待できない独身者が増加している。さらに，結婚していたとしても，夫婦ともに一人っ子であれば，互いの親の介護で手一杯ということもあるだろう。

このため，日常生活上の支援が必要なために社会的孤立に伴う問題が深刻化するのは本人だけではない。序章で述べたように，要介護高齢者と家族介護者による介護家庭が陥る「介護の孤立」，育児家庭が陥る「育児の孤立」等，本人を支える家族も一緒に社会的孤立するケースが増えている。序章では取り上げていないが，介護と育児に限らず，在宅生活を送る患者を支える家族，あるいは障害者を支える家族も同様の状況にあると考えられる。また，前述したように，一つの家庭が複数の問題を同時に抱えていることも少なくない。

このため，在宅ケア利用者の家族の支援は従来以上に必要であると考えられる。一方，第2章では，2006（平成18）年の介護保険制度改正によって創設された地域支援事業によって家族介護に関する支援事業が介護保険制度に位置づけられたものの，市町村の任意事業であることから都道府県ごとに実施割合に大きな差があり，2015年度の改正において，地域支援事業は継続するものの，費用のかさむ介護予防給付と一緒にまとめられたことによって，少なくない保険者が実施しないことへの懸念を示している。

入所ケアから在宅ケアに重点を移すことにより，在宅ケア利用者を支える家族が増加することにも留意すべきであり，家族の支援は介護保険制度をはじめとする社会保障制度全体において，より充実させなければならず，後退することはあってはならないと考える。

家族介護者の支援策については，ドイツの家族介護者に対する支援制度が参考になると考える。ドイツでは，家族介護者に対して，介護保険制度において要介護度に応じて現金給付を選択できることに加えて，介護中の怪我等が労働災害保険の対象となり，介護を行った期間を年金給付計算に反映するなど，社会保障制度全体による支援が行われている。また家族介護者のバー

ンアウトを防ぐためにレスパイトケアとしての介護休暇の仕組みもある。

また，介護労働者用のロボットスーツ等医療や介護等の高齢者ケアサービスを資本集約的な産業に変えるための技術は（第1章参照），要介護高齢者や患者を支える家族の負担を軽減することにも役立つと考えられる。家族を支援するためにも，ジェロンテクノロジーの進歩は期待される。

さらに，仕事を辞めることが社会的孤立につながるおそれがあることから（序章参照），社会的孤立を防ぐためにも，在宅ケア利用者を支える家族の仕事との両立支援策を充実することが重要である。

中でも，育児と仕事の両立支援については，労働力人口の不足を緩和するために女性の労働参加率を向上させることが重要な政策課題として浮上している。IMFのエコノミストのレポートによれば，日本の女性の労働参加率は2005（平成17）年時点で68.8％にとどまり，OECD諸国の中では低い。そして，男性の労働参加率に比べると25％も差があるが，これほど大きな男女差がある国はOECD諸国の中でも他には韓国のみであり，ほとんどの国では男女の差は約10ポイントである（スタインバーグ・中根 2012：5）。

日本の女性の労働参加率が低い理由として，出産により離職する女性が多いことが挙げられ，年齢別にみた女性の労働参加率がいわゆるM字カーブを描いていることが知られている。このため，女性の労働参加率を上昇させることは，育児をしながら働く女性を増加させることにつながる。そのためには育児と仕事の両立支援策を充実することが必要である。日本の育児と仕事の両立支援策はヨーロッパ諸国と比べると貧弱といわざるを得ず[5]，従来から行われている保育ケアの量の充実だけではなく，最大では100％負担となっている保育所の利用者自己負担の軽減，育児休業中の所得保障の充実等の多くの課題がある[6]。

また，介護と仕事の両立支援は，育児以上に対応が遅れている。介護休業の期間は3カ月であるが，いずれ成長して手がかからなくなる育児と違い，介護の場合は長期間続く可能性がある。また，介護休業期間中や介護のため

に短時間勤務に切り替えるための収入源に対する支援もない。そして，病気の家族や障害者を支えながら働く家族の支援策も十分ではない。

　さらに，在宅ケア利用者を支えながら働く家族が仕事と両立しやすくするためには，社会保障制度による支援のみならず，第5章で述べられているワーク・ライフ・バランスの推進が必要である。

　また，地域包括ケアで謳われている24時間在宅ケアを実現できれば，在宅ケア利用者を支える家族の負担は軽減すると思われるが，何かあったときにいつでも専門家が駆けつけるシステムを過疎地で実現することが可能なのかという疑問が提示されている。そして，育児や介護を行う自宅と保育所やデイケアセンターが遠ければ，やはり両立は難しい。24時間在宅ケアを実現し，育児や介護と仕事の両立を容易にするためには，コンパクトシティに在宅ケア機能を織り込んだまちづくりが必要である。まちづくりは社会的孤立を防ぐうえで重要な要素であり，後に詳細に述べることとしたい。

2）家族のいない人の支援・家族を持つことの支援

　在宅ケア利用者の家族を支援する必要性を述べてきたが，序章で述べたように非婚化が進み，家族を持たない人が増えつつある。また，家族がいても仕事などのため遠くに住んでいるケースも少なくない。このため，高齢者世帯に占める単身世帯の比率は上昇が見込まれている（第2章参照）。

　一方，社会的孤立が進行し，序章で述べたように日本の高齢者は他国に比べ，近所の人や友人に日常生活の支援を求めることが難しく，同居する家族以外に頼れない人の比率が高い。地域社会においても職場においても人間関係が希薄化する中，かつての日本社会とは異なり，近所の人や職場の上司の紹介による見合い結婚することは難しくなっている。藤本（2012）でも述べたが，結婚しにくい社会になっているため，結婚して家族を持ちたい人の支援も進める必要があると考えられる。近年，多くの自治体において結婚支援の活動が始まっている。その際，結婚に適齢期はないというふうに考えを改めて，高齢者も含めて支援すべきであると考える。

また、シェアハウスのように家族ではない人たちが一緒に助け合いながら暮らすことも一つの方向性であるだろう。それでも、1人で暮らす以外の選択肢のない人もいるだろうし、同居する家族等の支援が得られない単身の在宅ケア利用者をどのように支えていくかは課題である。単身の在宅ケア利用者の支援としては、まず、第2章で述べられているように多職種が連携した在宅ケアの展開が必要であり、前述したワンストップサービスもサービスへのアクセスを確保するために重要であると考えられる。

さらに、家族の支援を受けられない在宅ケア利用者が地域につながって暮らせるように、コミュニティカフェ等の居場所づくりの活動も重要であるだろう。居場所づくりの活動が、いざというときに地域の人が助けてくれることに必ずしも直結するわけではないが、地域の人間関係の醸成は、助け合える人間関係につながっていくものと期待される。

(3) 住み慣れた場所で暮らすためのポリシーミックス

1) ハードとソフトの融合した住宅政策

日常生活を送るうえで支援の必要な人が、施設に入所せずに住み慣れた場所で暮らすためには、それにふさわしい住む場所の確保が必要である。地域包括ケアシステムに住宅の視点が盛り込まれたのは、必然ともいえる。

在宅ケアにふさわしい住宅といえば、階段やトイレに手すりを付ける等のバリアフリー住宅が想起されやすいが、第3章では、そうした住宅のハード面だけでなくソフト面も重要であることを指摘している。

特に、同居する家族がいない場合、自宅を保有していない高齢者は、孤独死のリスクが懸念されるために住宅の賃貸を断られることも少なからずあることに留意すべきである（第3章参照）。そして、非婚化の進行に伴い、独居高齢者の比率は今後増大することが見込まれている（序章参照）。このため、単にバリアフリーにするといったハード面の対策だけではなく、住宅と入居者のマッチングの支援や、独居高齢者の見守り支援を行うこと等で家主の不

安解消を図るというソフト面の対策も重要であり，第3章で論じられているように，住宅政策と社会保障政策の連携が必要であると考えられる。

また，一人暮らし高齢者の見守り活動や前述した居場所づくりの取り組みは，在宅医療や在宅介護などのプロによるサービスではなく，NPO 等市民が担っているケースが多い。これからは市民も政策の担い手として位置づけるべきであると考えられ，その点は第Ⅱ部で詳しく述べることとしたい。

2) 在宅ケア利用者が安心して暮らせるまちづくり──コンパクトシティの整備

日常生活上の支援が必要な人とその家族にとって，在宅ケアへのアクセスの良さは非常に重要である。しかし，地域包括ケアシステムでは，24時間在宅ケアが中心的な役割を果たすと謳われているが，過疎地でも実現できるのかという疑問の声も聞かれる。

また，買物等の生活に必要な行動に支障がないかどうかも，安心して暮らすためには重要である。加齢に伴う運動能力や認知能力の低下により，高齢者の車の運転は交通事故の危険が高いことが指摘されており，車の運転をやめる高齢者は今後も増加していくと考えられる。しかし，ニュータウン等の郊外の住宅地では車を運転しないと買物をすることに困難を生じるいわゆる買物難民の問題が生じている。

このように考えると，高齢者をはじめ在宅ケア利用者が安心して暮らすためには，都心部に安心して暮らせるようなまちづくりが重要な課題として浮かんでくる。

第4章では，65歳以上の人々の外出率が最大に増加している背景として，これまでは息子夫婦等が支えてくれていた日常の買物などについても自らが出かけることが考えられ，元気な高齢者による外出増加は健康維持からも望ましいが，支える人が少ないことによる外出率の増加は，その次の段階として支える人がいなくて外出できない高齢者の増加につながる懸念を指摘している。

24時間在宅ケアを実現し，買物難民の発生を防ぐためには，第4章で論じ

られた自動車に依存することなく日常生活に必要なものは徒歩等で容易にアクセスができるような「コンパクトシティ」を整備して，高齢者など在宅ケアを必要な人の暮らしやすいまちづくりを進めることが望まれる。

　郊外に住み，自動車を運転せずに近くに買い物ができる場所がなければ，日常の買い物に支援が必要となりがちである。しかし，徒歩圏内で買い物ができるコンパクトシティに引っ越せば，日常の買い物に支援は必要ない。このように日常生活に支援が必要かどうかは生活環境による部分もあり，なるべく日常生活に支援が必要とならない方向に政策を進めることが重要であると考える。

　また，モータリゼーションの進展に伴い，地価の高い都市内よりも地価の相対的に安い郊外でガレージを備えた戸建て住宅を持つことが望ましいと考える人々が増加し，郊外の幹線道路沿いに多くのニュータウン等の郊外住宅地が整備されたと指摘されている（第4章参照）。ニュータウンには高度成長期などに多くの家族連れが入居したが，成長した子どもたちは親元を離れ，高齢の親だけが住み続けていることが多い。またニュータウンは人工的につくられたまちであり，昔からの地縁や血縁もないことから，高齢者の社会的孤立が他の地域よりも深刻になりやすい[7]。モータリゼーションの進展がニュータウンの増加につながったという指摘は重要である。車による移動を必要とせず，徒歩やLRT（Light Rail Transit，次世代型路面電車）等の公共交通機関によって移動するコンパクトシティを整備し，ニュータウンから移り住むことを促進できれば，社会的孤立の防止につながる。実際に富山市においては，LRTの環状線開通後に中心市街地への転入超過が大きくなったことが指摘されている（第4章参照）。LRTは都心居住の魅力を高める要素にもなっていると考えられる。

　そして，高齢者が安心して住めるコンパクトシティにするためには，在宅ケアの拠点を整備することが必要である。その際，在宅ケアの拠点は縦割りではうまく機能しないと考えられる。地域包括ケアに謳われるように在宅医

療と在宅介護が連携し，診療所，在宅看護ステーション，在宅介護ステーション等が有機的に連携し，かかりつけ医，看護師，社会福祉士，介護福祉士などの多職種連携が重要である。また，介護予防における口腔ケアの重要性を考えれば，在宅医療には歯科診療も含めて考えるべきであろう。そして，医師の往診が届きにくい場合には看護師，歯科医師の往診が届きにくい場合には歯科衛生士によるアウトリーチ対応が行われることが望ましい。

ここまで高齢者を中心に述べてきたが，在宅ケアを利用する高齢者が安心して暮らせるようなまちをつくれば，慢性疾患の患者や障害者も暮らしやすいまちとなる。また，保育サービスの機能を加え，前述したように高齢者の相談窓口ではなくユニバーサル支援ケアセンターを設置すれば，育児家庭も暮らしやすいまちとなる。市街地から離れた場所に住んでおり，周辺に住宅が少なく交通の便が悪いため，育児仲間がいない等の孤立の問題が生じ，近隣で十分な保健・福祉サービスが受けられない問題も指摘されている（第3章参照）。コンパクトシティは高齢者だけではなく育児世帯等も安心して暮らせるまちとなることが期待される。

そして，高齢世代と育児世代が一緒に暮らすまちをつくることには，世代間の交流を通じて，世代を超えて助け合う関係が醸成されることも期待される。たとえば，ドイツ連邦家庭省のモデル事業である「多世代の家」は，地域の高齢世代と育児世代が一緒に食卓を囲むことを通じて人間関係を醸成しようとするものであるが，元気な高齢者に育児を支援してもらい，高齢者に育児を支援してもらった親子は，いずれ，体の弱った高齢者の支援をするようになることを狙いの一つとしている[8]。

（4）世代間のバランス

ここまで，日常生活を送るうえで支援が必要な人たちに焦点を当てて述べてきた。ここからは，対象を広げて述べていくこととしたい。

若くて元気なうちは，社会的に孤立していても日常生活を送るうえで問題

はないかもしれない。親の介護をしたり，育児をするとなると周囲の助けが必要となるが，そうした機会がなければ，社会的孤立の問題は意識しないかもしれない。しかし，いずれは高齢期を迎えることから，その前に社会的孤立は解消しておくことが望ましい。また，身体的に健康であっても，社会的に孤立していれば，仕事で壁にぶつかったりしたとき，親身になって相談にのってくれる人がいない。近年，勤労者の鬱病の増加が指摘されているが，社会的孤立もその背景になっていると考えられる。1日の時間の使い方に関する調査によれば，20代前半の交際・付き合い時間は大幅に減少しており（序章参照），また休日の外出率について，20〜39歳までの年代の外出率の減少が著しく，これらの年代の人たちは休日には4割程度が外出しないで生活していることが指摘されており（第4章参照），若い世代がいざというときに助け合える人間関係を醸成できているのか懸念される。

　このように，若くて健康な人についても，社会的孤立は放置しておいてよい問題ではない。

　本章第2節でも述べたように，若い世代では経済的不安定さが結婚や出産を困難にし，社会的孤立リスクを高めていると考えられる。出産や育児等を支援する家族政策が日本では充実していないと述べたが，その背景として，社会保障給付の約7割が高齢者に配分されており，育児支援等の家族政策の比重が小さく抑えられてきたことがある。一方，社会保障の主な財源は保険料と税であり，主として現役世代が負担している。

　第1章で問題提起された世代間のバランスについては，伝統的な社会保障の考え方では高齢者は経済的弱者とされてきた。しかし，年金制度の成熟や非正規社員の増加等の労働市場の変化により，現在では状況は異なっていると考えられる。世帯所得の統計をみると，世帯規模が比較的小さい高齢者世帯の所得は少なくみえるが，実質的な経済的状況をみるのであれば，世帯人員一人当たりの所得をみるべきであろう。2012（平成24）年のデータをみると，世帯人員一人当たりの平均所得は表6-1のとおりである（厚生労働省年

第 6 章　社会的孤立を防ぐポリシーミックス

表 6 - 1　世帯主の年齢階級別にみた世帯人員一人当たり平均所得金額　(単位：万円)

	総　数	29歳以下	30～39歳	40～49歳	50～59歳	60～69歳	70歳以上	65歳以上(再掲)
1世帯当たり平均所得金額	548.2	314.6	547.8	669	764.3	541	403.8	427.2
世帯人員1人当たり平均所得金額	208.3	171.6	180.9	204.4	254.8	213.9	188	190.6

出所：厚生労働省「平成24年度国民生活基礎調査の概況」。

金局　2012a：14)。

　表 6 - 1 に示されているように，最も平均所得が高いのは50～59歳の254.8万円であり，最も平均所得が低いのは29歳以下の171.6万円である。20代の場合，まだ仕事も駆け出しであり，いずれ所得があがる可能性はある。しかし，筆者が注目すべきであると考えるのは，30～39歳の平均所得が180.9万円であり，65歳以上の190.6万円を下回っていることである。40～49歳の平均所得は204.4万円であり，65歳以上と大きな違いはなく，60～69歳の213.9万円よりも低い。データから浮かび上がるのは，高齢者全体としては所得が低いとはいえず，むしろ現役世代の所得の低さが懸念される。パラサイトシングルの名づけ親である山田昌弘教授は，親の年金に依存して生活せざるを得ない低収入の現役世代を年金パラサイトと呼んでいる。

　第 3 章においても，若年層の持ち家率の低下が顕著であり，これまでのような正社員として就職，結婚，子供の誕生，継続的な賃金の上昇，住宅の購入といったライフサイクルを前提とすることは難しいと指摘されている。また，第 4 章においては，若者の自動車離れの理由として，経済的な余裕のなさが指摘されている。このように，複数の政策分野の知見を持ちよることは，政策の連動だけではなく，社会の問題についての認識を深めることにもつながると思われる。

　現役世代の所得が低いというと，一生懸命働けばよいではないかと思う高齢者もおられるかもしれない。しかし，かつての高度成長社会では真面目に

働ければ賃金は上がるものであったが，現在の低成長社会では，ワーキングプアに象徴されるように，懸命に働いても賃金は上がるとは限らない[9]。

ところで，財政方式を賦課方式による年金制度では，現役世代から高齢世代に所得移転が生じる。前述した各世代の所得状況等を考慮すれば，さらに高齢世代は若い世代に比べて貯蓄等の資産が多いことも考慮に入れれば，世代間の所得移転が過剰なのではないかという問題意識が生じる。また，社会保障政策全体についても，医療保険において高齢者が負担能力ではなく年齢によって一律に患者自己負担が軽減され，未就学児よりも低い負担となっていること等，全体として負担は現役世代に，給付は高齢者に偏っている。椋野（2010）は，サービスに対する利用者負担の平均は医療15％，介護7％であるのに対して保育は40％と高く，利用者負担割合の最高は医療30％，介護10％であるのに対して保育は100％になることを指摘している。このため，社会保障全体について世代間のバランスをとり，エイジレスに支えあう方向に改革すべきことを筆者も述べてきたが[10]，一方，いわゆる世代間の損得論については，藤本（2012）でも述べたが，今の高齢世代は社会保障制度の枠外で親に仕送りをする等の負担をしてきており，公的な制度の中だけで議論することは望ましくない。

近年になって政府の方針も変わり，2011（平成23）年5月に厚生労働省が示した「社会保障制度改革の方向性と具体策」においては世代間の給付と負担のアンバランスが生じていることを認め，現役世代や将来世代にも配慮した全世代対応型の社会保障制度への転換を進めなくてはならないとされた。2013（平成25）年8月にとりまとめられた社会保障制度改革国民会議の報告書においては，すべての世代に安心感と納得感の得られる全世代型の社会保障に転換することを目指すと述べられ，すべての世代が年齢ではなく，負担能力に応じて負担し，支えあう仕組みが提唱されている。

第1章で指摘されているように，日本の社会保障では負担は先送りにされがちであったが[11]，社会保障制度改革国民会議の報告書では，後代に負担を

先送りにすべきではないと明確に述べられている。今後，報告書の内容が政治において実行されることが望まれる。これから構築される社会保障政策においては，超長期の世代間投資が必要とされる状況を回避することが望ましいと思われるが（第1章参照），現に存在する財政赤字や社会保障給付費の自然増はどうにかしなければならない。将来の世代に巨額のツケを残さないように，今の世代が社会保障サービスの利用者負担や保険料負担の増大等によって，解決の目途を立てる努力をすべきである。2014（平成16）年6月18日に参議院本会議で可決・成立した地域医療・介護総合確保推進法では，年金収入が年間280万円以上の人を対象に自己負担を1割から2割に引き上げられたが，こうした流れの一環であると捉えられる。今後，医療保険の患者自己負担比率についても，負担能力ではなく年齢に着目して高齢者を一律に優遇している措置の是正が必要であるだろう。そして，給付と負担における世代間のバランスを図るためには，単なる高齢者の負担増で終わってはならず，保育料の負担軽減や育児休業中の所得保障の充実等の現役世代が受益者となる育児支援策の充実も急務である。

　一方，第3章では，高齢者の中にも経済的弱者が依然として存在し，持家のない高齢者は社会的孤立に伴う孤独死のリスクが大家に忌避されることにより，家を借りることが難しいことを指摘している。筆者が主張してきたエイジレスに支えあう社会保障は，高齢者に一律に負担増を求めるものではない。負担能力のある高齢者も多いことから，高齢者にも支える側に回ってもらう必要があるが，負担能力の低い高齢者に負担増を強いることは避けなければならないと考える。

　なお，高齢者への過剰な所得移転の修正策としては高額年金の一部減額も政策課題として挙がっているが，前述したように賃金と同様に年金からも社会保険料を負担してもらうことが良いのではないかと筆者は考えている。

　この場合，名目の年金額は減らないが，手取りの年金額は減少するため，実質的には所得移転が抑制される。また，現役世代と同様に所得に応じて社

会保障を支えてもらうことには高齢者の理解を得られやすく，かつ，世代間の不公平感も緩和されるのではないか。高額年金の減額とは異なり年金財政自体の改善には寄与しないが，年金から賃金と同じ保険料率によって天引きで医療保険料や介護保険料を負担すれば，医療保険や介護保険の財政に大きなプラスとなり，現役世代の負担を軽減につながる。このように年金制度だけを縦割りの視点で考えるのではなく，社会保障全体で給付と負担のバランスをとり，世代間のバランスをとるという視点が重要だと考える。

社会保障等の給付と負担において世代間のバランスをとり，若い世代の負担を軽減することは，社会的孤立リスクの低減につながることが期待される。

また，世代間の誤解に基づく不公平感を緩和するためには，世代間の対話の促進が重要であると考える。今の高齢世代は，年金制度が未成熟であり，およそ老齢年金だけでは暮らせなかったために親への仕送りを行い，介護保険制度もない中で親のケアを行う等，制度の枠外での負担を行ってきている。また，戦後の焼け跡の中から，必死に働いて日本を経済大国に押し上げてくれたからこそ，今の世代は世界的にみて豊かな国で生まれ育っている。一方，高度成長期には一生懸命働けば正社員として豊かになることができたが，経済の低成長が続き，非正規社員が大幅に増えた現在では，若い世代は真面目に働いても賃金が伸びない状況に置かれている。世代間の交流が進み，こうしたそれぞれの世代の状況について互いに知ることができれば，高齢者は楽をして手厚い給付を受けて恵まれた世代であるとか，若者は真面目に働かないから収入が少ないのではないかといった誤解を解消できると期待される。藤本（2012）ではドイツ連邦家庭省の「多世代の家」という世代間交流の取り組みを紹介したが，日本でも世代間交流を政策の重点目標の一つにすべきであると考える。そして，「多世代の家」では食卓を囲むこと等によって世代間交流を図ることで，元気な高齢世代が育児世帯を助け，育児の支援を受けた現役世代が今度は要介護状態になった高齢世代を助けるという好循環を狙っているが，日本でも世代間が助けあえる関係になることが望まれる。

（5）社会的に孤立しないようなライフスタイル
——ワーク・ライフ・バランスの推進

社会的孤立を根本的に防ぐには，働き方やライフスタイル自体を変えることが必要である。

1）ワーク・ライフ・バランスとパラレル・キャリア

日本人の勤勉さは国際的に評価されているが，長時間残業もまた世界に悪名高い。平日は深夜まで残業し，休日にも出勤を余儀なくされるような職場では，在宅ケアや休業制度等の社会制度をいくら整備しても，育児や介護等の家族のケアと仕事の両立は困難である。

ワーク・ライフ・バランス（以下，WLB）を推進することにより，育児や介護をしながら働きやすい社会になれば，育児の孤立，介護の孤立が生じにくくなる。また，子どもや高齢者に限らず，障害者や在宅ケアを受ける患者等の家族を支えながら働くことも容易になる（第5章参照）。

また，若い世代にとって，仕事以外に自分の時間を持てるようになることは，趣味やボランティア等を通じて会社の外で友人をつくりやすくなり，定年後の社会的孤立を防ぐことが期待できる。

経済的不安定さにより，結婚や出産にためらうことが社会的孤立につながることを本章第2節で述べたが，非婚化の進行は経済的理由だけではないと考えられる。仕事一筋の真面目な人は，かつては上司の紹介や近所の世話好きな方の紹介等により，自然と結婚して家庭を持つことができた。しかし，職場でも地域社会でも人間関係は希薄化し，見合いは機能しなくなってきている。このため，自分で結婚相手を探す必要が生じ，婚活は流行語ともなっている。ところが，仕事に打ち込み，夜遅くまで残業し，休日も出勤するとなれば，結婚相手を探す機会を持てるだろうか。WLBの推進は，結婚相手をみつける機会を持つ余裕にもつながると期待される。

序章で高齢単身男性の社会的孤立リスクが高いと述べたが，職場以外に人間関係を持たずに高齢期を迎えることが背景にあるのではないかと考えられ

る。定年によって仕事を辞めると，仕事に伴う人間関係もなくなる。定年後の社会的孤立を防ぐためにも，若い頃から職場以外での人間関係を保持することが重要である。

　ドラッカーは，その著書『明日を支配するもの』の中で，平均寿命の伸びに伴い，人間の方が組織よりも長命になったため，第2の人生をどうするかという問題が生じたと指摘している。そして，第2の人生を始める方法の一つとして，次のように，パラレル・キャリア（第2の仕事）を提唱している。

　　「20年，25年続け，うまくいっている仕事はそのまま続ける。週に40時間，50時間を割く。あるいは，あえてパートタイムとなったり，コンサルタント的な契約社員となる。しかしもう一つの世界をパラレル・キャリアとしてもつ。多くの場合，非営利組織で働く。週10時間といったところである」。（ドラッカー　1999：227-228）

　ドラッカーが述べているような週に10時間程度のパラレル・キャリアを持つためには，WLB の推進が不可欠である。
　若い頃からパラレル・キャリアを持っていれば，高齢期の社会的孤立リスクを低減できることに加え，非営利組織で働く若い人が増えることは，非営利組織の活動を充実させる。第Ⅱ部では市民が政策の担い手となることを論じるが，そのためにもパラレル・キャリアが広まることは望ましい。

2）ワーク・ライフ・バランスの推進と能動的年金政策

　WLB を推進する必要性に総論で賛成する人は多いが，実際には企業の取り組みはなかなか進んでいない（第5章参照）。
　これまでの日本の職場では，残業もいとわず，出張や転勤にも対応できるような働き方が暗黙の前提とされてきた。しかし，そうした仕事を優先するライフスタイルは，専業主婦などの育児や介護をしてくれる家族が背後にいてこそ可能であった。第5章ではこうした「妻付き男性モデル」が企業の人

第6章 社会的孤立を防ぐポリシーミックス

事管理の前提となり，共働き世帯が増加している現在でも，転勤対象者の決定等において「妻の仕事」を考慮すると答える企業は少ないことを指摘している。

　しかし，前述したように，家族の縮小や在宅ケアの推進に伴い，男女を問わず家族の介護をしながら働く人は増加すると予測される。また，労働力人口不足の影響緩和のためにも女性の労働力率を向上させることが政策課題となっているが，育児をしながら働く人の増加につながる。今後は，すべてを仕事に捧げるような働き方をすることができる労働者は確実に減少していく。また，現状の日本の雇用環境では，育児や介護と仕事の両立は難しい。育児や介護と仕事の両立が困難なままであれば，育児の孤立，介護の孤立の原因でもあり，また労働力人口の減少につながり，経済成長の低下や社会保障財政の悪化等の様々な問題を生じさせることが懸念される。

　第5章では，採用時に就業規則が労働契約の内容とされ，その拘束力が個別的な決定になじむ領域の労働契約内容についても広く妥当するものとされたことにより，時間外労働命令や転勤命令に対する抑止力が十分に働かないことを指摘し，雇用契約という長期的な契約関係においては契約締結当初とは異なる事情が当事者に生じうることを前提とし，個別的な契約変更請求権を立法措置によって認めるべきであるとする見解を支持している。

　長期的にみれば，労働市場において，仕事にすべてを捧げられる労働者の減少に対応し，第1章で高齢労働者を活用する生産技術が開発されると指摘されていることと同様に，家庭と仕事を両立する労働者を活用する生産技術が開発されることも期待される。しかし，WLBの推進は喫緊の課題であるというべきであり，市場の自律的変化を待つだけではなく，政策的に推進すべきであると考える。労働契約を家族介護等の事情変更によって個別に契約変更する請求権を認める立法措置が待たれるところであり（第5章参照），さらに，ここでは，本章第2節で提言した能動的年金政策の観点から，年金積立金の投資を通じたWLBの推進を提言したい。

具体的には,まず年金積立金の投資先の選定において,WLB が推進されているかどうかを考慮してはどうだろうか。公的年金の積立金を運用する年金積立金管理運用独立行政法人 (GPIF) は運用資産が2012 (平成24) 年度末の運用資産額が120兆4,653億円[12]にのぼる世界最大の機関投資家であり,GPIF の株式投資において WLB の推進が考慮されるとなれば,市場にインパクトを与えられるものと思われる。

GPIF の株式運用はパッシブ運用が基本であり,国内株式については TOPIX をベンチマークとして運用されてきた。しかし,育児・介護と仕事の両立支援に熱心な企業の株の組み入れ比率を上げれば,企業の取り組みを後押しできるものと考える。経済産業省と東京証券取引所は2012 (平成24) 年度より女性活躍推進に優れた上場企業をなでしこ銘柄として発表しているが,育児・介護と仕事の両立支援について一定の基準を満たす上場企業を厚生労働省が関係機関と連携しながら WLB 銘柄として選定してはどうだろうか[13]。

これまでの GPIF の資金運用がパッシブであった理由として,厚生年金保険法第79条の2において,年金積立金の運用は,専ら被保険者の利益のために,安全かつ効率的に運用しなければならないとされていること[14]が挙げられ,福山 (2014:245) は,こうした法律上の枠組みの下ではリスクとリターンといった観点以外の要素を考慮しにくいことを指摘している。

(参考) 厚生年金保険法 (昭和16年法律第60号) (抄)
　第79条の2　年金特別会計の厚生年金勘定の積立金 (以下この章において「積立金」という。) の運用は,積立金が厚生年金保険の被保険者から徴収された保険料の一部であり,かつ,将来の保険給付の貴重な財源となるものであることに特に留意し,専ら厚生年金保険の被保険者の利益のために,長期的な観点から,安全かつ効率的に行うことにより,将来にわたつて,厚生年金保険事業の運営の安定に資することを目的

として行うものとする。

　確かに効率性という観点からは，WLBに熱心な企業の株式の組み入れ比率を上げることにより，運用収益が向上するとは限らない。しかし，WLBの推進によって育児や介護を理由とする離職者が減少すれば，年金保険料を払う人数の増加につながり，長期的に年金財政にプラスの効果がある。また，育児や介護をしながら仕事を続けられる環境が整備されることは，厚生年金保険の被保険者の利益となる。従来は強制徴収された保険料を財源とする年金積立金の運用には慎重を期すべきであるという考え方が強く，そうした考え方が間違っていると論じるつもりはなく，たとえば株価上昇のために年金積立金のポートフォリオの株式の比率を上げることには筆者も反対である。しかし，巨額の保険料を徴収して運用することによって社会や経済に大きな影響力を及ぼしていることから，良い影響を与えるように能動的に活用することが望ましいと考える。

　また，従来のGPIFは議決権の行使についても，運用受託機関から報告は受けているものの，積極的な対応はしてこなかった。公的資金の運用機関が議決権を積極的に行使することについては，国が企業経営に影響力を及ぼすべきではないという考え方もあり，ためらいがあったものと思われる。しかし，海外に目を向けると，アメリカの公的な年金基金運用機関であるカルパース（カリフォルニア州職員退職年金基金）はいわゆる「もの言う株主」の代表例として知られている。

　福山（2014：250）は，巨額の年金資金の議決権行使は企業行動に大きな影響力を有するはずであり，見方によっては強力な政策手段ともなりえることを指摘し，これを使って少子高齢化に対処し，成長に結ぶ付ける考え方が国民の間でも支持を受けることへの期待を述べている。

　2014年2月には「責任ある機関投資家」の諸原則である日本版スチュワードシップ・コードが策定されたが，コードの原則の5番目は以下のとおりで

ある[15]。

> (参考) 日本版スチュワードシップ・コード (抜粋)
> (平成26年2月27日 日本版スチュワードシップ・コードに関する有識者検討会策定)
> 5．機関投資家は，議決権の行使と行使結果の公表について明確な方針を持つとともに，議決権行使の方針については，単に形式的な判断基準にとどまるのではなく，投資先企業の持続的成長に資するものになるよう工夫すべきである。

　そして，社会保障審議会年金部会の「年金財政における経済前提と積立金運用のあり方に関する専門委員会」では，GPIF についてもこのコードを踏まえて議決権行使の方針の策定・公表を検討すべきであると報告書案に述べられている[16]。

　今後，GPIF において議決権行使の方針を策定するのであれば，WLB の推進を盛り込むことを提言したい。短時間勤務やフレックスタイムの普及，男性の育児休業取得率の向上等の育児・介護と仕事の両立支援に企業が取り組むよう促す方向で，世界最大の資産規模を有する GPIF が議決権を行使すれば，企業の WLB への取り組みを後押しできると考える。

　WLB の推進によって育児・介護と仕事の両立を支援することは，年金保険料を負担する労働者の減少を防止することにつながり，年金財政にプラスの影響がある。また，WLB に取り組むことは企業の持続的成長にも資するものと考える。なぜなら，依然として日本の企業の多くは新卒一括採用を基本としているが，少子化に伴い，労働市場に参加する新卒者の人数は毎年減少を続けている。このため，新卒一括採用によって必要な人材を確保し続けることは多くの企業にとって容易なことではない。介護と仕事の両立を支援して介護離職を防ぎ，育児と仕事の両立を支援することで女性がより力を発

揮できるようにすることは，企業の持続的成長にとっても必要なことだと考えられる。

2014年6月30日付「日本経済新聞」朝刊の一面の「Wの未来」欄では，オランダではパートの女性管理職は珍しくないこと等を例に挙げ，キャリア形成や働き方を柔軟にすれば，女性はもっと活躍できることが述べられている。また，スウェーデンでは今や約9割の父親が育休をとり，社会全体が子育てへの意識が高く，仕事を早く切り上げられるよう午後3時以降の会議を禁止する会社も多いが，それでもスウェーデンの1人当たりGDPは日本を上回ることが指摘されている。

注
(1) たとえばNIRA（2008）「就職氷河期世代のきわどさ――高まる雇用リスクにどう対応すべきか」。
(2) 厚生年金保険料率は段階的に引き上げられている過程にあるが，2013年9月から2014年8月までの間の厚生年金保険料率17.120％を用いた。
(3) 三号被保険者制度を存続すべきかどうかという論点も重要であるが，紙数の制約もあり，ここでは議論しないこととしたい。
(4) たとえばドイツの介護保険法では在宅ケアが入所ケアよりも優先することが条文上明示されている。
(5) スタインバーグ・中根（2012：3）は，日本における出産休暇および育児休暇報酬の子ども一人当たりの出費額はOECD平均の半分以下で，下位の4分の1に属し，同様に育児および早期教育サービスに対する公共支出額も下位4分の1であることを指摘している。
(6) 育児と仕事の両立支援策としてどのような政策が求められるかの詳細については，藤本（2012：41-42, 158-159）を参照されたい。
(7) ニュータウンにおける社会的孤立の問題については，藤本（2012：3-5）を参照されたい。
(8) 多世代の家の詳細については，藤本（2012：103-112）を参照されたい。
(9) 真面目に働いても報われるとは限らない現状を良いと考えているわけではなく，たとえば非正規社員から正規社員への転換，新卒以外は採用の道がほとんどない硬直的な労働市場の変革などが行われるべきである。

⑽　たとえば藤本（2009）。
⑾　典型例といえるのは，介護保険導入時に保険料を徴収せず，まず給付をいわば無料で行ったことが挙げられる。一方，ドイツでは介護保険導入時には，準備のために必要だということで，給付に先立って保険料の徴収のみが行われている。
⑿　年金積立金管理運用独立行政法人「平成24年度業務概況書」5頁より。
⒀　なでしこ銘柄のアイデアは良いと思われるが，女性の社会進出を支援してきた厚生労働省が関与しているように見受けられない点は残念である。WLBの推進のためには，厚生労働省と経済産業省が連携することが望まれる。
⒁　ここでいう安全とは元本保証のある債権と同程度のリスクを意味し，効率的とは内外の資産に分散投資をすることによって有効性フロンティアに近いポートフォリオを構築することであると理解されている。
⒂　「責任ある機関投資家」の諸原則《日本版スチュワードシップ・コード》〜投資と対話を通じて企業の持続的成長を促すために（日本版スチュワードシップ・コードに関する有識者検討会）（2014年2月26日）。
⒃　「年金財政における経済前提と積立金運用のあり方について（検討結果の報告）（修正案）」24頁。

参考文献

江口隆裕（2008）『変貌する世界と日本の年金』法律文化社。
厚生労働省年金局（2012a）「平成23年度国民年金被保険者実態調査結果の概要」。
厚生労働省年金局（2012b）「平成23年度厚生年金保険・国民年金事業の概要」。
駒村康平（2009）『年金を選択する——参加インセンティブから考える』慶應義塾大学出版会。
スタインバーグ，チャド・中根誠人（2012）「女性は日本を救えるか？」IMF Working Paper。
高山憲之（2010）『年金と子ども手当』岩波書店。
ドラッカー，P. F.／上田惇生訳（1999）『明日を支配するもの』ダイヤモンド社。
内閣府（2007）『平成19年版　国民生活白書』。
内閣府（2011a）「第7回高齢者の生活と意識に関する国際調査」。
内閣府（2011b）「結婚・家族形成に関する調査」。
福山圭一（2014）「日本の年金資金とESG投資——その現状，課題，展望」『サステイナブル投資と年金——持続可能な経済社会とこれからの年金運用』年金シニアプラン総合研究機構。

藤本健太郎（2009）「社会保障の将来像——エイジレス化とネットワーク化」『週刊社会保障』No. 2527, 44-49頁。

藤本健太郎（2012）『孤立社会からつながる社会へ——ソーシャルインクルージョンに基づく社会保障改革』ミネルヴァ書房。

藤本健太郎（2013）「雇用の維持・拡大につながる社会保障へ」『週刊社会保障』No. 2693, 50-55頁。

椋野美智子（2010）「少子化対策の課題と展望——少子化対策としての子ども・子育て支援」『週刊社会保障』No. 2592, 126-131頁。

山崎泰彦・小野隆璽（2013）『明解年金の知識　2013年度版』経済法令研究会。

山田昌弘（2012）『ここがおかしい日本の社会保障』文春文庫。

第Ⅱ部　公私の連携で社会的孤立を防ぐ

　第Ⅰ部では，政策の連動によって社会的孤立をいかに防ぐかについて論じてきた。縦割りを越えた政策の展開により，社会的孤立を従来よりも有効に防ぐことができると考える。

　しかし，社会的孤立に対処できるのは行政機関だけではない。コミュニティカフェ等の日本各地で行われている社会的孤立を防ぐための居場所づくりは，決して行政機関主導ではなく，市民による取り組みが中心となっている。

　社会的に孤立した人あるいは社会的に孤立しそうな人を社会につなぐことを「居場所をつくる」と言い換えた場合，地域に居場所をつくることができるのは，その土地に暮らしている住民だけなのではないだろうか。このため，第Ⅱ部では，行政機関主導ではなく市民が中心になる社会的孤立防止政策を論じることとしたい。

第7章 新しい政策の担い手
―― 公私の役割分担を考える

藤本健太郎

1 市民が政策を担う

(1) 公私の役割分担を巡る議論

　社会的孤立を防ぐ政策を市民が担うことを論じる前に，公私の役割分担についての議論を振り返っておきたい。

　公私の役割分担は，政府がどこまで役割を果たすべきかという議論につながるが，政府の役割は時代によって変化している。第二次世界大戦の後，イギリスのベヴァリッジ報告において「戦争国家から福祉国家へ (from Warfarestate to Welfarestate)」という理念が提唱され，国家が揺り籠から墓場まで国民の生活を支えようとする福祉国家モデルが先進各国に広まった。

　しかし，福祉国家モデルは国の財政支出を増大させて財政赤字の原因となり，また手厚すぎる福祉給付は働く意欲を失わせるという「福祉のわな (Welfare trap)」が指摘されるようになった。たとえばイギリスの手厚い失業給付は，働くよりも失業して給付をもらった方が楽だというモラルハザードを生じさせたという批判を受けた。

　このため，1980年代には福祉国家モデルは「大きな政府」であるとして批判されるようになり，イギリスのサッチャー首相やアメリカのレーガン大統領に代表されるような，国の役割を限定して市場に任せようとする「小さな政府」志向が生じた。日本においても，財政赤字を減少させるため政府をスリムにしようとする行政改革は歴代政権の課題となってきた。

　一方，近年，アメリカにおける金融機関の暴走等の市場の貪欲さにも批判

が強まり，ノーベル経済学賞受賞学者のポール・クルーグマンやジョセフ・スティグリッツはいわゆる市場原理主義への警鐘を鳴らしている[1]。日本でも，労働市場の規制緩和等に伴う非正規社員の増大等による貧富の格差拡大は社会問題となっている。

　しかし，だからといって単純に福祉国家モデルに戻れば良いというものでもないだろう。政府の役割を大きくするには財政支出を増大させる必要があり，そのための財源を増税によって確保することは政治的に容易ではなく，財政赤字が生じがちである。いったん財政赤字が生じると，第1章で論じられた世代間コミットメントの不可能性により，現役世代に財政再建という投資をさせることは難しいと考えられる。

　福祉国家モデルに単純に戻ることもできず，市場原理主義も問題が多いと考えられるため，政府でも企業でもない第三の主体として市民への期待が高まっていると考えられる。

　また，ここまでは政府と市場を対立軸として述べてきたが，国の果たすべき責任について，社会保障法の視点から公私の役割分担と連携についての議論が行われている。堀（2004：33）は，公私の役割分担に関する考えは，国によっても時代によっても異なるが，理念型として，国民の生活はできる限り私的に行われることが望ましく，それが不可能な場合だけ国家が対応するという「残余モデル」と，国民の生活保障は基本的に国家の責任で行われるべきであるという「制度的モデル」の2つに分けられると指摘している。そのうえで，生活困難に陥らないようにする社会保険が社会保障の中核的位置を占める今日では前者の考えはもはや妥当ではなく，他方，生活保障の責任をすべて国家に求める後者の考えも妥当ではないと述べている。そして，具体的などのような場合にどこまで国家が責任を負うかについては，個々の分野ごとに判断していかざるを得ないと指摘するとともに，国民の生活保障は公私の連携という視点が重要であると述べている。

　この生活保障における公私の連携という視点は重要であると筆者も考える。

市民が政策の担い手となるという場合，政府の対立軸として市民を位置づけるのではなく，公私の連携を進める主体として位置づけるべきだと考える。

なお，法制度においても，次第に市民が政策の担い手として位置づけられるようになってきており，たとえば2000（平成12）年の社会福祉基礎構造改革では市民を政策の担い手として位置づけており，社会福祉法第4条では地域住民は地域福祉の推進主体であると定められており，第108条では都道府県地域福祉計画の策定や変更を行う際は公聴会等の市民の意見を聞く機会を設けることを規定している。

○社会福祉法（昭和26年3月29日法律第45号）（抄）
（地域福祉の推進）
第4条　地域住民，社会福祉を目的とする事業を経営する者及び社会福祉に関する事業を経営する者は，相互に協力し，福祉サービスを必要とする地域住民が地域社会を構成する一員として日常生活を営み，社会，経済，文化その他あらゆる分野の活動に参加する機会が与えられるように，地域福祉の推進につとめなければならない。

（都道府県地域福祉支援計画）
第108条　都道府県は，市町村地域福祉計画の達成に資するために，各市町村を通ずる広域的な見地から，市町村の地域福祉の支援に関する事項として次に掲げる事項を一体的に定める計画（以下「都道府県地域福祉支援計画」という。）を策定し，又は変更しようとするときは，あらかじめ，公聴会の開催等住民その他の者の意見を反映させるために必要な措置を講ずるよう努めるとともに，その内容を公表するよう努めるものとする。

一　市町村の地域福祉の推進を支援するための基本的方針に関する事項

二　社会福祉を目的とする事業に従事する者の確保又は資質の向上に

関する事項
三　福祉サービスの適切な利用の推進及び社会福祉を目的とする事業の健全な発達のための基盤整備に関する事項

　また、第4章では交通政策基本法に言及されているが、同法においても、住民は政策の対象者としてではなく、連携及び協力が必要とされる関係者として位置づけられている。

○交通政策基本法（平成25年12月4日法律第92号）（抄）
（まちづくりの観点からの施策の促進）
第25条　国は、地方公共団体による交通に関する施策が、まちづくりの観点から、土地利用その他の事項に関する総合的な計画を踏まえ、国、交通関連事業者、交通施設管理者、住民その他の関係者との連携及び協力の下に推進されるよう、必要な施策を講ずるものとする。この場合においては、当該連携及び協力が、住民その他の者の交通に対する需要その他の事情に配慮されたものとなるように努めるものとする。

　第4章では、徒歩と公共交通で日常生活をすることができるコンパクトシティの有用性が述べられており、第6章では、コンパクトシティが在宅ケア利用者と家族が住みやすいまちづくりのうえで重要であることを論じている。コンパクトシティにおける公共交通機関としては、第4章で富山市の事例として紹介されているようにLRT（Light Rail Transit、新型路面電車）が有力であると考えられる。ドイツはLRTがよく整備された国として知られており、筆者も在ドイツ日本国大使館勤務時によく利用したが、低床の路面電車は道路から段差なく乗ることができ、ドアの近くに車いすやベビーカーのスペースが用意されていることから、高齢者や小さな子ども連れが乗車する姿をよく見かけた。

一方，LRTの導入にはコストがかかるために二の足を踏む自治体も少なくないと聞く。交通政策基本法に則り，交通政策について，まちづくりの観点から市民が参加し，自分たちのまちの将来について考える中で，LRTの必要性を理解してもらえれば，大きな出費を伴うことへの理解が得られることも期待される。

（2）自由かつ多彩な可能性を秘める市民活動
　　　　──縦割りを越え「ユニバーサルケア」へ

　市民が政策を担うことの良さとして挙げられるのは，自由かつ多彩な活動が可能である点である。

　税金や保険料等の公費を財源とすると，あるところで受けられるサービスが別の場所では受けられないとなると不公平という不満が生じやすい。このため，公平性の確保のため，公費を財源とするサービスは必然的に画一的になってしまう面がある。また，税金の無駄使いといった批判を招かないために，サービスの質を確保するために，たとえば有資格者の配置が義務づけられる人員配置基準や，一定の広さを確保するための建物の基準等が設定されることになり，活動内容は規制されることになる。

　また，企業であれば，その従業員は基本的には企業の利潤を最大化するために行動する必要がある[2]。介護保険制度においてケアマネジャーが所属する在宅サービス事業所の利益とクライアントの利益との狭間で苦しむことが問題とされてきたように，企業と地域社会の利害が必ずしも一致しないことが懸念される。

　これに対し，公費を財源とせず，利害関係に縛られない市民の活動には制約がない。たとえば，筆者は2009（平成21）年にドイツ赤十字のベルリン在宅ホスピスステーションを取材した際に，在宅の看取りを行うボランティアの活動を問うたところ，死のイメージについて語り合うこともあるが，一般に看取りとして認識されにくいような活動，たとえば一緒にカフェでお茶を

したり，中にはひたすらトランプをする中で対象者と深い信頼関係を築いた事例もあると聞いた。

　もし，公費を財源として在宅の看取りスタッフを雇い，そのスタッフが対象者と延々とトランプをしていたら，税金の無駄遣いと批判されるのではないだろうか。ドイツの在宅看取りの仕組みは，在宅ホスピスステーションには医療保険から補助が出るが，実際に在宅の看取りを行うのはボランティアであり，ボランティアの活動には公費が投入されていないことから，自由な活動が可能となっている。制約のない自由かつ多彩な活動は，市民活動の長所であると思われる。

　国内でも，本書のテーマである社会的孤立を防ぐための居場所づくりにおいて，コミュニティカフェを中心として，多彩な活動が展開されている。筆者は2011（平成23）年度に静岡県の委託を受けて，県内4カ所，県外2カ所の取り組みを調査したが，立地や建物，利用者の属性は様々であり，法律の枠外における市民活動の多彩さが表れていた。それらを類型化すると，以下のとおりとなる。

① 商店街タイプ
概　要：対象者は買物客等。建物は商店街の空き店舗。
事　例：街の居場所「もうひとつの家」（袋井市），駄菓子屋カフェ（静岡市葵区。ただし現在は活動休止中）。
② 住宅地タイプ
概　要：対象者は地域住民。建物は改修した住宅。
事　例：活き生きサロン「寄ってっ亭」（静岡市），のーんびり茶の間（山形県天童市），ふれあい工房（山形県高畠町）。
③ 社会福祉施設併設タイプ
概　要：対象者は施設利用者やその家族・近隣住民。建物は施設の一部。
事　例：憩いの家オープンカフェ「きじの杜」（浜松市）。

常設型居場所づくりの活動内容については、食事をとること、お茶を飲むことはほぼ共通していた。もうひとつの家、きじの杜、のーんびり茶の間およびふれあい工房ではランチの提供は主要な活動内容であり、寄ってっ亭でも希望者にはランチを提供している。

また、もうひとつの家、のーんびり茶の間およびふれあい工房は地域の助け合い活動がルーツであり、食事や飲み物を通じた交流だけではなく、困った人をできる限り助けることが基本的なスタンスである。このため、もうひとつの家では障害者の就労前体験を受け入れたり、のーんびり茶の間では子どもを短時間預かったり、ふれあい工房では洗濯サービスや移動支援サービスを行う等、多彩な活動が展開されている。また、利用者は全体として高齢の女性が多いが、寄ってっ亭では男性の利用者を意識して将棋や囲碁ができるようになっており、きじの杜では子ども連れの親子と高齢者の世代間交流が意図されていた。

このように、常設型居場所づくりの活動は、立地や利用者の属性においても、活動内容においても多彩である。なお、静岡県における常設型居場所づくりに関する利用者アンケートの分析や詳しい事例紹介、静岡県社会福祉協議会の取り組み等は次章において述べる。

社会的孤立を防ぐために必要な取り組みは、地域によって異なると思われることから、こうした多彩な活動が自由に展開されることは有意義である。また、見方を変えれば、地域の実情に応じた居場所づくりの活動はそれぞれの地域の特徴を強めるものともいえると思われる。たとえば、伊豆半島の松崎町にある「蔵ら」はコミュニティカフェであるが、観光地という特性から、地元に住んでいる人だけではなく観光客もターゲットにしている。ランチはいつも売り切れるほど人気を博しており、今ではまちの観光資源の一つにもなっている。

社会福祉基礎構造改革では、住民が担い手となることで地域福祉が地域の文化に昇華することが望ましいという視点も提示されている。

第 7 章　新しい政策の担い手

○社会福祉基礎構造改革について（中間まとめ）（抄）
（平成10年 6 月17日　中央社会福祉審議会社会福祉構造改革分科会）
Ⅱ　改革の理念
　⑦福祉の文化の創造
　　社会福祉に対する住民の積極的かつ主体的な参加を通じて，福祉に対する関心と理解を深めることにより，自助，共助，公助があいまって，地域に根ざしたそれぞれに個性ある福祉の文化を創造する。

　市民が政策の担い手という場合，行政機関の下請けにさせられるのではないかという懸念がよく聞かれる。しかし，筆者が調査した常設型居場所づくりの活動は，決して行政機関の下請けではなく，市民の自由な発想に基づく活動であった。そうであってこそ，地域の文化の創造にまで昇華することも可能であると思われる。
　また，行政機関の下請けではないが，だからといって行政機関と対立するのではなく，連携している。たとえば，もうひとつの家では，公的制度による支援が必要な利用者については地域包括支援センターにつなぎ，逆に社会的孤立が懸念される人については地域包括支援センターからもうひとつの家に紹介されてくることもあると聞いた。寄ってっ亭では，代表の藤下氏が創始者であるＳ型デイサービス[3]との連携があり，また，認知症の利用者の成年後見申請の手続きの支援等も行われている[4]。
　常設型居場所づくりの好事例においては，まさに生活支援における公私の連携が図られており，地域における市民中心のネットワークが築かれている。
　そして，居場所づくり活動について特筆すべきであると思われるのは，調査対象とした 6 カ所のいずれにおいても，常設型居場所づくりの定義[5]の一つである「誰でも気軽に利用できること」が実践されていたことである。藤本（2012：142, 147）でも指摘したが，日本の社会保障制度は個人のニーズに着目して発達したことから，高齢者福祉，児童福祉，身体障害者福祉，知的

障害者福祉等の対象者ごとに縦割りになっている。このため，なかなか制度化されなかった発達障害者のように，制度の狭間で支援を受けられない人の問題が生じやすい。常設型居場所づくりにおける誰でも受け入れるという姿勢は，対象者ごとの縦割りを越えた取り組みとしても注目される。

第6章において，縦割りを越えたワンストップサービスの窓口として「ユニバーサルケア支援センター」を整備することを提唱したが，将来的には，対象者別に縦割りとなっている社会保障制度自体を改めることが望ましい。縦割りの制度は地域におけるケアの推進の障害となっていると考えられ，また，対象者別に制度を組み立てると，制度の狭間にこぼれる人が生じやすい。

このため，地域包括ケアをさらに発展させ，高齢者や子ども，障害者といった従来の縦割りを越えた在宅ケアを構築することが望ましいと考える。ここでは，こうしたケアを「ユニバーサルケア」と呼ぶこととする。

個人のニーズに着目し，対象者ごとに法律も整備されてきた日本の社会保障制度を一朝一夕で変えることは難しいが，将来の方向性を持つことは有意義ではないかと考える。ユニバーサルケアに向けては，まず，介護保険が年齢による区分を設定し，加齢による要介護状態のみを対象としていることを改正すべきであると考える。日本の介護保険制度創設の際に参考とされたドイツの介護保険制度は年齢による区分がなく，要介護高齢者も障害者も対象としており，生まれつき障害のある子どもも介護保険の対象である。たとえば車いすを利用する必要性は一部の身体障害者と要介護高齢者で共通し，判断能力の低下は知的障害者と認知症高齢者で共通する等，介護サービスと障害者ケアの内容は類似している。現状では，高齢者介護サービスは各地で整備されているが，障害者のケアはさらに細かく障害種別に分かれており，利用者の人数が高齢者よりも少ないこともあり，自宅から遠くに行かなければ利用できないことも多い。もし制度を統合できれば，障害者はサービスを自宅の近くで利用しやすくなる。

また，高齢者と比べると人数の少ない障害者は，ともすれば疎外感を味わ

いがちである。2013（平成25）年から筆者は，静岡市社会福祉協議会の葵区地域福祉推進委員会の委員をつとめている。委員には障害者の当事者団体の代表の人々も就任されているが，あるときの委員会の議論の中で，高齢者を対象としたS型デイサービスに障害を持つ人が参加したいと思い，一度参加させてもらったが，周囲も戸惑っているようであり，溶け込めなかったという話を聞いた。S型デイサービスは比較的元気な高齢者の集まりであり，障害者の参加は難しい部分もあるかもしれないが，もし介護保険制度の年齢による区分が撤廃され，高齢者介護と障害者ケアの垣根がなくなれば，ひいては障害者の人々が地域で活動する場も広がるのではないかと期待される。第6章ではジェロンテクノロジーの進歩により，パワーアシストスーツ等によって要介護状態にならずにすむ高齢者が増えることへの期待を述べたが，パワーアシストスーツは身体障害者も利用できると考えられる。人口の増加する高齢者を対象とした技術進歩の果実を障害者を利用できるようにすることは重要な視点であると考える。

　また，地域の限られた資源を有効に使う意味でも，ユニバーサルケアは望ましい。たとえば，高齢者介護施設と保育所を統合すればキッチンは一つで済む。そのキッチンに余力があれば，地域の在宅ケア利用者への配食サービスを行うことも考えられる。全体として人口が減少する中で，各種の公共施設は合理化せざるを得ない状況にある。対象者ごとの縦割りをやめれば，社会福祉施設の機能を広く活用することも可能になってくる。そして，第6章で論じた世代間の交流を図ることにもつながる。

　なお，介護保険の若年障害者への適用拡大には，給付を受ける可能性が低い若年層に保険料負担を強いることが問題点として指摘されている。この点については，第6章で述べたように，社会保障制度全体で世代間のバランスをとり，負担能力のある高齢者にも支える側に回ってもらうことで，若年層の年金や医療の保険料負担を軽減し，社会保障制度全体の中で若年層の負担を軽減させてはどうかと考える。

また，介護保険と障害者福祉制度は統合しうるが，在宅医療や保育は単純に統合することは難しいと思われる。しかし，給付メニューに違いを残したまま緩やかに統合して，財源や自己負担のあり方を統一できれば，従来は高齢者の保障に比べて十分に財源を確保できなかった保育サービスの財源強化につながり，医療や介護に比べて自己負担比率が極めて高い保育サービスの自己負担を軽減することにもつながる。

対象者別に縦割りとなっている社会保障制度にとらわれない市民による活動が広まることで，社会保障制度の縦割りをなくそうという動きにつながることを期待したい。

（3）非政府の政策の担い手──社会福祉法人

行政機関ではない政策の担い手としてはNPOの他に公法人も挙げられる。社会的孤立を防ぐ活動については，民法法人や医療法人の活動も期待されるが，従来から地域福祉に関わってきた社会福祉法人が担い手となることが期待される。

社会福祉法人は社会福祉法に基づき，社会福祉事業を行うために設立される公法人であり，強力な規制を課される一方で多くの非課税措置が講じられている。かつては，社会福祉事業は自治体と社会福祉法人のほかには一部の公法人が手掛けるくらいであった。しかし，前述したように高齢者が全体としては経済的弱者とはいえなくなる等，社会福祉事業の対象者には経済力のある人も増加し，在宅介護サービスや保育サービスには企業も参入している。

ところが，同じサービスを行っていても，企業は法人税をはじめ各種の税を負担するのに対し，社会福祉法人はほぼ税負担はない。このため，競争上，社会福祉法人は優遇されすぎであり，内部留保を溜め込んでいるという批判もある。福祉サービスに従事する者の低賃金が問題となる中，従業員の賃金を低く抑えたまま，社会貢献もせずに徒に内部留保を積み増していれば，批判されて当然である。また，社会福祉法人の売買が横行していることが報道

されており，税金を食い物にしていると批判されている[6]。一方，筆者は，社会的に弱い立場の人々のために誠実に活動する社会福祉法人がいくつもあることを知っているため，このような不祥事を非常に残念に思う。

2013（平成25）年の社会保障改革国民会議の報告書においては，社会福祉法人については，非課税扱いにふさわしい，国家や地域への貢献が求められており，低所得者の住まいや生活支援等に積極的に取り組んでいくことが求められていると述べられている。

社会福祉法第2条に列挙されている社会福祉事業の中には，無料または低額な料金で行うサービス等，利益を出すことが想定できない事業も少なくない。また，認知症の高齢者や虐待を受けた子ども等，判断能力が低下していたり，自分の意志をはっきり述べることができず，社会的に非常に弱い立場の人々にとって，公的性格が強く行政機関が大きく関与する社会福祉法人に対しては，ある種の安心感があると思われる。しかし，社会福祉法人には，ただ社会福祉事業を着実に実施するだけではなく，公共性の高さを示すことが求められている。

2014（平成26）年6月には「社会福祉法人の在り方等に関する検討会」が報告書案を提示しているが，「はじめに」の中で，社会福祉法人制度の意義・役割を問い直す厳しい指摘もされていることを述べている。そして，報告書案では，社会福祉法人は地域における公益的な取り組み（制度や市場原理では満たされないニーズについても率先して対応していく取り組み）を行うべきであり，法律に実施義務を明記することを検討すべきであると述べられている。

地域における公益的活動については，報告書案において指摘されているように，地域の実情に応じて様々な取り組みが考えられるが，筆者は次のような取り組みを期待したい。

まず，社会福祉法人は多くの社会福祉施設を経営するが，それらは在宅ケアの拠点となりえる。たとえば特別養護老人ホームには認知症等の対応の難

しい要介護高齢者をケアしてきた経験があり，児童養護施設には愛着関係をうまく築けなかった子どもたちを育ててきた経験がある。こうした社会福祉施設に蓄積されている経験に基づく助言は，地域の介護や育児を行う家族に対して有益であると思われる。第3章では住宅政策における生活支援の重要性が指摘されているが，社会福祉法人が単身高齢者の見守りサービス等の生活支援に積極的に取り組むことも望まれる。

また，社会的孤立を防ぐための居場所づくりについては，前述したように社会福祉施設に併設されるケースがあるが，その経営主体の多くは社会福祉法人である。静岡県の居場所づくり研修会等でコミュニティカフェの運営者の話を聞くと，住宅や店舗を賃貸する場合，賃料の捻出に苦労するケースがよく話題になる。社会福祉法人が社会福祉施設の一部を無料あるいは低額で提供すれば，コミュニティカフェを持続するためのハードルはかなり下がることになる。地域における公益的活動の一環として，社会福祉法人が社会的孤立を防ぐ活動に力を入れることを期待したい。

（4）非営利に限定されない市民による政策の担い方
　　　——ソーシャルビジネスへの期待

市民が政策を担うというと，NPOやボランティア等の非営利の活動が連想されがちである。しかし，市民が政策を担う形は多様であって良いと考える。特に，営利法人の中でも，利益の最大化を目的としないソーシャルビジネスは政策の担い手となりえる。

社会的孤立に関してソーシャルビジネスが貢献できることについては，すでに炭谷ほか（2004）において具体的事例を交えて論じられている。

コミュニティカフェ等の社会的孤立を防ぐための居場所づくりは，NPOによる非営利活動として行われることが多い。しかし，公費による運営費の助成がない以上，継続するためには利益を出さないまでも採算をあわせる必要があり，性質としてはソーシャルビジネスに近いのではないかと考えられ

る。実際に，ソーシャルビジネスあるいはコミュニティビジネスとしてコミュニティカフェが運営されているケースもある。社会的孤立を防ぐための居場所づくりは非営利活動に限定する必要はなく，ソーシャルビジネスの活躍が期待される。

また，社会的孤立を防ぐソーシャルビジネスの活動はコミュニティカフェに限定されない。育児や介護などのサポートをどこでどのように受けられるかという情報は，育児の孤立や介護の孤立を防ぐうえで重要であるが，こうした情報をフリーペーパーの形で市民に配布するソーシャルビジネスは各地で展開されている。

行政機関は広報がうまくないとよくいわれる。自分がかつて行政官であったことを棚に上げさせてもらえば，確かに国や自治体の政策を紹介するパンフレットは固い文章で説明が長く，レイアウトも恰好よくなく，読んでみたいという気持ちになりにくいものが多い。おそらく，正確に情報を伝えなければいけないという行政官としての責任感が，見た目の分かりやすさや人目を惹くという広報に必要な要素を上回ってしまっているものと思われる。

ところが，三島市子育て支援課が発行する三島市の育児情報を紹介する「子育ち・子育て　みしまスタイル」（タブロイド判，図7-1）はレイアウトや色使いのセンスが良く，文章も分かりやすい。

行政機関のパンフレットらしくない出来栄えを不思議に思っていたところ，2013（平成25）年12月に静岡県立大学のゼミ合宿で三島市にお邪魔して，三島市役所の方たちにレクチャーと質疑応答をして頂いたのだが，そのときに「子育ち・子育て　みしまスタイル」（タブロイド判）が話題になり，三島市社会福祉部子育て支援課の岩崎淳子さんは，同席して頂いていた（株）ふじやまママの小林惠子さんの方を見て，このパンフレットは一緒に作りましたねと発言された。

行政機関のパンフレットは一般に，広告代理店に外注してつくられるか，予算がない場合等に行政官自身が作成するかのどちらかである。特に，行政

第Ⅱ部 公私の連携で社会的孤立を防ぐ

図7-1 「子育ち・子育て みしまスタイル」(抄)

機関の中でも福祉部局は民間企業との縁が薄いのが通例である。しかし、三島市役所とふじやまママは連携がとれている。このパンフレットは「静岡県・子育て理想郷ふじのくに地域モデル事業」の一環で作成されており、形としては三島市役所からふじやまママに作成が委託されているようであるが、委託だからといって丸投げでもなく、下請けでもなく、一緒に作るという言葉が自然に出てくることに筆者は感心させられた。

　(株)ふじやまママは、育児情報のフリーペーパーである「静岡子ども情報mikan」と三世代情報共有フリーマガジン「YUZU」を発行している。代表取締役の小林惠子さんが、自身が静岡に引っ越してきて育児で苦労した経験から育児情報を地域に伝えるために起こした会社であり、営利企業ではあるが利潤の最大化を目的としないソーシャルビジネスを行っている。このため、育児支援政策について知悉しており、広報誌を作成していることから、分かりやすさや人目を惹くという広報についての知識経験もある。

　小林さんによると、「子育ち・子育て　みしまスタイル」はタブロイド判の前に三島市政策企画課が担当した冊子版が作成されており、冊子版の作成にあたっては、従来の「施策網羅型」のパンフレットではなく、三島市で子育て、子どもを支えてくれている個人、団体にスポットを当てて、さらにそれをサポートする施策を紹介するために作成したとのことであった。「子育ち・子育て　みしまスタイル」(タブロイド判)は、冊子版をもとに、三島市の出生率を上げるとともに乳幼児の人口比率をあげるために、市外・県外の若い層に三島に関心を持ってもらい、引っ越しや移住を促進するために作成されたそうである。このため、市外の子育て中の人の目をひくため、三島市の給食(育児家庭、特に母親は給食に関心が高いため)を巻頭トピックとし、最終頁に三島市への移住者を紹介、中面は三島市の子育てスポットを紹介するという構成になっており、三島市以外の静岡県内各所、首都圏で配布されたが、市外、県外からの反応がかなりあったと聞く。

　このように、広報資料を単に外注するのではなく、政策をよく理解してい

て広報についての知識経験があるソーシャルビジネスと行政機関が力を合わせることができれば，良い広報資料が作成できると思われる。小林さんによれば，活動を続けるうちに，地域で育児支援などの活動をしている人々との人脈ができてくることもソーシャルビジネスの強みであるだろうとのことであった。そして，子育て中の母親が起業したり，NPO法人を立ち上げたりという活動を行っているNPO法人マミーズサミット・全国ネットにふじやまママも参加しているが，マミーズサミットのメンバーには，行政機関とコラボレートして冊子をつくっている法人も少なくないと聞いた。

　ソーシャルビジネスが自治体と連携し，広報という政策の担い手となることによって，行政機関と市民のコミュニケーションを推進することが期待できる。

　行政機関と市民のコミュニケーションは大きな課題である。良い政策を打ち出しても，市民に認知されなければ効果を発揮できないことがある。たとえば，老人福祉制度から介護保険に変わり，利用者が応能負担から応益負担になったときに，従来は負担が軽かった低所得者も利用したサービスの1割を負担しなくてはならないということが大きくクローズアップされた。しかし，実は負担軽減のために様々な特例や経過措置が講じられ，低所得者の負担はあまり大きくならないように制度設計されていた。ところが，複雑で精緻な負担軽減措置は分かりにくかった。このため，せっかく負担軽減措置を講じても利用者の負担感は軽減できなかったように思われる。

　また，医療保険制度の高額療養費制度は，短期間に高額の患者自己負担が生じた場合，年齢や所得に応じた上限額を越える分は償還される仕組みであり，患者やその家族の生活を守るために重要な仕組みである。しかし，最近になって入院に関しては事後的な自己申告が不要な仕組みが講じられたが，従来はいったん自己負担してから後で保険者に自分で申請する必要があった。このため，高額療養費制度を理解していない患者や家族は，制度を利用できずに高額の自己負担をしてきたと思われる。制度の内容が理解されなければ

申請は行われず，政策は機能しない。

　社会的孤立を防ぐための政策を打ち出したとしても，その政策が市民に届かなければ効果は十分に発揮できない。ソーシャルビジネスとコラボレートした広報は，市民に政策を知ってもらうために有力な手段であると期待される。

　さらに，ソーシャルビジネスではない営利企業も自治体のパートナーとなりえると考える。三島市の取り組みに，もう一つ興味深い事例がある。三島市では中心市街地に子育て支援センターをつくり，商店街で一定額以上買い物をした場合には短時間保育料が減免となる事業を始めている。これは，小さい子どもを育てる親の買い物を支援することで，家にこもりきりの状態を防ぐための事業でもあり，商店街の活性化策でもある。

　中心市街地の活性化はビジネスの課題と考えられてきたが，筆者は社会的孤立を防ぐための居場所づくりが役に立つと考えている。中心市街地活性化と居場所づくりというと，一見関係のないように思われるかもしれない。しかし，商店街に活気を取り戻すためには人を集めることが必要であり，社会的孤立を防ぐための居場所づくりとは，人が集まる場所をつくることである。商店街の空き店舗を利用してコミュニティカフェを開くことは，商店街に人を呼び戻すことにもつながる。

　このように，自治体と商店街が連携することにより，社会的孤立を防ぐための居場所づくりと中心市街地活性化が同時に推進できる。

2　市民が政策の担い手となる環境整備

(1) ボランティア休暇の導入と団塊の世代への期待

　2011（平成23）年3月11日に日本を襲った東日本大震災は，東北地方の沿岸部を中心に甚大な被害をもたらした。東日本大震災は多くの痛ましい犠牲を生じさせたが，全国各地から駆けつけるボランティアの姿には暖かい気持

ちを感じることができた。

　労働政策研究・研修機構（2013）によれば，東日本大震災を機に，労使ともにボランティア活動への関心が高まっている。経団連の「2011年度社会貢献活動実績調査報告」によると，アンケートに回答した企業の80％である348社において社員の社会貢献活動が支援されており，211社でボランティア休暇制度が導入されている。

　現役世代がボランティア活動などの市民活動によって政策の担い手となるには，職場の理解が欠かせない。筆者は2007（平成19）年にドイツ連邦家庭省においてヒアリング調査を行ったが，ドイツでなぜボランティア活動が盛んなのか問うたところ，ボランティア休暇制度のある企業が多く，また企業の採用面接時にボランティア活動について質問されることも多く，ボランティア活動は企業においても評価されているとのことであった[7]。

　今後，さらにボランティア休暇制度が広まり，日本の企業におけるボランティア活動の評価が高まることを期待したい。

　また，世論調査によれば，高齢者の地域活動への意欲は高まりつつある。

　内閣府（2009）によれば，「今後地域活動に参加したい」と回答した人は平成20年調査において54.1％と初めて半数を超えた。平成15年調査では47.7％，昭和63年調査では43.5％であったことから，増加傾向にある。また，NPO活動に関心がある人（「既に参加している」「今後参加したい」「関心があるがわからない」）の合計は平成20年調査では56.1％とやはり半数を超えており，平成15年調査の47.2％よりも増えている。

　団塊の世代が定年に達しつつあることは，社会保障政策の分野では，年金財政や医療保険財政への負担増という文脈で語られることが多い。しかし，見方を変えれば，相対的に若く元気な多くの高齢者が仕事から解放され，地域社会に戻ってくると捉えることもできる。

　このため，社会福祉協議会等の地域における人材養成の研修では，定年を迎えた高齢者をターゲットにしたものが充実されることが望まれる。その際，

第7章　新しい政策の担い手

留意すべきと思われることは，ボランティアへの関心が高まりつつあるものの，誰もがボランティア活動になじめるわけではない点である。

ドラッカー（1999：229）は，パラレル・キャリア（第2の人生）を持つには，本格的に踏み切るはるか前から，助走していなければならないと指摘し，40歳，あるいはそれ以前にボランティアの経験をしたことがない人が，60歳になってボランティアになることの困難さを述べている。確かに，これまでボランティア活動の経験がない人が，定年を迎えたからといって，いきなりボランティア活動で活躍することは容易ではないかもしれない。

このため，仕事に打ち込んできた団塊の世代の男性たちが活躍する場としては，前述したソーシャルビジネスに期待したい。これまで述べてきたように，無償ボランティアやNPOによる非営利活動のみが地域に貢献する道ではない。

人数が多いために社会への影響力も大きく，多くのムーブメントをつくってきたといわれる団塊の世代に，地域における政策の担い手となることを期待したい。

（2）市民活動を行政機関等が支援するシステム

市民が政策の担い手となることについて，行政機関にも果たすべき役割がある。社会のために何かしようと市民が思い立ったとしても，具体的にはどのようにすれば良いか，情報や人脈を最初から持っている人は多くないと思われる。市民の活動が活発になるためには行政機関や社会福祉協議会による支援が重要であると考える。

1）自治体による支援

社会福祉法第107条は，市町村が策定する市町村地域福祉計画の中に「地域福祉に関する活動への住民の参加の促進に関する事項」を盛り込むことを定めている。

○社会福祉法（昭和26年3月29日法律第45号）（抄）
（市町村地域福祉計画）
第107条　市町村は，地域福祉の推進に関する事項として次に掲げる事項を一体的に定める計画（以下「市町村地域福祉計画」という。）を策定し，又は変更しようとするときは，あらかじめ，住民，社会福祉を目的とする事業を経営する者その他社会福祉に関する活動を行う者の意見を反映させるために必要な措置を講ずるよう努めるとともに，その内容を公表するよう努めるものとする。
一　地域における福祉サービスの適切な利用の推進に関する事項
二　地域における社会福祉を目的とする事業の健全な発達に関する事項
三　地域福祉に関する活動への住民の参加の促進に関する事項

社会福祉法を逐条解説した社会福祉法令研究会（2001：326）によれば，「地域福祉に関する活動への住民の参加の促進に関する事項」として，具体的には以下のような事項が挙げられる。

- 活動に関し必要な情報を入手するための支援方策。
- 必要な知識・技術を修得するための支援方策。
- 活動の拠点を確保するための支援方策。
- 障害者等の当事者組織が行う活動の支援方策。

社会的孤立を防ぐための居場所づくりに即して考えれば，たとえば研修コースが開設されることにより，コミュニティカフェを開くためにどんな準備をすれば良いかという知識が得られ，さらに空き店舗や空き家等の活動の拠点を探すための支援も得られれば，随分取り組みやすくなるものと期待される。

2）社会福祉協議会による支援

　市町村社会福祉協議会は，社会福祉法第109条において地域福祉の推進を図ることを目的とする団体であり，「社会福祉に関する活動への住民の参加のための援助」を行うことと規定されている。

　このため，市町村社会福祉協議会にはボランティア・市民活動センターが設置され，ボランティア活動や市民活動に関する相談や情報提供，活動先の紹介を行っている。しかし実際には，ボランティア・市民活動センターの活動の活発さは市町村により，まちまちという印象である。藤本（2012）でも述べたが，居場所づくりのヒアリング調査を行ったところ，既に社協の実施しているいきいきサロンの活動と重複する等の理由で支援をしてくれないという声も聞かれた。もちろん社会福祉協議会が自ら行う事業の充実も重要であるが，地域の市民活動のサポートに一層力を入れていくことが望まれる。

　この点について，静岡市社会福祉協議会では，地区ごとに担当者を決めて市民活動のサポート等を行っている。葵区地域福祉推進委員会の議論では，葵区一つをとってみても，街中の集合住宅が多い地区もあれば，戸建ての住宅中心だが人口が減少している地区など，地区によって状況が異なり，課題も異なることが浮上していた。このため，地区ごとに担当を置くことは有意義であると思われる。

　また，次章で詳しく述べられるが，静岡県及び静岡県社会福祉協議会，さわやか静岡が協同して居場所づくりに関する研修会や交流会を行い，支援を行っている。

　都道府県や市町村の社会福祉協議会が支援することにより，社会的孤立を防ぐための居場所づくりに取り組む市民活動は一層盛んになるものと期待される。

3）地域の力をあわせる居場所づくり

　本章では市民が政策の担い手となる重要性を述べてきたが，ただ市民に任せていれば良いのではなく，社会福祉法人が公共性を発揮して地域貢献する

こと，行政機関や社会福祉協議会が市民活動を支援することの必要性も述べてきた。

　筆者の身近に，そのように地域の関係者が力を合わせて居場所づくりに取り組もうとしている事例がある。

　静岡市で保護司の活動を続けてこられた山際恵子氏が中心になって子どもの居場所をつくろうとする活動であり，山際氏が社会人聴講生として静岡県立大学の講義を受講されたご縁から，筆者もアドバイザーとしてお手伝いをしている。活動の場所については社会福祉法人天心会が経営するデイサービスセンターを無償で借り，デイサービスセンターが休みとなる土曜日に活動する予定となっている。活動の準備にあたっては，静岡市社会福祉協議会の地域福祉コーディネーターの助言を受けている。

　このように，市民が居場所づくりの活動を始めようとするとき，社会福祉法人が協力し，社会福祉協議会のスタッフが助言する等，地域の関係者が支援する形が広まっていくことを期待したい。

(3) 望まれるワーク・ライフ・バランスの推進

　現役世代もボランティア活動に参加し，政策の担い手になれるようにするにはワーク・ライフ・バランス（以下，WLB）の実現が必要である。

　ボランティア大国であるドイツでは，まさに老若男女を問わずボランティアをしている印象を受ける。たとえば，ドイツ赤十字ベルリン在宅ホスピスステーションで同時に研修を受けた人のリスト（表7-1）を見ても，年齢や職業のバリエーションは豊富である。

　日本の現役世代はボランティアをする意思があっても，長時間残業で疲れ切り，余裕がない人が多いと思われる。そもそも育児をする意思のある父親が育児をなかなかできない理由として長時間残業が挙げられている。自分の子どもを育てる余力のない人が，地域のためにボランティアをする余裕はないであろう。

ボランティア休暇制度の普及が期待されることを前述したが，それ以上に WLB の実現が必要であると思われる。

WLB は育児や介護と仕事の両立のために重要であることは第 6 章でも述べたが，ボランティア活動の推進ひいては市民が政策の担い手となるためにも重要である。

WLB の推進のためには株式市場に働きかけることも有力な手段であると考えられる。第 6 章では能動的年金政策を提唱し，公的年金の積立金投資を通じた WLB の推進を論じたが，企業の社会的責任（CSR）を果たす一つの方法として社会的責任投資（SRI）がある。

年金シニアプラン総合研究機構（2014）では，SRI を推進しようとする団体として各国に社会的責任投資フォーラム（SIF 団体）が設立され，各国の SIF 団体では，従来の SRI を再定義し，Sustainable and Responsible Investment（以下，サステイナブル投資）という新たな用語に転換しつつあることが述べられている。そのうえで，日本においてはサステイナブル投資が低調であり，少子高齢化に対応するようなサステイナブル投資が日本で広まることが望ましいと論じられている。第 6 章では公的年金の積立金による WLB 推進を提言したが，企業年金の積立金の運用についても，CSR の一環として，WLB の推進が図られることが望まれる。

また，日本の個人資産は現預金の比率が高いことが知られているが，WLB の推進を図る企業に投資するような社会的責任ファンドが広まれば，純然たる投資目的の株式投資には関心がない層の資金が活用される道が開く

表 7-1　ドイツ赤十字ベルリン在宅ホスピスセンターにおいて同時に研修を受けたボランティアのリスト

年齢	職　　業
27	民俗学者
56	社会教育学者
35	法律家
25	学生（神学）
44	システムアドミニストレーター
60	年金生活者
46	法律家
57	定年前退職
20	職業訓練生
44	生物学博士
59	定年前退職（教師）
52	社会学者
30	女　優
62	記述なし

出所：ドイツ赤十字ベルリン在宅ホスピスステーションから提供されたボランティアのリストに基づき，筆者作成。

ことも期待される。

注
(1) たとえばクルーグマン（2008），スティグリッツ（2010）等。
(2) ソーシャルビジネスは利潤最大化ではなくミッションの達成を目標とすることから，従来の企業とは異なる活動が期待される。
(3) S型デイサービスは静岡独自の取り組みであり，閉じこもりがちな高齢者の生きがいづくり，地域交流，介護予防などを目的として地区社会福祉協議会（民生委員やボランティアによる）が主体となって実施するミニデイサービスであり，静岡市内の各地で実施されている。
(4) 寄ってっ亭の活動の詳細は次章で紹介されている。
(5) 常設型居場所づくりの定義は次章で述べられている。
(6) 「朝日新聞」2014年5月19日付朝刊記事。
(7) 2007年3月27日にドイツ連邦保健省を訪問し，多世代の家を担当する第515課のHans Matena氏にヒアリングしたもの。詳細な内容は藤本（2012：104-107）を参照されたい。

参考文献
河野正輝（2006）『社会福祉法の新展開』有斐閣。
京極高宣（2010）『共生社会の実現――少子高齢化と社会保障改革』中央法規出版。
クルーグマン，ポール／三上義一訳（2008）『格差はつくられた』早川書房。
社会福祉法令研究会編（2001）『社会福祉法の解説』中央法規出版。
スティグリッツ，ジョセフ.E.／楡井浩一・峯村俊哉訳（2010）『フリーフォール』。
炭谷茂・大山博・細内信孝編著（2004）『ソーシャルインクルージョンと社会企業の役割――地域福祉計画推進のために』ぎょうせい。
ドラッカー，P.F.／上田惇生訳（1999）『明日を支配するもの』ダイヤモンド社。
内閣府（2009）「高齢者の地域社会への参加に関する意識調査」。
年金シニアプラン総合研究機構（2014）『サステイナブル投資と年金――持続可能な経済社会とこれからの年金運用』。
荻島國男・小山秀夫・山崎泰彦（1992）『年金・医療・福祉政策論』社会保険新報社。
藤本健太郎（2012）『孤立社会からつながる社会――ソーシャルインクルージョン

に基づく社会保障改革』ミネルヴァ書房。
堀勝洋（2004）『社会保障法総論 第2版』東京大学出版会。
労働政策研究・研修機構（2013）「ビジネス・レイバー・トレンド」42-43頁。

第8章　地域社会における居場所の必要性と役割

東野定律

1　居場所の必要性と居場所の分類

（1）地域社会における居場所の役割

　近年，高齢者含め単独世帯，核家族世帯の増加，人間関係の希薄化等により，生じてきている高齢者の孤独死，育児の孤立，介護の孤立等の様々な社会的孤立とされる問題が表面化している（河合 2009）。また，限られた財政状況の中で，公的サービスが担うセーフティーネットワークが補完できる範囲は年々縮小されてきており，地域での支え合いを基盤に，地域で生じた問題に対応し，その地域住民たち自身で解決する必要性が高くなってきた。

　こうした中，公的サービスが担えない役割を地域で担うためには，互いに支えあう人間関係や信頼関係が必要不可欠であり，その人間関係や信頼関係を構築するための交流の場や機会が求められている（地域包括ケア研究会 2009；筒井 2012）。

　2025年までに整備が求められている地域包括ケアシステムの中でも，可能な限り住み慣れた地域で，自分らしい暮らしを人生の最期まで続けることができるよう，地域の包括的な支援・サービス提供体制を構築することが推進されている（宮島 2013）。そのためには，介護や医療のみならず（太田 2009），多種多様な生活支援が必要になり，企業，NPO，自治会等の地域における社会資源を活用する等の地域の実情に応じて柔軟な取り組みを進めていく必要がある。たとえば，高齢者が参加しやすいボランティア活動や若者との交流事業等を通じて，地域における「居場所づくり」を進めつつ，高齢者の地

域における見守りや安否確認のネットワークを構築し，地域住民がお互い支えあう体制を整備，運用していくといった内容もその取り組みの一つとして挙げられる。

そこで，本章では地域ごとに高齢者を支えあう，地域包括ケアシステムを基盤として高齢者のための居場所がどのような役割を担っていくべきか，今後，居場所づくりを推進していくためにはどのような取り組みが必要であるかを居場所の利用者に関するアンケート，実際の取り組み事例，社会福祉協議会等による実践者養成事業の展開等から検討していくこととする。

まず居場所とは，住居と生きがいを感じられるところの大きく2つに分類でき，住居としての居場所は，生活を送る場所として，療養病床，老健施設，特養ホーム，グループホーム，高齢者賃貸住宅，持ち家がある。一方，こうした住居としての居場所があったとしても，引きこもり等で人と関わらない場合や人との関わりが逆に複雑化することから居心地が悪くなる場合もあり，近年では生きがいを感じられる場としての居場所が注目されている（高橋 2012；永田 2013）。この生きがいを感じられる場としての居場所では，①自分の存在を認識できる，②経験や能力を活かすことができる，③時間を自由に過ごすことができる，④誰もが利用できる，⑤いつでも立ち寄れて，いつでも帰ることができる，という4つのことが求められ，実施主体としては，主にNPO法人や福祉財団，公益財団法人や自治体，地域住民の中でのボランティアなどが挙げられる。

開催状況から分類すると，1週間や1カ月に1回等定期的に行われるものと，常時オープンしていて誰でもいつでも行くことのできる場所を提供する常設型とがあり，常設型居場所としては，以下の条件が必要だと考えられている（藤本 2012）。

「常設型「居場所」づくりの条件」

- 物理的な場所があること。
  (講習会やセミナー等とは違い，場所が固定されていること)
- 常設であること。
  (少なくとも週に3日程度，昼から夕方くらいまで開いていること)
- 誰でも気軽に利用できること。
  (登録や予約は不要であり，誰でも立ち寄れること)
- 好きなときに自由に利用できること。
  (固定的なプログラム等はなく，開いている時間内であれば利用者の都合のつくときにいつでも利用できること)

さらに，常設型の居場所については，その発生の仕方と居場所で展開される内容でタイプ分けすることができると考えられている（藤本 2012）。

（2）発生方法による分類

公益財団法人さわやか福祉財団によると，居場所は，どのようにできてきたのかという発生方法の違いによって4つのタイプに分けることができるといわれている（さわやか福祉財団 2008）（表8-1）。

自然発生タイプ［Ⅰ］は，4つのタイプで唯一，意図して居場所をつくるのではなく，世話焼きの人やお話の好きな人のところに自然と人が集まってできる居場所である。また，単独タイプ［Ⅱ］とカフェタイプ［Ⅲ］は，人とのふれあいという同じ目的をもつが，ゼロからつくり始め，食事や喫茶といったサービスをメインとしているかの違いがある。実際に，単独タイプ［Ⅱ］の居場所としては，静岡県袋井市のNPO法人たすけあい遠州が運営する「もうひとつの家」，東京都小金井市のNPO法人地域の寄り合い所また明日が運営する「また明日」等がある。

静岡県の「もうひとつの家」は，転勤で家を空けることになった方が空き

第 8 章 地域社会における居場所の必要性と役割

表 8 - 1 常設型「居場所」のタイプ

	種　類	方　法
Ⅰ	自然発生タイプ	世話焼きの人を中心に，仕掛ける意識なく何人かがベンチやだれかの家などで自然に集まっているタイプ
Ⅱ	単独タイプ	ふれあいを目的に，ゼロからつくるタイプ
Ⅲ	カフェタイプ	ふれあいを目的に，食事や喫茶をメインにしたタイプ
Ⅳ	併設タイプ	現在，何らかの活動をしており，その活動の余剰金や場所を活用して取り組むタイプ

出所：さわやか福祉財団（2008）。

家として置いておくのではなく，利用してほしいという希望から，赤ちゃんからお年寄りまでがいつ来てもいつ帰ってもいい，もうひとつの家としてゼロからつくられた居場所である。また，東京都の「また明日」は，世代を越えた交流の中で，子どもは高齢者の笑顔を引き出し，高齢者は育児ママの相談相手となることで，地域の人々が地域の問題を自分たちで解決できるように必要な人間関係を築くきっかけを提供するために，アパートの1階にあった5戸分の壁を取り払うことでゼロからつくられた母屋のようなユニークな造りをした居場所である。そして，併設タイプ［Ⅳ］は単独タイプ［Ⅱ］やカフェタイプ［Ⅲ］とは違い，すでに存在し，活動を行っている組織や団体がその活動における余剰金や場所を活用することでつくられたものである。併設タイプ［Ⅳ］としては，新潟県長岡市に小規模多機能型住宅施設における交流スペースを利用することでつくられた居場所がある。ここは，町内のお祭りの際に事業内を休憩所として提供したことをきっかけに町内と連携して七夕やひな祭り，文化祭などのイベントを開催することで施設の近くの住民たちとの交流の場所になっているのである。

（3）内容による分類

居場所は，活動内容によって，社会性と事業性の2つの性質が高いか低いかで分類することで大きく4つのタイプに分けられる（内閣府政策統括官

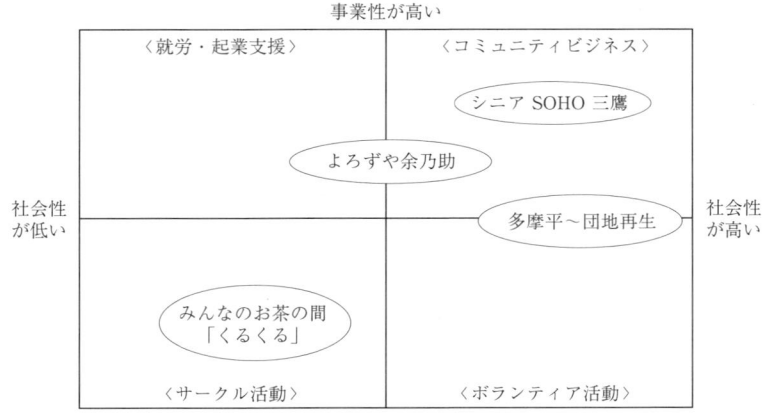

第Ⅱ部　公私の連携で社会的孤立を防ぐ

図8-1　事業内容による居場所の分類

```
              事業性が高い
   〈就労・起業支援〉  │ 〈コミュニティビジネス〉
                    │    シニアSOHO三鷹
           よろずや余乃助
  社会性 ──────────┼────────── 社会性
  が低い              │    多摩平～団地再生  が高い
                    │
      みんなのお茶の間
      「くるくる」
   〈サークル活動〉   │ 〈ボランティア活動〉
              事業性が低い
```

出所：内閣府政策統括官（2012）。

2012）（図8-1）。

　まず，事業性は高いが社会性が低いものは，就労・起業支援タイプで対価を必要とすることや活動を仕事として捉える等，ボランティアとは反対の性質をもつ。また，就労・企業支援タイプと同じく事業性が高いタイプとしてコミュニティビジネス[1]がある。このタイプは，事業性，社会性ともに高く，パソコン教室等の事業を行っている。他の一般的パソコン教室よりも安く受けることができるため，事業性のみでなく社会性も高いのである。実際，東京都三鷹市にある「シニアSOHO三鷹」では，安い授業料でパソコン教室を受けることができる。

　次に，社会性は高いが事業性が低いタイプとしてボランティア活動がある。ボランティア活動は利益を目的とした活動ではなく，自主的に社会活動や奉仕活動を行うタイプである。そして，事業性，社会性ともに低いタイプとしてサークル活動がある。サークル活動は利益を目的としていない点では同じだが，活動として社会活動や奉仕活動を行うのではなく，趣味を気の合う仲間同士で集まり行う集団である。北海道札幌市にある「みんなのお茶の間

「くるくる」は，ゆるやかなつながりを目的とした「たまり場」として，主婦の方が自宅を開放し，好きな趣味やおしゃべりをする地域のお茶の間である。好きな時に好きなことをして過ごすことが基調とされている。

しかし，図8-1に示すように，1つのタイプに当てはめることは難しい。居場所によっては複数の活動を行っており，社会性（事業性）が高い活動があれば，社会性（事業性）の低い活動もあるからである。実際，図8-1中の群馬県太田市にある「よろずや余乃助」は，地域社会の高齢社会や町の衰退で起こる問題や生活の中で起こる問題をメンバーの専門知識で解決することで元気に安心して暮らせる活力のある町づくりのために，同窓会のシニア男性を中心として活動するユニークな地域密着型相談グループである。地域社会の問題解決や相談相手になるという点で社会性が高い。さらに，喫茶事業や知的障がい児の能力開発を手助けする教育事業も行っており，事業性も高いのである。

また，東京都日野市にある「多摩平〜団地再生」は，大都市近郊の団地再生として，旧多摩川団地の一部の建て替えとして，①団地型シェアハウス，②菜園付き共同住宅，③サービス付き高齢者向け賃貸住宅・コミュニティハウスで形成された団地である。団体で暮らし，生活を送る場所であることから，社会性が必要とされ，社会性が高くなることが分かる。そして，大きく団地を3つに分けて形成することで高齢者のみならず，子どものいる家族からシェアハウスを求める若者までが同じ敷地内で暮らすことで，世代間交流ができる。四季折々の行事やイベントや高齢者の知恵を若者に教える教室や相談する機会を設けることで世代間交流が図られているため，住居という事業性が求められる部分のほかに，ボランティアのように事業性が低いイベントが多いのである。

図8－2　フォーマルサービスの利用状況

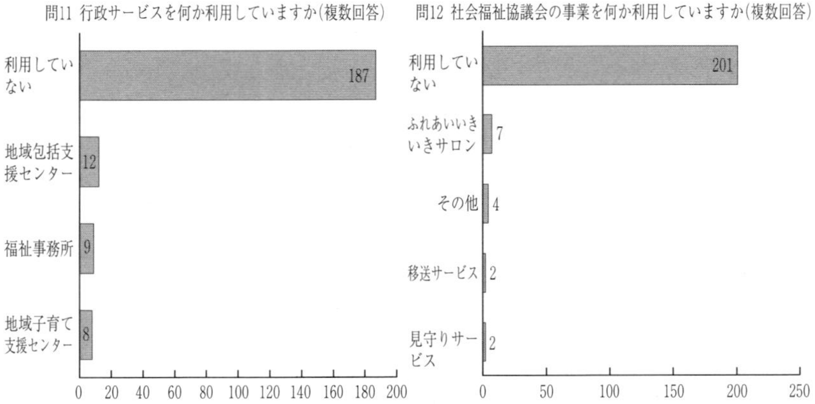
問11 行政サービスを何か利用していますか(複数回答)
利用していない
187
地域包括支援センター
12
福祉事務所
9
地域子育て支援センター
8
0 20 40 60 80 100 120 140 160 180 200
問12 社会福祉協議会の事業を何か利用していますか(複数回答)
利用していない
201
ふれあいいきいきサロン
7
その他
4
移送サービス
2
見守りサービス
2
0 50 100 150 200 250

出所：静岡県健康福祉部（2012）「常設型『居場所』づくり推進事業に係る調査報告書」20-21頁。

2 居場所がもたらす効果

次に居場所がもたらす効果について，2011（平成23）年度に実施した静岡県内４カ所の常設型「居場所」を利用している利用者（242名）のアンケート調査結果（静岡県 2011）から考えてみる。

（1）誰もがいつでも利用できる気軽さ

常設型居場所の利用者の属性をみてみると，不定期な利用者が最も多く58.4％（141人），次に「週に２～３日」が16.4％（40人），「ほぼ毎日」が8.3％（20人），「週末」が5.4％（13人）であり，利用者の約58％は利用の頻度が不定期であった。また，滞在時間は「１時間くらい」が56.2％（136人），「２～３時間くらい」が29.8％（72人），「半日以上」が10.7％（26人）とまちまちである（図８-２）。

これは，自分が利用したいときにいつでも利用できるという気軽さが示さ

れており，利用する日や時間があらかじめ決められているフォーマルサービスとは異なり，自分の意思によってその利用が決められるというインフォーマルサービスならではの利便性が評価されている結果の一つであるといえる。実際，この調査の対象者に他の行政サービス，社会福祉協議会，その他の援助サービスについて，その利用状況を聞いてみると，どのサービスでも「利用していない」という回答が8割以上であり，利便性の高いサービスを求める利用者がこの居場所を利用していたことが示されている。

　今後，国や自治体が新たな取り組みを実施する際には，財源が限定されるため，規模の縮小や内容の一部を取りやめ等がなされていくことから既存のフォーマルサービスが網羅できる範囲も縮小されことが予想される。また，一人暮らしの高齢者や認知症高齢者等への見守り・声かけ活動，ゴミの搬出等の日常生活支援，通院等にかかる移送サービスといった公的サービスだけでは支えることが難しい支援内容も生じてきている。こうしたことからも，自らの意思でその利用が可能である居場所のような利便性の高いサービスは地域住民にとって，より身近な存在となっていくべきだと考えられる。

（2）周囲とのつながりの強まり

　利用者にとって居場所の良いと感じるところについて質問してみると，「楽しい時間が過ごせる」は72.3％（175人），「おしゃべりができる」は52.1％（126人），「友人ができる」は22.7％（55人），「悩み事の相談ができる」は11.2％（27人）が回答しており，居場所が他者とのコミュニケーションを作る場として評価が高いことが示されている。

　一方，利用後の周囲とのつながりについては，「自分のことを気にかけてくれる人ができた」は35.5％（86人），「一緒に趣味や地域活動をする友人が増えた」は32.6％（79人），「家族との会話が増えた」は18.2％（44人），「悩みを相談できる友人が増えた」は14.5％（35人），「近所の人と以前より話すようになった」は9.9％（24人）が回答している。「その他」には，「友達と

図 8-3　周囲とのつながり

問 9　周囲とのつながりは増えましたか（複数回答）

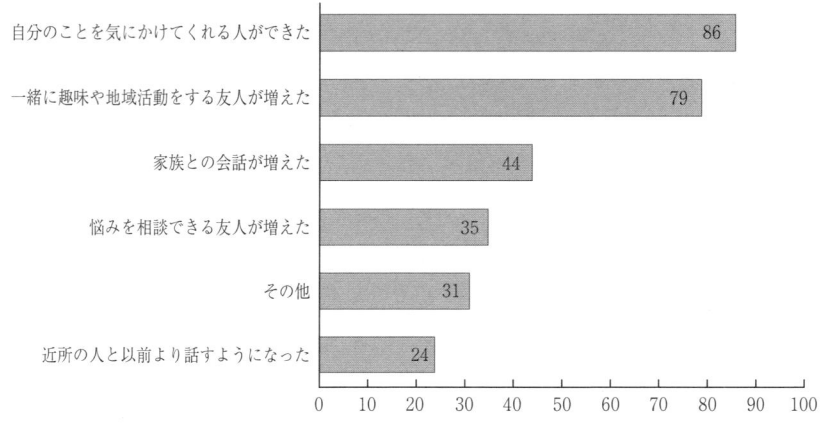

- 自分のことを気にかけてくれる人ができた　86
- 一緒に趣味や地域活動をする友人が増えた　79
- 家族との会話が増えた　44
- 悩みを相談できる友人が増えた　35
- その他　31
- 近所の人と以前より話すようになった　24

出所：静岡県健康福祉部（2012）「常設型『居場所』づくり推進事業の係る調査報告書」19頁。

楽しい時間が過ごせる」等が挙げられている。自分のことを気にかけてくれる人ができたと多くの人が回答していることは，まさに社会的孤立を防ぐ効果を示している（図8-3）。

　またさらに興味深いのは，居場所に行くという行動から，その日に起きた出来事等を家庭に戻った際に家族や周囲の人々に話すことによって，直接には居場所と関係がないと思われる家族との会話が増えたり，近所の人と以前より話すようになった人も少なくないことである。

　居場所という場所の提供により，日常のコミュニケーションがより図れるようになり，今まで希薄になりつつあった家族や近隣住民との人間関係が強くなる傾向がうかがえた。

（3）利用者の孤立感の解消・抑鬱状態の防止

　利用者自身の変化については，「前向きな気分になれた」は46.3％（112人），「一人ではないと感じた」は34.7％（84人），「いきがいが増えた」は

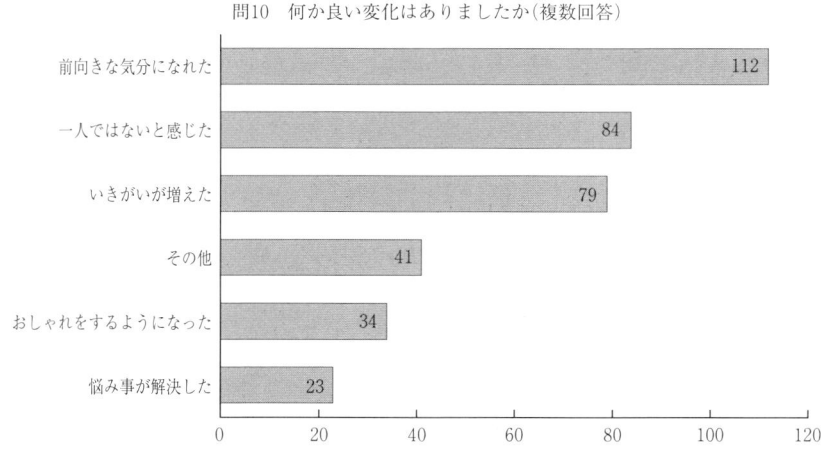

図8-4 利用者自身の変化
問10 何か良い変化はありましたか(複数回答)

項目	人数
前向きな気分になれた	112
一人ではないと感じた	84
いきがいが増えた	79
その他	41
おしゃれをするようになった	34
悩み事が解決した	23

出所：静岡県健康福祉部（2012）「常設型『居場所』づくり推進事業の係る調査報告書」20頁。

32.6％（79人），「おしゃれをするようになった」は14.0％（34人），「悩み事が解決した」は9.5％（23人）が回答している（図8-4）。

　一人ではないと感じた人が多いのは，利用者の孤立感を解消し，社会的孤立を防ぐ効果を示しており，また，前向きな気分になったり，いきがいが増えた人も多いのは，人間関係の喪失による抑うつ状態を防ぐ効果があることも示唆している。女性の利用者においては，約2割の利用者が，おしゃれをするようになったという意見を述べる等，利用者自身の生活に変化を促す場としても効果があるのではないかと考えられる。

　調査結果からも示されたように，地域における居場所は自由に誰もが好きな時に立ち寄れる場所であり，自分の好きな時に人と自由にふれあうことができるため，心地よさを得ることができる場所となっている。また，お互いの存在を認め，ふれあうことでコミュニケーションを深め，孤立感を解消することができる場所であると考えられる。

　社会的孤立を研究テーマとし，常設型居場所の定義を確立した本書の編者

である藤本健太郎氏は「一人ではないと感じた人が多いのは，利用者の孤独感を解消し，社会的孤立を防ぐ効果を示しており，また，前向きな気分になったり，いきがいが増えた人も多いのは，人間関係の喪失による抑うつ状態を防ぐ効果があることも示唆している」(藤本 2012：87) とし，居場所を利用することで孤立感の解消，抑うつ状態の防止の効果があることを述べている。

　たとえば，人とふれあい知り合いになることで，困っている人を助けようという助け合いが自然と生まれてくる。また，自分の能力を再発見し，活かす場所を得ることによって自分に自信を持てるようになる。特に高齢者は，今までの仕事で得てきたことや長年の知恵を若者に教えることで自分の存在意義が得られ，自信につなげることができる。一方，子どもは様々な世代の人とふれあうことで社会性を育てることができる。つまり，人間として必要とされる能力や生きていくための自信を培うことができるのである。

　さらに，居場所には人々が集まるため，自然と情報交換を行うようになり，お互いの理解を深めることができる。様々な場面で助け合える関係性を作ることができ，地域の課題に無関心になるではなく，よりよいものにしようという協調性が芽生え，地域の課題の解決への意識が高まり，住みやすい地域をつくり上げることが可能になるのである。

　このように，居場所は個々の利用者の生きがい創出や自己実現への効果が期待されるのと同時に，地域コミュニティのつながり，絆の再構築に向けても重要な役割を果たすと考えられ，自助・互助・共助・公助の組み合わせにより地域全体で支え合っていくことが求められる地域包括ケアシステム構築 (太田 2011) の中でも，大きな役割を担っていくのではないかと考えられる。

第 8 章　地域社会における居場所の必要性と役割

③　地域包括ケアシステムにおける居場所の現状
――静岡市における事例から

(1)「コミュニティ・カフェ　地域のお茶の間　カフェ蔵」

　静岡県静岡市駿河区の豊田地区にあるコミュニティ・カフェ，地域のお茶の間「カフェ蔵」は，2011（平成23）年2月に災害時要支援者の宿泊型防災訓練に参加したことで，人と人がつながるためには，会うことと，話すことでお互いが信頼し合うことが大切と実感し，生まれた企画である。

　開設資金として，2012（平成24）年度の静岡県「地域支え合い体制づくり事業費補助金」を県から受け，数人のボランティアからスタートした。地域の誰もが気軽に立ち寄り，気兼ねなく過ごせる公民館を活用した地域住民のコミュニティ・カフェとして，静岡市駿河区曲金の蔵屋敷公民館で2013（平成25）年1月25日に開設，仮営業がスタートし，4月26日に正式オープンした。

　カフェ蔵がある静岡市駿河区豊田地区は9,000世帯以上あり，人口にすると約2万人以上が暮らす大きな地区である。そのため，市の対策としてS型デイサービス[2]を展開しており，この豊田地区には開催場所が3カ所存在する。しかし，その開催場所が互いに離れて存在しているためどうしても地域の中でサポートが薄くなる場所ができてしまう。このカフェ蔵がある蔵屋敷地域はそのS型デイサービスの中間に存在しており，S型デイサービスに行きたくても行けない人が，S型デイサービスの代替として，利用することができる場所にある。

　定期型のカフェタイプの居場所であり，毎月第4金曜日の10～15時まで運営している。利用者に，年齢制限はなく，子どもから高齢者まで全年齢が対象となっている。利用者の大半は女性の高齢者だが，赤ちゃん連れの母親や子ども，障害者も利用でき，平均すると1日20人前後の人が利用している。

第Ⅱ部　公私の連携で社会的孤立を防ぐ

　活動内容は，具体的なプログラムなどは決められておらず，自由に好きなことを行うことになっている。参加費用は，お茶とお菓子代として1回100円で，子どもは無料で参加できるようになっている。「カフェ蔵」の特徴と効果としては，以下のようなことが挙げられている（静岡市駿河区西豊田地区社会福祉協議会 2013）。

- 地域の公民館を利用し，対象者の制限がない。
- 参加者はお客さんではなく，時間内に自由に出入りが可能である。
- 活動メニューはなく，ゆるやかに人とつながることを目的にしている。
- お手伝いのスタッフを含め，住民主体で運営されている。
- 西豊田地区民生委員児童委員協議会，蔵屋敷自治会，小鹿豊田地域包括支援センター，静岡市社会福祉協議会駿河区地域福祉推進センター，駿河区福祉ネットワーク等が運営をサポート。
- 和やかな雰囲気でお茶を囲み，地域の誰かとつながっている安心感が得られる。
- 顔の見える関係性により，人と人がつながり，人と地域とがつながる。
- 様々な人と知り合うことを通して人へのやさしさが育ち，地域の福祉力が高まる。
- 育児や介護等について相談したり，声をかけたり，気軽に助け合うことができる。
- 異世代の交流から刺激や新しい知見を広めることができる。
- 保健・福祉サービスや地域の生活情報等を共有できる。
- 普段のゆるやかな交流が災害時にその力を発揮する（安否確認・生活支援等）。

　さらにこのカフェ蔵の魅力の一つに，静岡済生会総合病院と小鹿豊田地域包括支援センターが近いことがある。こうした立地条件のもと，小鹿豊田地

域包括支援センターのスタッフが，見回りとして毎月の開催時には顔を出している。普段は，毎月，市から送られてくる介護2次予防者リストに記載されている高齢者宅を見回りとして訪問を行っているが，訪問している大半の高齢者は引きこもりであり，人見知りの人が多い。そのため，少しでも顔見知りの高齢者を増やすことで，見守りの強化を行いながら，カフェ蔵の利用を促している。

また，小鹿豊田地域包括支援センターに相談に訪れた人に対してもカフェ蔵の利用を促し，その利用状況を把握することで，地域住民の日常生活の変化をとらえる体制を取っている。利用者のメリットとしては，誰もが気軽に参加できる場を通じて，コミュニケーションが取れ，医療や介護における相談を気軽にでき，互いに見守りを行う体制が取れるという点である。行政の人やスタッフの人が声掛けするよりも，近所の人等の地域の人が声掛けを行う方が，仕事や義務のような感じがなく，自然であるため，効果がある。また，参加者だった人が運営側になるといったように，地域の交流拠点となる居場所を独自で築いている。

このように，カフェ蔵はこの地域にとって，高齢者の外に出るきっかけを作りだし，その高齢者が外に出ることで地域に顔見知りを増やすことができ，居場所で情報交換が行われることによって，地域住民のモニター（見守り）としての役割を担っているのである。

このように既存の地域資源に人を集め，互助の中での見守りを強化するといった内容は地域包括ケアシステムを構築する上でも必ず必要になってくる（松繁 2012）と考えられるが，いかに多くの地域住民を巻き込むことができるかが今後の課題といえる。

実際，カフェ蔵の課題としても，開催は第4金曜日の月に1回のみであるため，参加機会が少なく，人を誘いたくても誘いづらいといった現状がある。S型デイサービスとは異なり，やることが決まっていないため，協調性を強要されず，参加しやすいというメリットがある半面，気軽に多くの人に参加

してもらえるようにするために開催回数を増加することや，子どもや子育てで苦労している親子等のあらゆる参加者を募るといった取り組みが必要になると考えられる。さらに，カフェ蔵では，利用者のうち男性が1人や2人と少ないことから，男性も来やすくするために，通常時間とは違い，夜に開催する「夜蔵」を開催している。「夜蔵」は，お酒も提供するため男性の参加者も多く好評だったが，今後こうした新たな取り組みも必要となってくるであろう。

（2）「活き生きサロン　寄ってっ亭」

　静岡市清水区にある「活き生きサロン　寄ってっ亭」は，NPO法人泉の会の代表である藤下氏を代表に，自分たちの老後の居場所がないと困ると考え，老後に向けて自分たちでつくろうということで，常設型の居場所として創立された。活動内容としては，お泊りサービスから，囲碁や卓球等の交流の場の提供，ボランティアの方々によるリサイクル作品の販売や地域の新鮮野菜の販売と，幅広く行っている。実際，静岡市で行われているS型デイサービスの発祥の場所でもある。1カ月の利用者数は通りがかりにちょっと話をしていく人を除き延べ150人ほどである。利用料は基本的には無料で受講料をとって行う教室は1回500円である。

　さらに，この寄ってっ亭は，居場所を拠点に民生委員を中心としたボランティアの人々を収集することで「おいさん・えびすケア会議」（通称：おいさんケアネット）と呼ばれる見守りのためのネットワークを構築している。このネットワークは，新聞が溜まってる様子や，電気がずっとついていないといった普段と様子が異なる状況が地域住民に見られた場合，様子を見に行くというような活動を行っている。

　こうしたことから，この寄ってっ亭には地域のあらゆる問題が寄せられる。特に公的なサービスでは解決できない些細な問題や地域の中に存在する課題があらゆる方法で収集され，解決することが求められている現状がある。

第8章 地域社会における居場所の必要性と役割

　ここで，実際に寄ってっ亭で起こった2つの事例を紹介する。1つ目は，あるS型デイサービスの利用者で軽度の認知症の一人暮らしの男性の事例である。S型デイサービスのスタッフの方から，この男性に清潔感がなく，異臭を漂わしているため，どうにかしてもらいたいという相談がこの寄ってっ亭に寄せられた。通常このような問題については，行政や地域包括支援センター等が窓口となって対応をせまられる問題であるが，居場所を運営している藤下氏の提案により，S型デイサービス利用の前日には必ず寄ってっ亭でお風呂に入ること，利用者の様子から日頃食事もとれていない状況を伺えたことから，3食のご飯もと寄ってっ亭で食べることが本人に提案された。ある日，通常であれば食事を取る時間に来ない状況が発生したため，寄ってっ亭の職員が様子を伺いに行ったところ，脳出血を起こし，倒れているのを発見することができたというものである。この男性は，公的なサービスを積極的に利用しているわけではないが，結果的にモニター的な役割を担うサービスの必要性は高かったといえる。また，病院に搬送された後も，定期的にボランティアとして洗濯や荷物を届けに行ったり，この利用者に関しては，もともと認知症ということもあり，金銭管理や，成年後見人の申請，手続き等についても支援を行うことがあったようであるが，こうした細かい援助内容を含めた総合的な支援サービスは存在しない。しかし，地域で生活を行う上では，公的サービスではカバーできない支援も必要であることがうかがえる。

　もう一つの事例は，遠くまで自分で歩いて移動し買い物することが困難になってしったいわゆる買い物難民と呼ばれる高齢者の事例である。ある高齢者が援助が多少必要になり，家から一番近いスーパーマーケットまで買い物に行くのも大変でできなくなってしまった。この高齢者は，定期的に寄ってっ亭まで野菜を買い来ていたのだが，寄ってっ亭で扱っているのは近所の農家さんが作っている野菜のみであるため，肉や魚といった野菜以外のものを購入は困難であった。そんな時，寄ってっ亭の調理担当者が自分たちの買い出しと一緒に，その高齢者の買い物を購入してくるという提案を行ったと

ころ，その高齢者は寄ってっ亭を利用するのと同時に買い物の問題を解決することができたというものである。

これも，通常の公的サービスの中で対応することが困難な支援内容であるが，居場所という場を利用することによって，結果的に地域住民の交流だけでなく，本人の生活支援につながったという例である。

前述の事例でもみられるように，公的サービスでは，網羅できない支援やサービスとサービスのつなぎ目を担う支援というものが，地域で生活を送る上では必要になるのである。また，実際に利用するかどうかは別として，このように些細なことでも，困ったら相談でき，頼れる場所が近くにあるだけで，人は安心感が得られるのである。日頃からの会話のやり取りや様子の変化から，その人が必要としている支援を提供できるべきであり，些細な生活を送るうえで発生する身近な問題を相談，解決してもらえる場所が地域には必要なのである。

(3)「ふれあいの家　茶ろん梅が岡」

「ふれあいの家　茶ろん梅が岡」(以下，茶ろん梅が岡) は，静岡市清水区梅が岡において，5年前に市から介護予防事業として委託されことがきっかけで始まり，特定非営利活動法人WAC清水さわやかサービスが運営主体として，福祉事業を行っている。この居場所では曜日によって様々な活動を行っている。特に，毎週水曜日は，静岡市がプログラム化を試みた静岡でん伝体操を行っている。この静岡でん伝体操のきっかけは市からの委託事業であったが，今は存続させたいという地域の人々の意思で自主活動グループが3つでき，ボランティアによって継続がなされている。

静岡でん伝体操は，椅子に座って童謡「でんでん虫」に合わせて手足を動かす，20分程度の体操であり，ラジオ体操のように知らないとできないような難しさがなく，初めてやる人でも簡単に一緒に行えることが魅力である。茶ろん梅が岡では，まずは興味を持ってもらい，参加してもらえるように窓

や玄関を開け，実際の活動の音や様子が分かるようにし，参加を促している。

　茶ろん梅が岡での静岡でん伝体操の実施は，体操をきっかけに人を集めることができ，かつ体操に興味をもった人同士だと，面識のない人同士でも挨拶や会話が不思議とできることから，一緒に活動することで仲間意識も芽生え，体操以外の活動でも外に出る高齢者が多くなったというような効果が得られている。また，しぞ～かでん伝体操の参加者にとって，でん伝体操も大切であるが，その後の会話やお昼の食事を一緒にすることが楽しみであり，この会話をとおして情報交換することで，自分たちの悩みを解決し合うこともできるという効果もある。

　介護予防は継続することが重要であるが，高い目標を立ててしまうと，負担に感じてしまう人も出てくるといわれている。しかし，居場所による活動として行うことで，参加への強制力もなく自由に参加でき，体操自体が簡単であることから，友達と一緒に参加することから仲間意識が高まり，より楽しく負担を感じずに継続して運動できることが大きな魅力となっている。

　また，茶ろん梅が岡では，市の地域リハビリテーション推進センターと連携し，理学療法士が定期的に体年齢の測定等を行い，数値によって自分の体年齢の現状を知ることができることで，利用者のモチベーションを維持できるような仕組みになっている。さらに，曜日によって様々な活動を行っているが，女性と男性では興味を持つものが違うため，それぞれに合ったものを企画している。

　たとえば，男性は数値やデータ，講習会と言った頭を使うものを好む傾向があり，外部講師を招き，郷土史の講習や科学的な歩き方の講習等を実施しているが，多くの男性が参加し，好評を得ている。つまり，気軽に楽しくできることと，その人に合った活動を選べるような環境であることが楽しさを生み出し，活動に積極的に参加する意欲が出るのである。

　地域支援事業の充実と介護予防給付の見直しが検討されているが（堤2010；池田2011），多様な参加の場づくりと地域におけるリハビリの推進を

行うためには，こうした取り組みが様々な居場所で展開されることがより一層期待される。

４ 地域包括ケアシステムにおける居場所の役割

　地域包括ケアシステムの中で機能する居場所の役割は，ますます重要視されていくと考えられるが，すでに居場所は，事例で挙げたように様々な形で実在し，様々な活動を行っている。地域包括ケアシステムの中で担う現状の役割をまとめてみると，以下の３つの役割がまず挙げられる。

　第１に，居場所を利用することで，利用者同士が顔見知りになり，信頼しあえる関係を築き，近所や周りの人の些細な変化に気づくことができる。その結果，たとえば，隣近所に住む人や普段挨拶をする人の些細な変化を感じ取った場合，すぐに声を掛けるといった対応ができるため，居場所という場所が地域におけるモニター（見守り）の役割を担うことができるのである。

　第２に，行政等のサービス対象に該当していない方や日常生活を送るうえでの些細な問題の相談や解決をしてくれるという役割がある。近年は，高齢者の単独世帯，夫婦のみの世帯が増加しているからこそ，身近に簡単に相談できる場所があることが重要なのである。実際に居場所を利用する，しないにかかわらず，簡単に相談できる人がいる頼れる場所が地域にあることで，安心感が得られるのである。つまり，公的サービスでは補いきれない隙間を埋めるための身近な問題解決の窓口的役割を担うことができるのである。

　そして，最後に楽しく負担を感じずに，介護予防ができるという介護予防促進としての役割がある。１人で介護予防のために何かを行おうとしても，継続することは難しい。しかし，居場所という場で，友達と遊ぶ感覚で気軽に楽しく体操等を通した介護予防ができれば，生活の一部のようになり，継続しようと意図して行うのではなく自然と継続できるのである。このように，地域包括ケアシステムにおける高齢者の居場所は，様々な役割を担うことが

考えられ，今後の高齢社会にも必要不可欠な存在となることが期待される。

一方，今後求められる機能としては，居場所は高齢者のみならず，全世代の人にとって生きがいを感じられる場所になることである。

地域には高齢者のみではなく，赤ちゃんから子ども，生産人口に属する人々と様々な年齢の人が同じ地域で暮らしている。

だからこそ，前節で取り上げた「コミュニティ・カフェ　地域のお茶の間カフェ蔵」のスタッフの方や「活き生きサロン　寄ってっ亭」の代表である藤下氏も述べていたが，高齢者だけの居場所ではなく，子どもの宿題の場所としての居場所や母親のちょっとした相談場所や病院，美容院のような自分の時間のための一時的託児所の役割としての居場所のあり方もあるべきだと考える。

すなわち，地域包括ケアシステムといった中で高齢者のみを対象として考えるのではなく，その地域にどのような人々が暮らし，生活を送っているのかを考え，全年齢層を対象とした居場所づくりが今後求められる。具体的には，常に地域住民が何を必要として，何に困っているのかを考え，その地域ごとにあった居場所を形成していくことが大切なのである。

5　居場所づくりの今後

今後，高齢化の進展等に伴い，一人暮らし高齢者や認知症高齢者等が増加する中，住み慣れた地域でできる限り暮らし続けられるように，医療・介護・生活支援の充実が一層求められる地域包括ケアシステムであるが，特に，高齢者の見守り，配食，外出・通院支援等の生活支援は，ボランティア，NPO，社会福祉法人，民間企業等の多様な主体が実施し，地域社会全体で支えていくという体制がとることができるかといったことが，構築の鍵を握ることになる（地域包括ケア研究会 2009）。

しかし，人間関係の希薄化等により社会から孤立する人々が生じやすい環

境の中で，民生委員・児童委員による地域の福祉を支える活動，また，地域の見回り等の防犯・防災活動においても，支え手となる人材が不足しているとも指摘されている（東野ほか 2014）。

特に都市部では，人間関係の希薄化が表面化する一方で，高齢化と相反して今後活躍が期待される現役世代の減少により，地域活動の支え手となるべき人材が不足しているのが現状である。こうしたことからも，「互助・共助」により安心して暮らせる地域社会を維持するためには，現役世代だけでなく，就労や社会参加に対する意欲が高い高齢者のこれまでに培った経験や能力を活かした取り組み，そうした高齢者が活躍する「居場所」の創出が必須となるであろう（静岡ワークライフ研究所 2013；日本総合研究所 2014）。

現在，地域包括センターを中心に地域における社会資源の把握とその整備が活発に進められているところであるが，ほとんどの地域包括支援センターでは，介護予防ケアマネジメント業務や支援困難事例への対応等の一部の業務に追われ，本来必要とされている地域住民の相談や生活支援のコーディネート，地域のネットワーク構築の機能の充実，町会・自治会等との互助や共助の仕組みづくり，人材養成といったところまでできているとは言い難い（長寿社会開発センター 2010；筒井 2014）。

こうした中，生活支援における住民団体，社会福祉協議会の地域活動の推進は大きな役割を担うと考えられる。特に，社会福祉協議会においては，これまでボランティアセンターの運営等を通じて，地域住民とボランティア活動を結びつけるコーディネートを行ってきた。しかし，ボランティアに関する情報収集・提供に留まらず，ボランティア団体等の立ち上げ支援や住民参加型在宅福祉サービスの活動支援，企業と連携したボランティア活動への気運の醸成等，その機能の強化を図り，高齢者が社会貢献やボランティア活動にさらに参加しやすい環境を今後整備していく必要があるといえる（静岡県社会福祉協議会 2014）。

すでに全国の市町村社会福祉協議会で展開されている「ふれあい・いきい

きサロン」の事業では，地域域住民が身近な場所に気軽に集まり，ふれあいを通した生きがいづくり，また，介護予防等の拠点として，全国的に様々な形態のサロン活動が広がりをみせ，近年では障害者・子育て支援等ボランティア活動も加わり，高齢者福祉とともに地域コミュニティ形成の新たな形態として注目を集めている。

近年では，「サロン」「コミュニティ・カフェ」「茶の間・縁側」等，各地で様々な形態をとり，その活動内容も様々である。特に，東日本大震災以降は，地域の絆づくりや支えあいの大切さが再認識され，いつでも誰でも利用できる常設型居場所の必要性が高くなっている。ここで，実際に常設型居場所づくりの普及を行ってきた静岡県および静岡県社会福祉協議会，さわやか静岡の常設型居場所づくりの普及啓発に関する具体的な取り組みについて一部紹介する（表8-2）。

これまで静岡県社会福祉協議会は静岡県地域福祉課と連携し，常設型居場所づくりを推進してきている。具体的には静岡県社会福祉協議会主催の2010（平成22）〜2011（平成23）年度にかけての居場所の効果検証等調査及び普及啓発事業（シンポジウム）に続き，2012（平成24）年から常設型居場所の担い手の養成，ネットワーク構築を目的に，静岡市，沼津市，磐田市等で居場所づくりの指導者研修会を実施してきた。また2013（平成25）年度からは，指導者研修会を引き続き継続するとともに，静岡県内6カ所（下田市，沼津市，静岡市，島田市，磐田市，湖西市）において実際に居場所を立ち上げた実践者とこれから居場所を立ち上げようとしている方々等を交えた居場所づくり推進交流事業を実施し，居場所運営に係る取組状況や課題の共有，居場所立上に係る課題の検討などを行い，居場所づくりを立ち上げる人材を養成している（静岡県社会福祉協議会 2014）。こうした普及啓発活動を通じて地域で居場所を主宰しようという人やグループがさらに増えることが今後期待される。

第Ⅱ部　公私の連携で社会的孤立を防ぐ

表 8−2　静岡県内の居場所づくりの具体的な取り組み

年度	内　　　容
平成22年度	1　県内における取組状況の調査（市町社協，NPO法人）
	〈調 査 名〉地域の「居場所づくり」活動に関する実態調査 〈調査目的〉"いつでも，誰でも，気軽に集まれる"「居場所づくり」活動の県内の実情を把握する 〈調査期間〉平成22年11月 〈対 象 者〉市町社会福祉協議会及び地域福祉活動等を行うNPO法人 〈調査内容〉①団体名②団体の連絡先③対象者④活動場所⑤活動日⑥活動内容 〈調査結果〉「居場所づくり」活動をしている県内84団体から回答 　　　　　"いつでも，誰でも，気軽に集まれる"という"居場所"は，県内に12団体該当 〈活動要旨〉飲食（ランチ・カフェなど），趣味の会（音楽活動，パソコン教室），おしゃべりなど
平成23年度	1　調査・研究（常設型「居場所」の効果等）の実施 2　シンポジウムの開催（調査報告，県内取組の実践報告） 3　「静岡県の地域福祉を考えるブロック会議」における意見交換
	1　調査（県地域福祉課・県立大学） 〈調 査 名〉常設型居場所の利用者アンケート 〈調査目的〉常設型「居場所」を利用されている方を対象に，「居場所」づくりにどのような効果があるのか，常設型「居場所」づくりを進めていくためにはどのようにすればよいか等，常設型「居場所」づくりの在り方について検討を行う 〈調査期間〉平成22年11月 〈対 象 者〉県内4箇所の常設型「居場所」を利用されている利用者（242名） 〈調査内容〉利用者の属性，利用の経緯，利用状況，利用するようになって変わったこと，居場所以外の援助機関等 〈調査結果〉 　・利用者の約6割は高齢者，2割が一人暮らし，7割以上が女性であった。 　・利用経緯は，「友人や家族に勧められて」や「前を通りがかって」が多かった。 　・利用頻度は，約6割が不定期であり，居場所の近隣の方や60歳以上の方等は，ほぼ毎日あるいは定期的に利用されていた。 　・利用後の変化は，自分を気にかけてくれる人ができた，いきがいが増加した，おしゃれになるようになった，前向きな気分になれた，一人ではないと感じた割合が多かった。 2　「常設型「居場所」づくり推進シンポジウム」（県委託事業・県社協実施） 〈日　　時〉平成24年3月21日（水） 〈場　　所〉静岡市民文化会館

〈参加者〉行政，社協，事業所，一般等154名
〈内　容〉
- 常設型「居場所」活動紹介
  もうひとつの家　稲葉ゆり子氏（NPO法人たすけあい遠州・袋井市）
  活き生きサロン「寄ってっ亭」藤下品子氏（NPO法人泉の会・静岡市）
  駄菓子屋カフェ　池田庭子氏（静岡市）
  オープンカフェきじの杜　脊古光子氏（NPO法人ねっとわあくアミダス・浜松市）
  の～んびり茶の間　加藤由紀子氏（NPO法人ふれあい天童・山形県天童市）
- 基調報告Ⅰ
  社会的孤立とソーシャルインクルージョン～居場所づくりへの期待～
  静岡県立大学大学院経営情報イノベーション研究科　准教授　藤本健太郎氏
- 基調報告Ⅱ
  常設型「居場所」づくり推進事業に関するアンケートからみた現状と課題
  静岡県立大学大学院経営情報イノベーション研究科　講師　東野　定律氏
- シンポジウム
  ～常設型「居場所」を考える　～ふれあいの街づくりに向けて～

平成24年度	1　シンポジウムの開催（協力者との連携，運営の実際等） 2　研修会の開催（実践者の養成）
	1　常設型「居場所」づくりの実践に向けて～協働による可能性の広がり～ 　　（県委託事業・県社協実施） 〈日　時〉平成24年11月28日（水） 〈場　所〉静岡県産業経済会館 〈参加者〉行政，社協，事業所，一般等170名 〈内　容〉 - 講義 　孤立社会からつながる社会へ～常設型「居場所」への期待～ 　静岡県立大学大学院経営情報イノベーション研究科　准教授　藤本健太郎氏 - 講義 　居場所づくりにおける支援組織が求められる役割について～つながるKYOTOプロジェクトの取組より見えてきたもの～」 　立命館大学大学院先端総合学術研究科　小辻　寿規　氏 - シンポジウム 　常設型"居場所"の取組～協働による可能性の広がり～ 　学老所わっぱ（運営者・松原地域包括支援センター） 　より合い処・かぬき「暖だん」（NPO法人まごころサービス静岡東部センター・沼津市下香貫地区社協） 　伊豆・松崎であい村「蔵ら」（ワーカーズコレクティブ蔵ら・松崎町商工

第Ⅱ部　公私の連携で社会的孤立を防ぐ

	会・松崎町企画観光課） 2　"居場所"づくり実践者養成研修（県委託事業・県社協実施） 〈日　時〉平成24年12月～平成25年3月 〈場　所〉沼津市及び磐田市，県内実習先 〈参加者〉居場所を開設したい，開設に協力したい方等68名 〈内　容〉 ・1日目：講義及び意見交換 ・2～4日目：実習先で実際に居場所の活動に参加するとともに，運営者と運営や課題について話し合いを行う。 ・5日目：研修報告（研修成果を報告し，"居場所"の開設・運営に係る疑問を解消するとともに，受講者同士のネットワークを構築する。
平成25年度	1　居場所づくり推進交流事業の実施 2　研修会の開催（実践者の養成） ※居場所づくり全体交流会の実施
	1　居場所づくり推進交流事業（県委託事業・県社協実施） 〈場　所〉県内6か所（下田市，沼津市，静岡市，島田市，磐田市，湖西市） 〈日　時〉下田市：平成25年7月23日，11月7日，平成26年1月9日 　　　　沼津市：平成25年7月31日，10月15日，平成26年1月16日 　　　　静岡市：平成25年8月9日，11月8日，平成26年1月27日 　　　　島田市：平成25年7月26日，11月13日，12月5日 　　　　磐田市：平成25年8月6日，10月28日，平成26年1月20日 　　　　湖西市：平成25年7月27日，11月2日，平成26年1月18日 〈参加者〉既に居場所を立上・運営されている方，今後居場所を立ち上げたい方，行政，社協等 〈内　容〉 ・居場所運営に係る取組状況や課題の共有 ・居場所立上に係る課題の検討 ・他地域の実践取組の共有　等 2　"居場所"づくり実践者養成研修（県社協実施・共募事業） 〈日　時〉平成25年10月～平成26年1月 〈場　所〉静岡市，県内実習先 〈参加者〉居場所を開設したい，開設に協力したい方等36名 〈内　容〉 ・1日目：講義及び意見交換 ・2～3日目：実習先で実際に居場所の活動に参加するとともに，運営者と運営や課題について話し合いを行う。 ・4日目：研修報告（研修成果を報告し，"居場所"の開設・運営に係る疑問を解消するとともに，受講者同士のネットワークを構築する。 ※居場所づくり全体交流会の実施

```
〈場　所〉静岡市（シズウエル）
〈日　時〉平成26年3月4日（火）
〈参加者〉既に居場所を立上・運営されている方，今後居場所を立ち上げたい方，
　　　　　居場所に興味のある方，行政，社協等
〈内　容〉
　• 県内の実践事例の報告（6事例）
　• 特別講演「人と人とのつながりから広がる安心社会」
　　　　　　講師：新潟県「実家の茶の間」　代表　河田珪子　氏
　• 居場所のお弁当，物品販売等
```

資料：静岡県社会福祉協議会（2014）。

注
(1) コミュニティビジネスと似た用語としてソーシャルビジネスという用語があるが，ソーシャルビジネスは地域を越えた事業を含めることが多く，逆にコミュニティビジネスは地域との結びつきが強い事業として使われる。
(2) S型デイサービスとは，高齢者等をその居住する地域の集会場その他の施設に通わせ，レクリエーション，会食，健康指導その他高齢者等の生きがいの創出又は高齢者等の孤立感の解消に資するサービスを提供する事業をいう（静岡市社会福祉協議会 2003）。

参考文献
池田省三（2011）『介護保険論――福祉の解体と再生』中央法規出版。
太田貞司（2009）『医療制度改革と地域ケア――急性期病院から慢性期病院，そして地域・在宅へ』光生館。
太田貞司（2011）『地域包括ケアシステム――その考え方と課題』光生館。
河合克義（2009）『大都市のひとり暮らし高齢者と社会的孤立』法律文化社。
さわやか福祉財団（2008）『ふれあいの居場所　ガイドブック――これからはじめる人に向けて』。
静岡県健康福祉部（2011）「平成23年度常設型『居場所』づくり推進事業に係る調査報告書」。
静岡県社会福祉協議会（2014）「平成25年度　居場所づくり実践者養成研修会」資料。
静岡市社会福祉協議会（2003）「静岡市S型デイサービス事業実施要綱」。
静岡市駿河区西豊田地区社会福祉協議会（2013）「地域の茶の間『カフェ蔵』」パン

フレット.
静岡ワークライフ研究所 (2013)「静岡県におけるサポートシステム構築に関する調査研究報告書」公益財団法人静岡県労働者福祉基金協会.
高橋紘士 (2012)「地域包括ケアシステムへの道」高橋紘士編『地域包括ケアシステム』オーム社.
地域包括ケア研究会 (2009)「地域包括ケア研究会報告書——今後の検討のための論点整理」.
筒井孝子 (2012)「日本の地域包括ケアシステムにおけるサービス提供の考え方——自助・互助・共助の役割分担と生活支援サービスのありかた」『季刊社会保障研究』47 (4), 368-381頁.
筒井孝子 (2014)『地域包括ケアシステム構築のためのマネジメント戦略——integrated care の理論とその応用』中央法規出版.
堤修三 (2010)『介護保険の意味論——制度の本質から介護保険のこれからを考える』中央法規出版.
長寿社会開発センター (2010)「地域包括支援センター業務マニュアル」長寿社会開発センター.
内閣府政策統括官 (共生社会政策担当) (2012)「高齢者の居場所と出番に関する事例調査 調査報告書 概要版」.
永田祐 (2013)『住民と創る地域包括ケアシステム——名張式自治とケアをつなぐ総合相談の展開』ミネルヴァ書房.
日本総合研究所 (2014)「事例を通じて,我がまちの地域包括ケアを考えよう『地域包括ケアシステム』事例集成——できること探しの素材集」平成25年度老人保健事業推進費等補助金老人保健健康増進等事業地域包括ケアシステム事例分析に関する調査研究事業.
東野定律・筒井孝子 (2014)「地域包括ケアシステム構築における人材育成の課題——地域包括支援センター職員の連携実態から」『地域ケアリング』1月号, Vol. 16, No. 1, 45-49頁.
藤本健太郎 (2012)『孤立社会からつながる社会へ——ソーシャルインクルージョンに基づく社会保障改革』ミネルヴァ書房.
松繁卓哉 (2012)「地域包括ケアシステムにおける自助・互助の課題」『保健医療科学』No. 61 (2), 113-118頁.
宮島俊彦 (2013)『地域包括ケアシステムの展望——超高齢化社会を生き抜くために』社会保険研究所.

終　章	孤立社会からつながる社会へ

藤本健太郎

1　社会的孤立を防ぐために社会をデザインする

　社会的孤立は，地域，家庭，職場等，日本社会の様々な場において広範に進行している。このため，社会的孤立を防ぐ対策を考えようとすると，社会保障だけではなく，住宅やまちづくり，働き方等，多様な分野からのアプローチを考えざるを得ない。

　本書では，こうした様々な分野の専門家に集まってもらい，それぞれの視点から社会的孤立を防ぐための政策について論じてもらった。第6章第3節では，第1章から第6章第2節までに論じられた様々な分野の政策を組み合わせて社会的孤立を防ぐための政策を構築することについて考察している。そして，第7章および第8章は第Ⅱ部として，市民が政策の担い手となることを論じた。以下，本書において論じてきたポリシーミックスによるソーシャルデザインの概要を確認することとしたい。

（1）日常生活上の支援を必要とする人とその家族の社会的孤立を防ぐ

　社会的孤立は現在の日本社会において広範に進行しているが，社会的孤立が孤独死等の深刻な事態につながるリスクの高いのは，日常生活上の支援を必要とする人とその家族である。

　このため，社会的孤立を防ぐためのポリシーミックスについては，まず日常生活上の支援を必要とする人とその家族を対象に論じた。なお，当初は高齢者や子どもを対象として考察していたが，日常生活上の支援を必要とする

という意味では，高齢者も子どもも障害者も患者も同じであると思われたため，対象者を特に限定せず述べた。

高齢人口の増大に伴い要介護高齢者の大幅な増加が見込まれているが，第一章では「方向づけられた技術変化」により，ジェロンテクノロジーが進歩することを予測しており，要介護高齢者の増加ペースを緩和することが期待される。

1）ワンストップサービス──ユニバーサルケア支援センター

日本の社会保障は個人のニーズに基づき対象者別に細分化されて形づくられてきたが，結果として縦割りの弊害が生じている。医療も福祉も入所ケアから在宅ケアに重点が移ったが，在宅ケアにアクセスすることは体調等を気づかう人ができることにもなり，社会的孤立の防止にもつながる。このため，在宅ケアへのアクセスを改善するために，第6章ではワンストップサービスの窓口としての「ユニバーサルケア支援センター」を設置することを提言した。在宅ケアへのアクセスの改善には広報も重要であるが，第7章ではソーシャルビジネスと連携した市民に分かりやすい広報が期待されることを述べた。

また，第Ⅱ部で述べている市民による居場所づくりの活動は，社会的に孤立した人を必要なサービスの窓口につなぐ役割をも果たしうる。市民による居場所づくりでは誰でも気軽に訪問できる活動が展開されており，将来的な方向性として，対象者による縦割りの制度自体を統合してユニバーサルケアを目指すべきであることを論じた。

2）在宅ケア利用者の家族の支援

序章で述べた「育児の孤立」あるいは「介護の孤立」は，子どもや高齢者本人だけではなく，育児者や介護者も一緒に社会的孤立する状態である。このため，日常生活上の支援を必要とする本人だけではなく家族を支援することが重要である。一つの家庭が同時に複数の問題を抱えるケースも少なくないことから，ワンストップサービスとしてのユニバーサルケア支援センター

は家族の支援ともなる。

　また，家族のケアと仕事を両立できずに離職すると，職場を通じての社会との接点を失うことにもなることが懸念されるため，家族のケアと仕事の両立支援は社会的孤立を防ぐ対策にもなる。特に，将来の労働力人口の不足への対策として女性の労働参加率の上昇が政策課題となっており，育児をしながら働く母親が増えると見込まれ，育児と仕事の両立支援はより重要性を増す。そして，家族のケアと仕事を両立するには，社会保障制度の充実のみならず，ワーク・ライフ・バランスの推進が必要であることなどを述べた。また，非婚化が進行する中，結婚の支援が重要であるとともに，家族のいない在宅ケア利用者等も地域につながって暮らせるように居場所づくりの活動も重要であることを述べた。

3）住み慣れた場所で暮らすためのポリシーミックス

　在宅ケアを重視する場合，住宅が重要となる。第3章では一人暮らし高齢者の場合，孤独死に伴うリスクを懸念して大家が賃貸をためらっており，単身高齢者の見守り支援等により貸主に安心してもらう必要性が指摘されている。このように住宅はバリアフリーなどハード面だけ充実すれば十分ではなく，見守り支援等のソフト面も重要であり，住宅政策と社会保障政策の連動が必要であると考えられる。

　また，地域包括支援システムに謳われている24時間在宅ケアは過疎地では実現できるのか疑問の声も聞かれ，自動車を運転しない高齢者等が郊外のニュータウンで買物難民になる事例も知られている。このため，第4章で論じられた自動車に依存することなく日常生活に必要なものは徒歩などで容易にアクセスできるような「コンパクトシティ」の整備が望まれる。

　高齢者が安心して暮らせるように在宅ケアの拠点を整備したコンパクトシティは，慢性疾患の患者や障害者も住みやすい場所になると考えられ，さらに保育サービスの機能を加えれば，育児家庭も暮らしやすい場所となることが期待される。

そして，これからのまちづくりにおいては，第7章で論じたように，企画段階から市民が参画することが望まれる。

（2）社会的孤立が生じにくい社会

ここまで日常生活上の支援が必要な人とその家族を対象に述べてきたが，ここからは対象を広げて述べることとしたい。

1）若年層の社会的孤立リスク

若くて元気なうちは社会的に孤立しても日常生活に支障は生じにくい。しかし，病気になったり，親の介護や育児をするとき等，いざというときに頼れる人がいないことは潜在的なリスクである。また，序章で述べたように20代前半の交際・付き合い時間は大幅に減少しており，第4章では20～39歳の年代の休日の外出率の減少が著しいことが指摘されている。あるいはネットでつながっているのかもしれないが，若年層が十分な人間関係を醸成できているのか懸念される。そして，第6章第2節で述べたように，若年層では経済的不安定さが結婚や出産を困難にしており，社会的孤立リスクを高めていると考えられる。

このため，若年層の経済的不安定さの一因であると思われる非正規雇用に関し，厚生年金を非正規雇用者に適用拡大すべきことを論じた。また，年金給付は今や年間50兆円を超える規模となっており，労働市場にも大きな影響を与えていると考えられることから，社会や経済に積極的に良い影響を与えるような「能動的年金政策」を提唱し，育児や介護をしながら働く人々を年金制度において優遇する措置の充実を論じた。

2）世代間のバランス

伝統的な社会保障の考え方では高齢者は経済的弱者とされてきたが，年金制度の成熟や非正規社員の増加等の社会の変化により，現状は異なっている。第6章第3節で述べたように，世帯主の年齢別の世帯人員1人当たりの所得をみると，30～39歳の平均所得は65歳以上を下回る等，現役世代の所得の低

さがうかがえる。第3章では若年層の持ち家率が低いこと，第4章では若年層の自動車の保有率が低いことが指摘されており，若年層の経済的な余裕のなさが様々な面から分かる。現行の社会保障制度では主として現役世代が負担し，給付は高齢世代に偏っていることから，過剰な世代間の所得移転をしているのではないかと考えられる。筆者は世代間のバランスをとり，エイジレスに支え合うべきだと主張してきたが，2014（平成26）年8月に出された社会保障改革国民会議の報告書では，従来の考え方から大きく転換して，すべての世代が年齢ではなく負担能力に応じて負担し，支え合う仕組みが提唱されている。今後の社会保障政策においては，第1章で論じられたように超長期の世代間投資が必要とされる状況を回避することが望ましいと思われるが，既に生じた財政赤字や社会保障負担については，将来の世代に巨額のツケを残さないように，今の世代が解決する努力をしなければならない。

3）ワーク・ライフ・バランスの推進

社会的孤立を根本的に防ぐには，働き方やライフスタイルを変えることが必要である。長時間残業や休日出勤が常態化している状態では，在宅ケアや休業制度をいくら整備しても，家族のケアと仕事の両立は困難である。ワーク・ライフ・バランス（以下，WLB）を推進できれば，家族のケアと仕事の両立が容易になることに加え，若年層にとっては婚活の時間も確保できるとともに，会社の外で友人をつくりやすくなり，社会的孤立リスクを低減できる。

WLBの推進は新しい課題ではないが，なかなか企業の取り組みは進んでいない。第5章では，専業主婦が育児や介護をしてくれるために仕事を優先することが可能な「妻付き男性モデル」が企業の人事管理の前提となり，共働きの増えた現在でも，転勤対象者の決定等において「妻の仕事」を考慮すると答える企業は少ないことを指摘している。

しかし，家族の縮小や在宅ケアの推進に伴い，男女を問わず，家族の介護をしながら働く人は増加すると予測される。また，労働力人口の不足の影響

を緩和するためにも女性の労働参加率を向上させることが政策課題となっているが，それは育児をしながら働く人の増加につながる。現状の雇用環境が改善されず，育児や介護と仕事の両立が困難なままであれば，育児の孤立や介護の孤立が解消されず，労働力人口の減少も加速しかねない。

　また，第Ⅱ部では市民が政策の担い手となることを論じているが，WLBの推進は現役世代がボランティア活動に参加し，ひいては政策の担い手となるためにも重要である。

　WLBの推進のためには，第5章で論じられた個別的な契約変更請求権を認める立法措置が待たれるところであり，また，能動的年金政策の観点から，年金積立金の運用においてWLBの推進を政策目標とすることを提言した。具体的には，WLBの推進に熱心な企業をWLB銘柄として選定し，世界最大の機関投資家である年金管理積立金管理運用法人（GPIF）の運用において組み入れ比率を上げれば，企業への強いメッセージとなると考える。また，GPIFの議決権行使についても，日本版スチュワードシップ・コードに基づいて方針を決める際には，WLBの推進を盛り込むことが望まれる。また，企業年金においてもCSRの観点から，WLBを推進するようなサステイナブル投資が広がることも望まれる。

　以上，本書で論じてきた社会的孤立を防ぐためのソーシャルデザインの概要を述べた。社会的孤立は地域社会，家庭，職場等で広範に進行する問題であるため，その対策も大がかりなものとならざるを得ない。しかし，大がかりな政策である分，実行できれば社会的孤立を防ぐこと以外の効果もあがると考えられる。たとえば，執筆者で集まって議論した際，パワーアシストスーツ等の高齢者向けの新しい製品や技術は，有力な輸出品となりえるという見解で一致した。また，在宅ケアやWLB等が推進されることにより，家族の介護や育児を理由とする離職者が減少すれば，労働力人口の減少を緩和できる。コンパクトシティが整備されれば，中心市街地の再生も進むと期待

終　章　孤立社会からつながる社会へ

される。若年層の経済的な不安定さが解消に向かい，WLB が推進されれば，非婚化の流れを止め，少子化傾向も止めることにつながる。

2　つながる社会へ

　社会的なつながりの重要性は，国際的にも議論されている。スティグリッツほか（2014）は，GDP は暮らしを測る指標として機能していないのではないかという疑問を提示し，暮らしの質を測る指標を論じているが，暮らしの質をかたちづくる客観的諸特徴の一つとして「社会的つながり」も挙げられている。

　本書では，様々な政策分野について幅広い検討を行ってきたため，全体像をイメージしづらいかもしれない。そのため最後に，ポリシーミックスによりデザインされる「つながる社会」のイメージを述べたい。

　ある日の朝。自宅のマンションから近くの保育施設に徒歩で子どもを送っていく父親や母親の姿がみられる。保育施設には高齢者や障害者が利用するデイサービスが併設されており，近所のサービス付き高齢者向け住宅から，あるいは近くの LRT の駅から徒歩や車椅子で利用者が集まってくる。

　お昼どきには，商店街の中のコミュニティカフェに高齢者が集まり，談笑しながら食事をとる姿がみられる。コミュニティカフェのスタッフの中にはパワーアシストスーツを付けた人もいる。午後遅くになると，小中学生がコミュニティカフェにやってきて，高齢者に宿題を教えてもらう。コミュニティカフェの近くには「ユニバーサルケア支援センター」が設置されていて，いろいろな世代の人が相談に訪れる。歩道には段差がなく，高齢者や小さな子どもがつまずく心配もない。

　商店街から歩いて10分くらいのところに在宅ケアの複合ステーションがある。内科や歯科の診療所，在宅介護ステーション，在宅看護ステーションが一つの建物の中にあり，会議室では様々な専門職の人々が，新たに在宅ケア

を受けることになった利用者への対応を話し合っている。

　夕方になると，仕事を終えた人々の姿がまちの各所でみられる。仕事を早目に切り上げてNPOの事務所に向かう人もいる。ベビーカーを押す父親が，離乳食も注文できるソーシャルビジネスのレストランに入っていく。同じレストランでは，糖尿病患者や腎臓病患者も安心して食べられるメニューを注文する人もいる。映画館やコンサートホールには，スーツ姿のカップルもいる。

　このようなまちは，現状では夢のようかもしれないが，分野を越えた政策の連動が実行され，市民も政策の担い手となることで，実現可能になっていくと考える。

参考文献

スティグリッツ，ジョセフ.E.・セン，アマルティア・フィトゥシ，ジャンポール／福島清彦訳（2014）『暮らしの質を測る』金融財政事情研究会。

索　引

あ　行

アウトリーチ　168, 175
空き家　68
アセモグル，ダロン　15
あそか病院　84
アンスキルバイアス　17
アントン・ブラウン，R.　25
育児休業中の所得保障　170, 179
育児協力者　8
育児の密室化　9
遺族年金　158
伊藤隆敏　25
居場所づくり　219
イムロホログル，セラハティン　25
運賃低減化策　110
エイジング・イン・プレイス　166
小黒一正　26
お団子と串のまちづくり　111
オールド・ニュータウン　96
オレンジプラン　→認知症施策推進5か年計画

か　行

介護休業　131
介護と仕事の両立　132, 134
介護予防・日常生活支援総合事業　43
介護離職　7
介護を理由とする離職　128
会社への帰属意識　4

外出支援策　110
買物難民　92, 173, 247
家族介護者　7, 163, 169
家族政策　11
「肩車型」社会　19
家庭生活配慮義務　139
亀井善太郎　26
患者自己負担　178
　　——比率　179
関東大震災　83
企業の社会的責任　148
議決権行使　185, 186
キャノングローバル戦略研究所　33
救職者支援訓練　149
行政コスト　111
居住支援協議会　85
クズネッツ・カーブ　18
契約変更請求権　140
結婚支援　171
限界集落　96
限定正社員　141
公営住宅　76
　　——法　75
郊外型ショッピングセンター　96
高額療養費制度　208
高額介護サービス費　65
公共交通　99
公共職業訓練　149
公庫融資　76
交際・付き合い時間　3, 176

253

厚生住宅法案　75
公団住宅　76
交通行動　101
交通政策　108
交通容量　95
高齢者虐待　7
高齢者の居住の安定確保に関する法律　78
高齢女性の貧困　160
高齢ドライバー問題　106
互助　86
固定資産税　111
孤独死　69, 172
個別的な契約変更請求権　183
コミットメント　26
コミュニティカフェ　2, 172, 197, 198, 204, 205, 209, 212, 251
コミュニティバス　96
コミュニティビジネス　222
コンパクトシティ　112, 171, 174, 175, 195, 247, 250

　　　　　　さ 行

財政の持続性　25
在宅介護　133
在宅勤務　143
在宅・入所相互利用加算　67
サステイナブル投資　215, 250
サービス付き高齢者向け住宅　78
サミュエルソン, P. A.　27
シェアハウス　172
ジェロンテクノロジー　20, 166, 170, 201, 246
時間外労働　137
事業場外労働　144
自助　86

市場原理主義　193
私生活上の自己決定　139
私生活配慮義務　139
市町村介護保険事業計画　78
児童虐待　9
社縁　4
社会的責任投資　148, 215
社会福祉基礎構造改革　198
社会福祉事業　202, 203
若年介護者　128
就業規則　136
就職支援　148
就職氷河期　156
渋滞　95
障害者総合支援法　→障害者の日常生活及び社会生活を総合的に支援するための法律
障害者の日常生活及び社会生活を総合的に支援するための法律　79
障害福祉計画　80
生涯未婚率　5, 7
小住宅改良要綱　73
常設型居場所　219
情報の非対称性　21, 166
職業訓練　148
女性単身高齢者　7
女性の労働参加率　170
所得比例年金　158, 159
スキルバイアスのある技術変化　16
スキルプレミアム　16
生活困窮者住居確保給付金　82
生活困窮者自立支援法　82
生活支援　71
生活保護法　65
正社員　134, 136
生成原単位　103

索　引

性別役割分担　135, 143
世代間公平委員会構想　26
世代間コミットメント（Intergenerational Commitment）の不可能性　27
世代間投資（Intergenerational Investment）　27
世代間の所得移転　178
世代間の対話　180
世代重複モデル　28
善隣館　83
相互扶助　124
ソーシャルインクルージョン（Social Inclusion）　9
ソーシャルエクスクルージョン（Social Exclusion）　9
ソーシャル・キャピタル　53
ソーシャルデザイン　245
ソーシャルビジネス　204, 205, 207-209, 211, 246, 252

た　行

第2の仕事　→パラレル・キャリア
多職種連携　175
多世代の家　175, 180
縦割りの弊害　1
多様な正社員　141, 142
短時間勤務　141
　　──制度　131
単身高齢者世帯　36
男性介護者　7
男性単身高齢者　7
地域支援事業　48
地域主権　88
地域福祉計画　194, 211
地域包括ケア　39, 64

　　──システム　41
地域包括支援センター　40
地域密着型サービス　54
小さな政府　192
中心市街地　95
　　──活性化　209
重複給付の調整　164
妻付き男性モデル　135, 182, 249
転勤　136, 137
東京財団　26
同潤会　74
道路特別会計　95
独立推計機関構想　26
都市構造　95
都市の維持管理費用　111
都道府県介護保険事業支援計画　78
富山市　112
戸山々原母子アパートメント　84

な　行

賑わい拠点　112
日本版スチュワードシップ・コード　185, 250
入居制限　68
ニュータウン　173, 174, 247
人間関係の希薄化　3
認知症高齢者　38
認知症初期集中支援チーム　49
認知症施策推進5か年計画　48
認知症地域支援推進員　49
ネットワーク型社会保障　11, 167
年金パラサイト　177
能動的年金政策　162, 164, 183, 248

は行

派生的交通　92
パーソントリップ調査　97
パッシブ運用　184
発達障害者　200
馬糞問題　15
パラレル・キャリア　182, 211
バリアフリー　172
東日本大震災　67
非婚化　158
　　——の進行　5, 169
非正規労働者　134
標準的家族像　135
貧困ビジネス　80
フェイスブック　91
福祉国家モデル　192
負のスパイラル　100
不良住宅地区改良事業　74
「ふれあい・いきいきサロン」の事業　238
保育料の負担軽減　179
「方向づけられた技術変化」(Directed Technological Change) の理論　14
報酬比例部分　161
母子世帯　81
ポートフォリオ　185
ボランティア　146
　　——・市民活動センター　213
　　——休暇制度　210
本源的交通　92

ま行

モータリゼーション　94, 174
持家住宅率　68
持ち家政策　76
モラルハザード　192

や行

ユニバーサルケア　200
　　——支援センター　167, 168, 175, 200, 246, 251

ら行

ライフスタイル　92
リスボン戦略　9
レスパイトケア　170
労使折半　158
老人福祉法　66
労働力人口の不足　162, 170, 249
ロードサイド　93

わ行

若者のクルマ離れ　109
ワーク・ライフ・バランス　129, 145
ワンストップサービス　11, 167, 172, 200, 246

欧文

CSR　→企業の社会的責任
DTC理論　→「方向づけられた技術変化」(Directed Technological Change) の理論
LRT　114, 174, 195, 196, 251
M字カーブ　170
SNS (Social Networking Service)　91
SRI　→社会的責任投資
S型デイサービス　199, 201, 243

執筆者紹介（所属，執筆分担，執筆順，＊は編者）

＊藤本健太郎（ふじもとけんたろう）（編著者紹介参照，序章，第6章，第7章，終章）

小林慶一郎（こばやしけいいちろう）（慶應義塾大学経済学部教授，第1章）

東野定律（ひがしのさだのり）（静岡県立大学経営情報学部講師，第2章，第8章）

白川泰之（しらかわやすゆき）（医療経済研究・社会保険福祉協会医療経済研究機構研究主幹，第3章）

土井　勉（どいつとむ）（京都大学大学院工学研究科特定教授，第4章）

藤本真理（ふじもとまり）（三重大学人文学部准教授，第5章）

編著者紹介

藤本健太郎（ふじもと・けんたろう）

1967年	山口県出身。
1991年	東京大学経済学部経済学科卒業。
1991年	厚生省（当時）入省。年金局企業年金国民年金基金課企画係長，社会・援護局企画課長補佐，大臣官房政策課長補佐等を歴任。
1999年	在ドイツ日本国大使館一等書記官／二等書記官。
2002年	内閣官房行政改革推進本部特殊法人等改革推進室参事官補佐。
2004年	大分大学教育福祉科学部准教授。
現　在	静岡県立大学経営情報学部准教授。
主　著	『日本の年金』日本経済新聞社，2005年。
	『世界の介護保障』（共著）法律文化社，2009年。
	『保健医療サービス』（共著）ミネルヴァ書房，2010年。
	『孤立社会からつながる社会へ──ソーシャルインクルージョンに基づく社会保障改革』ミネルヴァ書房，2012年。

　　　　ソーシャルデザインで社会的孤立を防ぐ
　　　　　　──政策連動と公私連携──

2014年11月30日　初版第1刷発行　　　〈検印省略〉

定価はカバーに表示しています

編著者　藤　本　健太郎
発行者　杉　田　啓　三
印刷者　坂　本　喜　杏

発行所　株式会社　ミネルヴァ書房
607-8494　京都市山科区日ノ岡堤谷町1
電話代表　(075)581-5191
振替口座　01020-0-8076

Ⓒ藤本健太郎ほか, 2014　　冨山房インターナショナル・兼文堂

ISBN 978-4-623-07198-2
Printed in Japan

孤立社会からつながる社会へ

藤本健太郎 著

A5判／210頁／本体2000円

ソーシャル・キャピタル「きずな」の科学とは何か

稲葉陽二ほか 著

四六判／280頁／本体2800円

孤独死を防ぐ

中沢卓実・結城康博 編著

四六判／258頁／本体1800円

住民と創る地域包括ケアシステム

永田 祐 著

A5判／228頁／本体2500円

災害福祉とは何か

西尾祐吾・大塚保信・古川隆司 編著

A5判／272頁／本体4500円

ミネルヴァ書房

http://www.minervashobo.co.jp/